中文社会科学引文索引（CSSCI）来源集刊

主办：中南大学法学院

ECONOMIC

经济法论丛

LAW

2021年第2卷（总第38卷）

REVIEW

名誉主编・漆多俊
执行主编・王红霞

法律出版社
LAW PRESS・CHINA
北京

图书在版编目(CIP)数据

经济法论丛. 2021 年. 第 2 卷 : 总第 38 卷 / 王红霞执行主编. -- 北京 : 法律出版社, 2021
ISBN 978 - 7 - 5197 - 6325 - 1

Ⅰ. ①经… Ⅱ. ①王… Ⅲ. ①经济法 - 中国 - 文集 Ⅳ. ①D922.290.4 - 53

中国版本图书馆 CIP 数据核字(2021)第 278630 号

经济法论丛 2021 年第 2 卷(总第 38 卷)
JINGJIFA LUNCONG 2021 NIAN DI-2 JUAN (ZONG DI-38 JUAN)

漆多俊 名誉主编
王红霞 执行主编

策划编辑 沈小英
责任编辑 毛镜澄
装帧设计 李 瞻

出版发行 法律出版社
编辑统筹 法治与经济出版分社
责任校对 杨锦华
责任印制 吕亚莉
经　　销 新华书店

开本 710 毫米 × 1000 毫米 1/16
印张 16.75 **字数** 301 千
版本 2021 年 12 月第 1 版
印次 2021 年 12 月第 1 次印刷
印刷 北京虎彩文化传播有限公司

地址:北京市丰台区莲花池西里 7 号(100073)
网址:www.lawpress.com.cn
投稿邮箱:info@lawpress.com.cn
举报盗版邮箱:jbwq@lawpress.com.cn

销售电话:010 - 83938349
客服电话:010 - 83938350
咨询电话:010 - 63939796

书号:ISBN 978 - 7 - 5197 - 6325 - 1
定价:110.00 元

凡购买本社图书,如有印装错误,我社负责退换。电话:010 - 83938349

经济法论丛

投稿邮箱：elr1998@163.com

联系电话：0731－88660273

通信地址：湖南长沙麓山南路605号中南大学南校区法学院302室

邮政编码：410012

卷首语

党的十八大以来，以习近平同志为核心的党中央紧紧把握社会主义市场经济的本质特征与发展规律，比过去任何时候都更加充分重视市场公平竞争，释放市场活力，通过市场公平竞争促进创新驱动，积极推动我国社会主义市场经济向更高水平发展。2021年6月，国家市场监督管理总局等五部门联合发布修订后的《公平竞争审查制度实施细则》，公平竞争审查制度步入"全面落实"的新阶段。本卷特设"公平竞争审查"版块，收录3篇最新研究成果。黄军博士的《公平竞争审查例外制度适用的程序控制》一文，从启动、审查、批准、监督四方面、九环节提出了制度完善构想。朱静洁博士的《公平竞争审查启动制度研究》一文，全面梳理了公平竞争审查启动制度的运行现状，发掘出其中的突出问题并逐一提供了改革建议。邝磊博士的《公平竞争审查制度的规范困境和优化路径》一文，发掘了现行制度的三大困境，梳理了制度的规范逻辑，进而探讨了优化公平竞争审查制度的具体方案。

"市场规制法"版块收录了5篇具有突出问题意识的好文。针对网络经济时代反垄断法实施中饶富争议性的问题，博士研究生雷希的《网络经济时代相关市场界定必要性：争议及其审思》一文归纳各方论点，探索争议成因，在此基础上提出了超越争议的"第三方案"。张建博士的《反垄断民事诉讼证据规则的经验与实践》一文针对反垄断民事诉讼举证困境，合理参考欧盟、美国、日本的相关实践，提出了区分不同案件类型、适当拓展证据种类、明确行政证据预决力等一系列颇有价值的主张。《反不正当竞争法》"一般条款"的合理解释是该法实施的重点和难点，法院围绕该条款已经形成数量可观的案例群。博士研究生张洁的《比例原则在互联网新型不正当竞争行为认定中的适用误区及其矫正》一文，对司法适用比例原则认定新型不正当竞争行为作了较扎实的案例实证考察，指出了适用误区，提出了有针对性的具体主张。肖峰副教授等的《商业道德的法解释功能及其制度回应——以反不正当竞争领域的"原则裁判"现象为切入》一文则对司法较多适用《反不正当竞争法》"一般条款"作出裁判的现象进行了反思，并提出了制度完善建议。叶明教授等的《电商平台隐匿"差评"行为及其规制》一文，对电商平台隐匿"差评"行为进行了类型化分析，提出了打造规制闭环的颇具启发性的构想。

"财税金融法"版块收录了5篇好文。李刚副教授的《论税法通则立法的必要性、争议和时机》一文对税法通则立法的必要性和主要争论作了全面回顾与总结,指出在税收实体法法律层级得以整体提升和税制体系基本成熟定型的背景下,应把握住难得的立法时机,重启税法通则立法进程。博士研究生马逸璇与王桦宇副教授《并购重组增值税制度的重新解读与规则完善——基于对持续经营业务转让的理解》以增值税和并购重组的机理为核心,对我国并购重组的增值税制度进行了检讨。唐士亚博士的《论营商环境法治化视野下的地方金融科技制度供给》一文,从营商环境的视角考量我国金融科技制度供给的合理性与规范性,提出金融科技制度应实现从"政府供给导向"向"企业需求导向"的转变。尽管体育彩票已经成为我国体育产业发展的重要的金融工具和经济力量,理论界却鲜有关注,刘辉副教授的《体育彩票的金融属性及其治理》一文,以金融法"三足定理"为基本价值指引,以"经济国家"理论为方法论向导,提出了我国体育彩票金融法律治理的妥适模式。奖励是经济法的特色规范,但奖励条件与奖励金额的制度安排一直是其中的一个复杂问题。博士研究生叶嘉敏的《奖励金额如何确定——以证券举报奖励机制为例》一文提出了三阶层递进式判断模式,值得推广。

党组织内嵌国有企业法人治理结构问题是党的十八大以来的重要议题。"国家投资经营法"版块收录了漆思剑、漆丹两位教授联袂创作的《企业党组织内嵌国有企业法人治理结构的法理基础及其实现路径》一文。该文很好地阐释了企业党组织内嵌国有企业法人治理结构的正当性,指出内嵌过程的要点。在深化国有企业改革和启动《公司法》新一轮修订的背景下,本文的研究具有重要的实践价值。

本卷持续关注公共卫生领域的经济法问题。孙晋教授等的《论突发公共卫生事件中的激励性监管》,以及博士研究生丁庭威的《经济法视域下治理突发公共卫生事件的法治保障》,均从经济法视角切入,回答了经济法如何有效回应突发公共卫生事件的问题。博士研究生李超的《从命令管控到合作规制:处方药网络销售规制的转型》一文,通过处方药网络销售规制的制度变迁,探索了规制模式革新这一重要理论问题。

《日本反垄断法的历史沿革与制度变迁(1947—2019)》(王玉辉著)一书一经面世即引发强烈反响。著名经济法学家王晓晔教授《反垄断法律本土化路径研究的上乘之作——评王玉辉教授著〈日本反垄断法的历史沿革与制度变迁(1947—2019)〉》一文,对该书作出了专业评论,本卷特予收录。

2021年是我国"十四五"规划的开局之年,也是中国共产党成立100周年,在"双循环”新发展格局的大背景下,中国的现代化建设进程开启了崭新篇章。经济法学高质量的研究成果蓬勃涌现。《经济法论丛》将一如既往地秉承创始人漆多俊教授倡导的求真务实理念,踏踏实实搭建好优质成果的推广平台。

王红霞

2021 年 8 月 1 日

目　录

【公平竞争审查】

【市场规制法】

【财税金融法】

CONTENTS

Fair Competition Review

Market Regulation Law

Finance, Taxation and Finance Law

State Investment and Management Law

Economic Law on Public Health

Book Review

【公平竞争审查】

公平竞争审查例外制度适用的程序控制*

黄　军**

摘　要:为了确保公平竞争审查例外制度的规范化运行,构建与完善相应的程序约束机制殊为必要。就公平竞争审查例外制度适用的程序控制机制设置而言,主要涵括4个层次的具体内容:在启动程序方面,需要解决好申请阶段适格的申请主体与申请内容的确立问题,以及受理阶段的受理主体确定事宜;在审查程序方面,有必要着重关注调查程序、听证程序以及简易程序三方面的具体事项;在批准程序方面,相关裁决的作出以及信息公开机制两方面的程序性内容尤为值得重视;在监督程序方面,既应当重视内部监督作用的发挥,也不能忽视外部监督在其中所居处的重要地位。

关键词:公平竞争审查;例外制度;程序

随着2016年国务院《关于在市场体系建设中建立公平竞争审查制度的意见》(以下简称国务院《意见》)以及其后5部门《公平竞争审查制度实施细则》(以下简称《实施细则》)的陆续颁行,国内公平竞争审查制度体系可谓初步成形。① 在规范构造方面,立法者采取了"常规+例外"的文本体例,也就是在常规制度之外设置了相应的例外制度。具言之,在现有公平竞争审查制度框架下,一项具有排除限制竞争效果的政策措施原则上不能出台,但基于维护国家利益以及社会公共利益之目的,且同时契合"相关

---

* 收稿日期:2021年5月26日。

** 法学博士,青岛大学法学院讲师。

① 随着2021年7月包括国家市场监督管理总局在内的国务院五部门《公平竞争审查制度实施细则》的施行,与之相对应的2017年《公平竞争审查制度实施细则(暂行)》同时废止。但此处需要指出的是,在关于公平竞争审查例外制度方面,新《实施细则》仅是增加"科技安全"和"公共卫生健康安全",以支持创新驱动发展,维护人民群众生命安全,相关程序性内容并无实质变化。有关《公平竞争审查制度实施细则》的具体内容,载国家市场监督管理总局网2021年7月8日,http://gkml.samr.gov.cn/nsjg/xwxcs/202107/t20210708_332427.html。

政策措施对实现政策目的不可或缺,且不会严重排除和限制市场竞争,并明确实施期限”要求,则可得以施行。就立法旨趣与规范功能维度而言,公平竞争审查例外制度的存在很大程度上可被诠释为有效协调竞争政策与其他公共政策关系的必然之举。① 然而,进一步审视现有例外制度构成要素后却不难发现,无论是其中的实体性价值目标——国家利益与社会公共利益,还是适用限定性条件——竞争损害程度的非严重性,均具有较强的模糊性与不确定性。② 问题是,过于宽泛的例外制度不仅有可能引致本身面临异化适用的风险,而且也将使常规制度陷入徒具虚名的境地。③ 更严重的是,囿于现有公平竞争审查制度在总体上属于一种框架性的制度安排,故与之相应的例外制度适用的程序规则设置,无可避免地带有明显的简略性与原则性。

在此背景下,为了确保公平竞争审查例外制度的规范化运行,使其“用之得当、用之适度”,构建与完善相应的程序约束机制殊为必要。事实上,作为法律制度运行保障机制的重要环节,程序控制机制既是制度拘束力的具体体现,也是其中最不可或缺的组成部分。在这一过程中,笔者认为,其主要需要关注与解决如下几方面的程序性事项。

一、公平竞争审查例外制度适用的启动程序

就任何一项法律制度而言,启动环节是整个程序得以顺利展开的首要步骤。在具体的公平竞争审查过程之中,针对特定的政策措施是否适用例外制度通常需要通过有关主体的主动申请方可启动,也就是由行为主体向特定的受理机关提出适用公平竞争审查例外制度的请求,进而由相关主体予以受理。在这个意义上,公平竞争审查例外制度适用的启动程序实际上可进一步划分为申请与受理两个具体阶段。

(一)申请阶段:确定相关适格申请主体与具体申请内容

在公平竞争审查例外制度适用的申请阶段,首先需要解决的便是有关适格的申请主体确定问题。在本文看来,由政策制定机关作为申请主体不仅具有合理性,同时也具有现实可行性。理由如下:其一,从主体利害关系层面来看,诚如学者所言,针对某项政策措施是否适用公平竞争审查例外制度,其中的政策制定机关显然最具利害关系特征。④ 因此,择取政策制定机关作为申请主体无疑契合了程序理论中“以有无利害关

---

① 参见张守文:《公平竞争审查制度的经济法解析》,载《政治与法律》2017年第11期。

② 参见黄军:《比例原则在公平竞争审查例外制度运行中的适用》,载《财经法学》2021年第1期。

③ 参见易军:《原则/例外关系的民法阐释》,载《中国社会科学》2019年第9期。

④ 参见孙晋、钟原:《竞争政策视角下我国公平竞争审查豁免制度的应然建构》,载《吉首大学学报(社会科学版)》2017年第4期。

系作为界定是否为适格法律主体标准”的一般原理。其二,就某一政策的设立初衷而言,相比其他任何主体,政策制定主体无疑明晰相关政策背后所隐含的真实立法意图,因而其也就更清楚某一政策是否符合现有公平竞争审查例外的标准。其三,从比较分析维度来看,政策制定主体作为公平竞争审查例外制度的申请主体,事实上也得到了域外同类立法实践的具体印证与有力支持。例如,根据欧盟(European Union,EU)现有国家援助控制制度设置,在一般情形下,欧盟成员国准备采取国家援助之前均必须向欧盟委员会(European Commission,EC)发出通报,并经由委员会批准以后才能予以实施。[①] 不难看出,在性质上,此处的“发出通报”与提出申请实则别无二致。又如,结合俄罗斯《保护竞争法》的相关规定来看,该法也明确要求,除法定豁免情形外,各级政府机关在提供有关国家援助之前必须向联邦反垄断机构提出相应申请。基于以上分析,在公平竞争审查例外制度适用过程中,由政策制定机关作为申请主体,应当说是一项较妥当的制度选择。

在阐述完适格申请主体的基础上,同时还不容忽视的问题是公平竞争审查例外制度适用中申请程序的具体落实。其中最关键之处便在于申请内容的确定。反映到文本层面,也就是政策制定机关针对某项政策措施申请适用公平竞争审查例外制度时所需要提交的有关申请材料。在这一方面,有关国家与地区对此制定了较明晰的规范。例如,在欧盟有关国家援助控制制度体系中,根据《有关欧盟运行条约第 108 条适用的具体规定》第 2 条的规定,[②]成员国就计划实施的国家援助向欧盟委员会提出通报时,有必要提供一切必要的信息。在此基础上,为了确保信息提供的全面性与统一性,欧盟委员会进一步颁布了更详细的《有关通报形式与信息清单的条例》。仅以该条例中规定的一般信息类型为例,在向委员会提出国家援助通报时,成员国需要提供的信息便涵括:通报形态,援助授权主体的界定,援助受益主体,国家法律基础,援助的界定、目标以及期间,援助的兼容性,援助手段、援助金额、援助强度以及资金来源,评估,报告与监管,保密性,其他信息,附属信息,信息完整与正确性宣告,补充性信息清单。[③]与

---

① 参见[意]马尔科·克英迪奥·科拉迪:《欧洲国家援助法发展历程》,载[美]威廉·科瓦西奇、[英]林至人、[英]德里克·莫里斯编著:《以竞争促增长:国际视角》,中信出版集团股份有限公司 2017 年版,第 103 页。

② See Council Regulation(EU)2015/1589 of 13 July 2015 Laying Down Detailed Rules for the Application of Article 108 of the Treaty on the Functioning of the European Union(Text with EEA Relevance),OJ L 248,24. 9. 2015,p. 9 – 29.

③ See Commission Regulation(EU)2015/2282 of 27 November 2015 Amending Regulation(EC)No. 794/2004 as Regards the Notification Forms and Information Sheets,OJ L 325,10. 12. 2015,p. 1 – 17.

之相对应的是,俄罗斯《保护竞争法》对于政府机关申请国家援助的内容也作出了具体规定。归纳而言,主要包括援助目的、援助金额、受援助者近两年内的活动以及反垄断法要求提供的其他信息。① 依循前述理路并结合我国现有制度实践,笔者认为,政策制定主体针对某一政策提出申请适用公平竞争审查例外制度时,其至少应当提供如下信息:(1)政策的具体目的指向;(2)政策的受益主体;(3)政策的受损主体;(4)政策增进的利益;(5)政策对市场竞争利益可能造成的不利影响;(6)实施期限。

(二)受理阶段:以反垄断法执法机构作为受理主体

在政策制定主体提出适用公平竞争审查例外制度申请后,接下来便会进入受理环节。在这一阶段,基于严格控制公平竞争审查例外制度适用的现实需要,择取适格受理主体的重要性随之显现。针对受理主体的确定问题,国内有学者提出了3项可供选择的具体方案,并进一步对各项方案的利弊之所在作出了逐一解析。详言之,第一种方案是由政策制定机关的上级机关作为受理主体。此种方案的有利之处主要体现为:作为政策制定主体的上级机关,在信息掌握方面具有先天优势,因而能够保证整个程序运行的高效率。而其弊端则在于,基于主体之间的紧密联系,很难保证最终结果层面的客观性。第二种方案则主张由反垄断委员会作为受理主体。其优势在于,反垄断委员会所处法律地位能够实现结果维度的权威性与客观性;而其不足之处则主要体现为较高的制度成本以及可能的较低效率。第三种方案则是试图在前述两种方案之间寻求一种平衡状态,因而主张另设独立的受理机关,但其也面临制度实施成本较高与机构权威性有所欠缺等方面的弊端。②

需要指出的是,前述3种方案虽为确定适格的受理主体提供了可供借鉴的具体路径,但诚如前文所述,其各自均存在较明显的局限性。从今后可能的发展趋向来看,笔者认为,较合乎理性且符合国情的做法应当是,选择以反垄断法执法机构作为受理主体。理由在于:首先,相比政策制定主体的上级机关或者另设的主管机构而言,作为负责反垄断执法工作的专门主体——反垄断执法机构具有较明显的独立性与权威性。正如学者所言:“竞争的实质是利益的竞争,竞争法律制度是对不同地区、不同利益集团等利益关系的调整,竞争法律制度实施机构的独立性和权威性是保证利益调整公正性的前提与基础。”③值得一提的是,随着2018年中共中央《深化党和国家机构改革方案》的出台,我国的反垄断执法体制由原先3家执法机关构成的联合体制变为由国家

① 参见王晓晔:《反垄断法》,法律出版社2011年版,第315页。

② 参见孙晋、钟原:《竞争政策视角下我国公平竞争审查豁免制度的应然建构》,载《吉首大学学报(社会科学版)》2017年第4期。

③ 彭海斌:《公平竞争制度选择》,商务印书馆2006年版,第265页。

市场监督管理总局负责的单一执法体制。由此，竞争执法机构的法律地位与权威性，事实上也得到了某种程度的巩固与提升。其次，根据《反垄断法》第 10 条的规定，国务院反垄断执法机构事实上也可授权与之相应的省级机构负责反垄断执法工作，这样一来，出于提高工作效率以及降低实施成本的需要，公平竞争审查例外制度的受理主体也可以由前述两者共同担任。另外，程序的有效运作离不开专门职业人员应用其经过长期教育、训练所获得的知识与技能。① 在具体实践中，判定公平竞争审查例外制度的适用是否符合现行法律规定显然是一项高度专业化的任务，因而其对受理机关的专业能力与经验提出了较高要求。② 结合我国具体实践来说，反垄断执法机构较之其他主体无疑更具专业性。综合上述分析，确立反垄断执法机构作为公平竞争审查例外制度适用程序的受理主体应当是一项相对合理可行的方案选择。

二、公平竞争审查例外制度适用的审查程序

此处所谓的审查，指涉的是受理主体根据现有公平竞争审查例外制度中确立的实体标准，考察申请主体针对有关政策措施提出适用例外规则的理由是否充分与准确。当然，在必要情形下，还有赖通过对特定申请作出进一步的调查与分析，从而判定个案情形是否符合适用例外制度的相关要求。③ 在整个公平竞争审查例外制度适用程序的有机构成环节之中，审查程序将会直接影响最终层面的结果，其所具有的关键性意义不言自明。在这一阶段，笔者认为，有必要着重关注如下几方面的程序性事项设置。

（一）调查程序：非正式调查与正式调查并存

要准确判定某一政策措施是否符合公平竞争审查例外制度中的实体标准，离不开对相关政策内容及其相关信息的有效认知与全面掌握。这样一来，审查主体势必要对相关事项展开相应的具体调查。

从比较法维度来看，按照欧盟国家援助控制制度的相关规定，针对成员国准备实施的国家援助行为所发出的通报，欧盟委员会将审查程序按照时间顺序划分为两个具体阶段。其中，第一阶段属于非正式调查程序，第二阶段为正式调查程序。再进一步

---

① 参见季卫东：《法律程序的意义——对中国法制建设的另一种思考》，中国法制出版社 2004 年版，第 62 页。

② 事实上，诚如学者所指出的，在判定是否适用公平竞争审查例外制度时，通常需要相关主体掌握包含公共政策、经济学和法学等在内的专业知识和行业性知识，同时能够综合运用实证分析方法汇总收集相关信息，运用定量分析方法对拟出台政策措施进行利弊权衡，这势必对相关人员的专业性提出了较高要求。参见殷继国：《我国公平竞争审查模式的反思及其重构》，载《政治与法律》2020 年第 7 期。

③ 参见钟刚：《反垄断法豁免制度研究》，北京大学出版社 2010 年版，第 159 页。

就程序启动条件与侧重点方面来看,通常而言,如果委员会认为可能存有违法的国家援助情形,那么此时便会进入非正式调查程序。在这一过程中,委员会调查的重心在于搜集相关信息与明晰案件的基本特征,从而评估具体的援助措施是否具有合法性。当然,在非正式调查程序中,作为审查对象的成员国有权向委员会提出自己的意见。委员会也可根据个案具体情况,允许各方在一定程度上参与相关信息的搜集。如果委员会对于某一国家援助措施是否与欧盟现有法律相一致表示重点关注,那么此时就会进入正式调查程序。

与前述第一阶段不同的是,进入正式调查阶段,委员会的工作重心则转向通过深入调查与分析借以保护可能存有利益关系的第三方权益,尤其是其中涉及的国家援助措施的直接受益主体与潜在的受益主体。也正是基于前述缘由,相比非正式调查阶段来说,第二阶段各方的参与程度得到了显著提升。① 通过以上简要论述,笔者认为,我国在调查程序设置方面可以参考此种“两步走”思路。具体而言,在今后公平竞争审查过程中,借助第一阶段调查程序的展开,审查主体大体上能够熟悉与掌握相关政策措施的基本信息,进而从中初步筛选出可能符合以及偏离公平竞争审查例外制度的有关条款;在此基础上,对于其中需要进一步加以评估的相关政策规定,交由审查主体在第二阶段进行全面考察与深入分析,从而作出最终审查结论。当然,在调查过程中,除应当重视审查主体自身的能动性外,也不应忽视审查对象以及其他相关主体在其中的信息提供与意见表达等作用的发挥。

(二)听证程序:明晰相应的听证主体范围与听证形式

听证程序作为行政程序法的核心,也是公正程序的应有之义,其指涉的是行政机关听取行政相对人意见的相关程序性安排。详细而言,听证程序是在行政机关作出影响行政相对人合法权益的决定之前,行政相对人有陈述意见并提供相应证据的权利,而行政机关有必要听取意见、接纳证据并作出相应决定的程序。②

在公平竞争审查例外制度适用的审查程序运行过程中,引入听证程序不仅具有理论必要性,而且也具有现实合理性。就必要性层面而言,其主要体现为:针对某一具体的政策措施是否适用公平竞争审查例外制度,实际上会对相关主体的利益造成不同层面的影响。于此情形下,基于妥善维护相关主体利益的考量,在审查过程中确立听证程序便殊为必要。就合理性层面来说,其涉及如下内容:其一,在审查过程

① 参见[意]马尔科·克英迪奥·科拉迪:《欧洲国家援助法发展历程》,载[美]威廉·科瓦西奇、[英]林至人、[英]德里克·莫里斯编著:《以竞争促增长:国际视角》,中信出版集团股份有限公司2017年版,第157页。

② 参见章剑生:《行政听证制度研究》,浙江大学出版社2010年版,第11页。

中引入听证程序,在赋予相关主体以知情权与表达权的同时,也可以极大提升整个审查程序运行中的社会参与度与整体透明度,从而有利于形成防止权力滥用的外在约束机制。其二,从现实层面来看,我国在听证程序方面业已积累了较丰富的实践经验。事实上,在与公平竞争审查制度紧密联系的反垄断法运行过程之中,听证程序已经在不少国家得到了较广泛地运用,成为维护相对人合法权益的重要举措。① 其三,引入听证程序在一定程度上也得到了我国公平竞争审查制度规范文本的间接印证。根据前述国务院《意见》以及《实施细则》的相关规定,在公平竞争审查过程中,政策制定机关应当征求利害关系人意见或者向社会公开征求意见。虽然前述规定并未直接提及听证,但从功能发挥维度来看,其中所涉"征求意见"与听证程序实则别无二致。综合以上分析,主张在公平竞争审查例外制度适用的审查过程中设置听证程序可谓持之有故。

需要指出的是,今后在开展相关听证时,为提高整个程序运转的科学性、合理性与透明度,还有必要着重处理好如下问题:一是听证主体的确定问题,包括听证组织者、听证人以及听证参加人的确定。一方面,为了确保听证程序推进的公正性与客观性,选择相对独立的听证组织者颇为关键;另一方面,界定合适的听证参加人的范围也不容忽视。笔者认为,与相关政策措施有关的直接受益人、间接受益人、直接受损害人、间接受损害人等利益攸关方均可主张参与听证程序。与此同时,可允许相关领域专家、学者参与听证。二是听证形式的选择问题。基于节约成本与提高审查效率的考量,并结合个案实际情况,听证组织者可以选择口头听证、书面听证或者依托视频、电话或其他即时通信方式的听证。

(三)简易程序:适时梳理有关简化适用情形

从概念关系上来说,简易程序是相对普通程序而言的,是指对普通程序加以简化之后的程序类型。在目的指向方面,通常来说,设立简易程序旨在节约普通程序的运行成本,以提高程序运行的整体效率。结合域外相关实践来看,欧盟针对成员国发出国家援助通报设置了相应的简化审查程序。具体而言,在审查时间方面,此种简化程序允许成员国在发出通报之日起 20 个工作日内便能够获得相应的审理结果。在适用范围方面,其主要限定于委员会认为的如下 3 类不存在问题的援助案件:一是各种指导方针的所谓"评估标准"涉及的援助类型;二是符合下列援助措施特征的援助类型,即在预先通报日期之前的 10 年里,至少有 3 个委员会先例所批准的援助措施;三是延

---

① 参见孙晋、苗航:《论我国竞争评估程序制度的建构》,载《竞争政策研究》2016 年第 6 期。

长或者修改涉及之前存在的援助的预算,或者提高授权援助计划标准。① 具体就公平竞争审查例外制度适用的审查过程而言,由于我国现有相关立法并未作出直接规定,加之公平竞争审查具有专业性与繁复性,因而当前这一阶段是否需要在其中确立相应的简要程序,值得进一步探究。但必须指出的是,今后随着我国公平竞争审查制度实施的不断推进,当有关实践经验积累到相当程度时,适时梳理与总结可以简化处理的情形,并将之予以定型化,确立相应的简易程序便会拥有坚实的基础支撑。

三、公平竞争审查例外制度适用的批准程序

依照一般的逻辑展开进路,在经历公平竞争审查例外制度适用的审查程序之后,随之而来的步骤便是审查主体根据个案情形作出相应裁决,也就是进入了批准程序。在此阶段,笔者认为,有如下两方面的程序性事项值得加以重视。

(一)裁决的作出:兼设积极肯定、消极禁止、附条件适用等结果类型

结束审查程序之后,便进入更重要的批准程序。析言之,审查主体需要根据调查结果对相关政策措施是否适用公平竞争审查例外制度作出相应裁决。在比较法维度上,欧盟与俄罗斯的相关做法尤为引人关注。就前者而言,在现有国家援助控制的制度体系中,欧盟委员会在结束正式调查程序以后,往往会根据案件具体情况作出如下4类可能的裁决结果:②一是消极的裁决,即禁止提供援助的决定;二是积极的裁决,即确认援助的合法性并允许该援助行为的实施;三是附条件的裁决,即针对提供援助规定了相关方须承担的义务,且监督其实际履行情况;四是否定性裁决,即针对一项已经实施的援助措施所采取的索回决定,以恢复原有的竞争环境。就后者来看,与欧盟的前述做法相类似,俄罗斯《保护竞争法》对于国家援助审查程序终止以后可能作出的裁决规定了如下4种具体类型:③一是针对符合法定豁免目的且不会产生反竞争效果的援助作出的同意裁决;二是针对所提供的国家援助可能具有反竞争效果,或者与法定豁免目的不相符,且须提交相应补充信息的情形,则可作出延长审议的裁决;三是针对不

① 参见[意]马尔科·克英迪奥·科拉迪:《欧洲国家援助法发展历程》,载[美]威廉·科瓦西奇、[英]林至人、[英]德里克·莫里斯编著:《以竞争促增长:国际视角》,中信出版集团股份有限公司2017年版,第157页。

② 参见[意]马尔科·克英迪奥·科拉迪:《欧洲国家援助法发展历程》,载[美]威廉·科瓦西奇、[英]林至人、[英]德里克·莫里斯编著:《以竞争促增长:国际视角》,中信出版集团股份有限公司2017年版,第158页。

③ See *Federal Law On Protection of Competition*(*As Amended in* 2016),FAS Of Russian Federation(Jul. 22,2016),http://en. fas. gov. ru/documents/documentdetails. html? id = 14737.

符合法定豁免目的的国家援助,或者该援助会引致反竞争效果,则可作出不同意实施的裁决;四是针对允许实施的援助类型,为了降低其不利影响,可同时作出附加相应条件限制的裁决,这种限制主要涉及援助期限设置、援助受惠主体限制、提供援助的规模控制、援助的目的限定以及其他方面的限制。

结合我国公平竞争审查的制度框架来看,无论是前述国务院《意见》还是《实施细则》,其对于批准裁决的期限限定作出了相应规定,但并未明确可以附加其他限制条件的裁决类型。在认定某一政策是否适用公平竞争审查例外制度方面,鉴于这一审查过程自身的复杂性与不确定性,除例外适用了作出积极的肯定意见与消极的禁止意见外,参考前述域外同类立法实践,笔者认为,应当允许附条件适用情形的存在。这样一来,在确保公平竞争审查严格性的同时,也能在很大程度上增强整个程序运行的灵活性与适应性。

(二)信息公开机制:构建基于制度整体且内容详细的信息公示平台

在公平竞争审查例外制度适用的批准程序之中,之所以强调信息公开机制构建的重要性,其原因主要在于:首先,这是出于维护利益相关方知情权与监督权的客观需要。显而易见,针对某一政策措施是否适用公平竞争审查例外制度,不仅关涉国家利益或者社会公共利益的实现,同时也会对市场竞争参与者利益造成不同的影响。此时,唯有借助相关信息的公开,利益相关主体方可知悉例外适用的具体情况,进而才能依此作为基础对公权力机关加以监督。其次,这是我国政府信息公开制度的内在要求与应有之义。根据《政府信息公开条例》第 2 条及第 5 条的规定,行政机关在履行行政管理职能过程中所制作或者获取的有关信息,原则上应当对外公开,而在例外情形下才不公开。在此基础上,该条例第 19 条规定:“对涉及公众利益调整、需要公众广泛知晓或者需要公众参与决策的政府信息,行政机关应当主动公开。”我国对公平竞争审查制度的现有规定,仅明确了特定情形的信息公开,即针对发现存在违反审查标准问题,在作出停止执行或者调整相关政策措施的决定时,应当按照要求向社会公开。最后,从比较分析的视角来看,域外有关国家与地区事实上均十分重视公平竞争审查的信息公开工作。例如,日本各省厅部门在进行公平竞争审查自我评估后形成的评介书会在其政府官网予以全部公开;在此基础上,总务省行政评价局还会将一年内各省厅政策评估情况的全部内容在网上予以公布。[①] 又如,欧盟委员会除有必要将有关国家援助审查的相关决定在《欧洲联盟官方公报》予以公布外,还在官网中设置了有关国家援助

① 参见李慧敏:《日本竞争评价制度考察及对我国公平竞争审查制度的相关建议》,载陈云良主编:《经济法论丛》2017 年第 2 期(总第 30 期),社会科学文献出版社 2017 年版,第 174～203 页。

案例公示专栏,[①]以便社会公众查询与了解与之相关的具体信息。综上所述,在裁决作出之后,审查主体殊有必要将相关信息向社会公众予以公示。

在公平竞争审查例外制度适用的信息公开机制构建方面,笔者有如下几点具体思考:其一,在逻辑关系上,由于例外规则属于公平竞争审查制度的内部构成部分,因此针对例外适用的信息公开机制的构建也必须基于制度的整体意义上来加以把握。其二,在公开内容方面,对涉及公平竞争审查例外制度适用的案例,应当尽可能公布详细的信息,较理想的方式应当是公布审查后的裁决文书,而不是仅仅局限于有无适用例外规则等简单信息。其三,在公开方式方面,有必要强调相应的互联网信息公开平台建设。考察欧盟的现行做法,并结合我国具体实际,笔者认为,今后可由国家市场监督管理总局负责牵头并构建一个涉及公平竞争审查的互联网信息公示平台。[②] 其四,在公开与保密关系方面,有必要协调好信息公开与不公开两者之间的关系。信息以公开为原则,以不公开为例外。在通常情况下,涉及公平竞争审查例外制度适用的有关信息应当及时向社会公开;只有在诸如涉密或者涉及隐私等特定情形下,有关信息才选择不公开。

四、公平竞争审查例外制度适用的监督程序

从性质上看,监督属于典型的结果倒逼的威慑机制,因此,为了尽可能保证公平竞争审查例外制度适用不偏离立法初衷,以降低发生滥用或者误用情形的概率,在这一制度运行过程中设置相应的监督环节不仅至关重要,而且也是必不可少的程序步骤。按照监督主体自身的性质差异,这一监督程序总体上可以划分为内部监督与外部监督两类。

(一)内部监督:确立第三方机构定期评估的优先性

所谓内部监督,是指由政策制定机关自身负责对公平竞争审查例外制度的适用情况加以检查评估,从而判定是否符合现有例外规则要求的过程。在我国现有自行审查模式短期内难以作出调整的背景下,政策制定机关定期评估制度在内部监督环节中的重要性便随之凸显出来。原因在于:作为在政策措施出台之前对公平竞争审查的重要补充,定期评估在性质上属于二次评估,在运作有效的情形下,其不仅可以及时弥补原先公平竞争审查中所出现的漏洞或者不足,还可以有效回应政策措施在实施中所面临

---

① 有关欧盟国家援助案例公示的具体内容可参见欧盟委员会官网。

② 国内有学者认为,围绕公平竞争审查构建信息处理机制离不开强大的电子数据存储能力和数据运算能力,因而其主张有必要设置专门性的门户网站,即所谓“全国公平竞争审查政务信息平台”。参见李俊峰:《公平竞争自我审查的困局及其破解》,载《华东政法大学学报》2017 年第 1 期。

的市场环境变化问题。[①] 事实上,定期评估在我国现有公平竞争审查规范文本层面也得到了直接确认,也就是前述国务院《意见》以及《实施细则》所共同规定的,政策制定机关应当对适用例外规定的政策措施的实施效果进行逐年评估。

就可能的具体实施路径而言,针对公平竞争审查例外制度适用情况所展开的定期评估,既可以交由政策制定机关内部的具体业务机构来负责,也可以根据工作实际需要委托给具有专业评估能力的政府决策咨询及评估机构、高等院校、科研院所、专业咨询公司、律师事务所等第三方机构予以落实。当然,结合我国公平竞争审查本身所采用的自我审查机制的背景考量,为了确保评估结果的客观性、公正性与专业性,笔者认为,更科学且妥当的方案不应是继续前述的自我评估模式,而应当是尽可能以第三方机构的定期评估作为优先选项。值得注意的是,2019 年国家市场监督管理总局颁布了《公平竞争审查第三方评估实施指南》。事实上,该指南第 5 条也提到,对适用例外规定出台的政策措施进行逐年评估的情形,政策制定机关可以引入第三方评估。在此基础上,该指南第 9 条进一步明确了这一评估过程应当关注的重点内容,具体包括:已作出的适用例外规定之结论是否符合要求;政策措施是否达到预期效果;政策措施出台后有无对竞争损害更小的替代方案;法律法规政策变动情况对政策措施实施的影响;对评估发现不符合例外规定的政策措施提出调整建议。此外,该指南对于第三方评估成果的效力也作出了规定,即可作为政策制定机关开展公平竞争审查、评价制度实施成效、制定工作推进方案的重要参照。总体而言,该指南所确立的关于第三方评估的相关做法应当是值得加以肯定的。

(二)外部监督:坚持上级机关监督、竞争执法机关监督、社会监督与司法监督相结合

作为与内部监督相对应的范畴,外部监督侧重监督主体的独立性,指涉的是由政策制定机关以外的其他主体负责对公平竞争审查例外制度的适用情况进行检查评估的过程。囿于我国公平竞争审查所确立的自我审查机制存有的局限性,对公平竞争审查例外制度适用情况是否符合现有相关规定的监督,除有赖政策制定机关定期评估作用的发挥外,更不能忽视外部主体在其中所处的重要地位。归纳而言,这样一种涉及例外制度适用的外部监督框架体系主要涉及如下几种具体类型。

第一种外部监督类型为上级机关实施的监督。也就是由作为政策制定机关的上级组织对下级有关公平竞争审查例外制度适用情况进行的监督。就启动方式而言,上级机关的监督应当包括主动式监督与被动式监督两类。其中,前者是指上级机关主动

---

① 参见时建中:《强化公平竞争审查制度的若干问题》,载《行政管理改革》2017 年第 1 期。

开展的对下级机关有关公平竞争审查例外制度适用情况的评估与检查。为了有效发挥此种主动监督的持续性威慑效应,通过相关制度设计将其固定化与常规化是较理性的选择。而后者则通常是上级机关在政策制定机关的例外适用情况被他人举报存有问题后所作出的介入之举。从两者的地位来说,常规的主动监督在其中应当居于主导性地位,而被动式监督则是对前者的重要补充。问题是,在我国公平竞争审查制度框架之中,尽管上级机关的被动式监督方式得到了具体体现,但对与之相应的主动式监督却并未作出明确规定。根据前述《实施细则》第25条与第27条的规定,任何单位和个人可向政策制定机关的上级机关举报政策制定机关涉嫌违反审查标准出台的政策措施,上级机关可根据案件情况作出责令改正以及其他法定处分措施。对于前述这一问题,笔者认为,我国在今后完善公平竞争审查监督机制时有必要作出有针对性的回应。

第二种外部监督是竞争执法机关的监督,即由专门的反垄断执法机关负责对政策制定机关适用公平竞争审查例外情形加以监督。需要补充说明的是,竞争执法机关监督的确立离不开相应的前提限定,即我国当前在公平竞争审查领域采用的是自我审查机制。诚如前述,待相关条件成熟以后,审查机制由自我审查转向由竞争执法机关审查时,那么这样一种外部监督形式也就无从谈起了。针对公平竞争审查例外制度的实际运行情况,在通过政策制定机关自我审查以及上级机关的监督以后,竞争执法机关的监督事实上仍然具有其存在的独特价值。究其缘由,这和政策制定机关与上级机关之间的利益关系密不可分。在有些情形下,地方政府可能会通过对所制定的政策措施适用公平竞争审查例外制度,以实现部门利益与地方保护主义的法律化,从而为地方利己主义披上合法化的外衣。① 此时,如果上级机关与政策制定机关之间存有共同的利益取向,那么由其实施的外部监督也就有可能沦为"走过场",外部监督具有的约束效力最终也会大打折扣。

考察域外同类实践不难发现,由竞争执法机关负责监督的实例并不鲜见。例如,在日本的相关实践中,政策在经过各省厅的自我审查以后,随之生成相应的政策评价清单将提交给公平交易委员会(Japan Fair Trade Commission,JFTC),并由其负责对相关政策措施的竞争影响分析加以审查与监督。② 又如,韩国在公平竞争审查过程中采用初步评估与深度评估结合模式,即由政策制定机关进行初步评估,然后再交由竞争

---

① 参见周尚君:《地方法治竞争范式及其制度约束》,载《中国法学》2017年第3期。

② 参见李慧敏:《日本竞争评价制度考察及对我国公平竞争审查制度的相关建议》,载陈云良主编:《经济法论丛》2017年第2期(总第30期),社会科学文献出版社2017年版,第174~203页。

执法机关实施深度审查。[①] 其中的深度评估在性质上便属于竞争执法机关的外部监督。此外,在有关欧盟国家援助控制实践中,这样一种外部监督方式也得到了具体体现。析言之,鉴于成员国有不少援助可以依据《一般集体豁免条例》获得豁免,而无须经过委员会的事先审查的背景考量,自2006年起欧盟便引入了系统性事后监管机制。委员会将基于所选取的样本对豁免或者审批通过的援助方案进行定期的事后检查,以判定其是否满足法律合规性。[②] 结合我国规范文本来看,《实施细则》第27条仅是明确规定了反垄断执法机关的提出建议权,即对政策制定机关在公平竞争审查中出现违反《反垄断法》规定的情形时,其可向政策制定机关或其上级机关提出停止执行或调整政策措施的建议。我国反垄断执法机关通过提出建议方式所进行的外部监督在权威性与威慑力方面面临较大的局限性,但综合考虑我国现行反垄断法执法机制设置,此种不完全的监督方式也不失为一项切合当前现实的方案选择。

第三种外部监督形式是社会监督,即充分发挥社会力量来对政策制定机关的公平竞争审查例外制度适用现况所展开的监督。诚如有论者所提到的,要让公平竞争审查制度落于实处,以有效发挥其规范与约束政府干预市场的作用,除有赖行政体系内部的相互监督外,也应当重视社会公众的外部监督体系构建。[③] 进一步从主体维度来看,社会监督的范围十分广泛,不仅涉及因公平竞争审查例外制度适用而受到影响的利害关系主体的监督,也涵括其他不具有利害关系的主体所实施的监督。就前提条件而言,显而易见,社会监督的有效落实与社会公众的充分知情权之间可谓须臾不可分离。这无疑对有关公平竞争审查例外制度适用方面的信息公开提出了较高要求。在实施方式方面,根据《实施细则》第25条的规定,社会公众针对公平竞争审查例外制度适用情况所能采取的监督方式总体上包括两类:一是向政策制定机关反映;二是向政策制定机关的上级机关或者反垄断执法机构举报。就此而论,当前我国在公平竞争审查领域的社会监督机制的构建方面,总体上已经较完备。

第四种外部监督形式为司法监督,即个体通过向法院提起诉讼而引入的监督。就此种监督类别而言,我国现有公平竞争审查规范文本并未对其作出明确表述。具体到本文的分析语境,笔者认为,针对政策制定机关违法标准适用公平竞争审查例外制度的情形,除有赖前述的反映与举报监督形式外,还有必要进一步明确赋予与政策措施相关的利害关系主体向法院提出行政诉讼的权利。原因在于:在实践中,当政策制定

---

① 参见张占江:《中国法律竞争评估制度的建构》,载《法学》2015年第4期。

② Anita Gyürkés & Miek van der Wee:《从欧盟和成员国的视角看欧盟国家援助政策》,载中欧竞争政策网2019年3月13日,https://competitioncooperation.eu/presentations/。

③ 参见王贵:《论我国公平竞争审查制度构建的基准与进路》,载《政治与法律》2017年第11期。

机关违反现有标准适用公平竞争审查例外制度时,一项本无法获得豁免且具有反竞争效果的政策措施将被披上合法化外衣。从性质上来看,这很有可能是行政机关假借适用公平竞争审查例外之名而行抽象行政垄断之实,如此一来,不可避免地会对相关市场主体的竞争利益造成较严重的侵害。在救济方式方面,仅是通过向政策制定机关反映,或者向其上级机关以及反垄断执法机构举报,这对于利害关系主体维护自身合法权益的作用显然是相对有限的。也正是基于前述考量,有学者提到,在市场竞争机制遭受损害时,应当对行政垄断行为尤其是抽象行政垄断行为予以彻底纠正,其中包括行政系统的内部纠正与司法审查纠正。① 事实上,结合我国行政诉讼制度安排与相关实践来看,前述主张也具有现实可行性。究其缘由,在很大程度上与公平竞争审查制度自身具有的法律属性密切相关。质言之,公平竞争审查的过程实际上是对行政机关制定政策措施提出了相应的义务要求,即应当按照法定标准对某一政策的出台进行程序性控制。与政策制定行为构成抽象行政行为不同的是,当政策制定机关违反标准对某一政策适用公平竞争审查例外时,该行为在性质上则属于未依法履行相应职责的具体行政行为。在此情况下,法院便可能通过判决确认政策制定机关所实施的公平竞争审查行为违法,以促使其及时对违反公平竞争审查例外标准的政策措施加以调整,从而实现对抽象行政垄断的司法监督。② 从这个意义上来说,在公平竞争审查例外制度适用领域引入司法监督实则也是有据可循的。

(责任编辑:莫晓尧)

---

①　参见徐士英:《竞争政策视野下行政性垄断行为规制路径新探》,载《华东政法大学学报》2015 年第 4 期。

②　参见叶高芬、张广亚:《论国家竞争政策视角下我国的公平竞争审查制度》,载陈云良主编:《经济法论丛》2019 年第 1 期(总第 33 期),社会科学文献出版社 2019 年版,第 57 ~95 页。

公平竞争审查启动制度研究*

朱静洁**

摘　要:公平竞争审查的启动是该制度实施的第一步,启动制度是否科学、合理决定了公平竞争审查工作能否有序、有效地开展。通过整理我国公平竞争审查启动的基本情况,可以发现实践中我国确立了依职权启动审查与依申请启动审查两种启动模式。然而,现行启动制度中存在政策制定主体自行启动审查积极性不高、公平竞争审查启动制度配套规定不完善的问题。在充分考虑我国现实国情的前提下,可通过为政策制定主体设立科学、合理的激励机制和明确公平竞争审查启动制度的相关规定来进一步完善我国公平竞争审查的启动制度。

关键词:公平竞争审查;依职权启动;依申请启动;激励机制

在建立公平竞争审查制度之前,我国主要通过《反垄断法》和《行政诉讼法》规制行政垄断行为,但仅依靠《反垄断法》和《行政诉讼法》无法实现对我国行政垄断行为的有效规制,特别是行政主体通过抽象的政策文件限制、排除竞争的行为更是成为规制的"真空地带"。在此背景之下,国务院于 2016 年 6 月通过《关于在市场体系建设中建立公平竞争审查制度的意见》(国发〔2016〕34 号,以下简称《意见》)正式建立了公平竞争审查制度。2019 年 2 月,国家市场监督管理总局发布《公平竞争审查第三方评估实施指南》,该文件明确了第三方评估在公平竞争审查工作中的适用范围、具体要求及基本程序。2020 年 5 月,国家市场监督管理总局、发展改革委、财政部、商务部联合印发《关

* 收稿日期:2021 年 5 月 24 日。本文系贵州省"研究阐释党的十九届五中全会精神"重大专项课题(编号:20GZZB25)、贵州省"研究阐释习近平总书记视察贵州重要讲话精神"重大专项课题(编号:21GZZB13)、贵州省 2020 年哲学社科规划项目(编号:20GZQN05)、云南省 2020 年哲学社科规划项目(编号:QN202020)的阶段性研究成果。

** 法学博士,云南财经大学法学院讲师,西南政法大学・贵州省社会科学院联合培养博士后研究人员。

于进一步推进公平竞争审查工作的通知》,提出现阶段公平竞争审查工作取得了积极成效,但还存在审查规则不完善、制度刚性约束不足、一些地区和部门思想认识不到位、政策措施审查不全、审查质量不高等问题,各部门应通过健全审查规则、完善工作机制和加强组织保障三方面进一步推进公平竞争审查工作。2021 年 7 月,国家市场监督管理总局、发展改革委、财政部、商务部、司法部发布印发《公平竞争审查制度实施细则》(以下简称《细则》)的通知,修订后的《细则》对审查机制、审查程序、审查标准、例外规定适用、第三方评估、审查监督和责任追究等问题进行了细化,有效增强了制度的可操作性。公平竞争审查的启动是审查实施的第一步,启动制度是否科学、合理决定了公平竞争审查工作能否有序、有效地开展。本文通过实证研究探明公平竞争审查启动制度的实际情况,对公平竞争审查启动制度本身及其运行中存在的问题进行梳理并提出完善建议,从而优化公平竞争审查启动制度,有效提升公平竞争审查制度的实施效果。

一、公平竞争审查的启动主体及模式

公平竞争审查的启动主体及模式皆可以多样化,这与国家的法律政策大环境及传统习惯有关。需要明确的是,公平竞争审查的启动主体与审查主体不是同一概念,启动公平竞争审查的主体并不当然承担审查职能,启动主体只是公平竞争审查的发起者而不一定是实施者。

(一)域外竞争评估的启动主体及模式

域外竞争评估的启动主要有 3 种类型,分别是竞争执法部门负责启动、政策制定主体负责启动、政策制定主体与竞争执法部门共同负责启动。不同地区竞争评估启动制度的差异与本国的实际情况息息相关。同时,通过分析域外竞争评估的启动方式可以发现,域外竞争评估的启动主要采取依职权启动的模式,依申请启动竞争评估的模式未得以广泛适用。

1. 竞争执法部门负责启动

美国由竞争执法部门承担公平竞争的审查工作。具体而言,美国将联邦贸易委员会(Federal Trade Commission,FTC)及司法部(U. S. Department of Justice,DOJ)这两大竞争执法机构共同作为公平竞争审查主体。① 其中,联邦贸易委员会参与公平竞争审查的权力由《联邦贸易委员会法》(Federal Trade Commission Act)赋予。而司法部参与公平竞争审查的权力则有两个来源:一个是美国联邦司法部在组织法中对于反托拉斯职能规定的相关条款,该条款直接赋予司法部自主搜集市场信息并以此为基础提出竞

① 参见孙晋、孙凯茜:《我国公平竞争审查主体制度探析》,载《湖北警官学院学报》2016 年第 4 期。

争评估意见的权力;另一个则是美国对于管制产业的制度规定。

2. 政策制定主体负责启动

澳大利亚政府在20世纪70年代就先行在国内推动公平竞争审查,对法律、政策中所存在的限制竞争规定进行整改,要求地方立法机关以“是否产生限制竞争效果”作为标准对其制定的地方法令、实施条例等政策措施启动公平竞争审查。经评估后认定相关规定会产生限制竞争效果的,政策制定机关应当在一定时间内对政策措施进行修改或废止。将竞争评估在全国范围内推行了一段时间后,澳大利亚政府于1992年建立并开始实施“国家竞争政策”,随后国会于1995年制定了《澳大利亚贸易惯例法案》,并设立澳大利亚国家竞争委员会(National Competition Council,NCC)。另外,联邦政府还与澳大利亚各地方政府联合签署了《竞争原则协议》,要求各地方政府设立独立专职的竞争评估机构负责公平竞争审查,全面开展澳大利亚各地区的公平竞争审查工作。① 澳大利亚认为,经济改革在政治上是非常困难的,因此,设立独立的竞争评估机构尤为必要。② 独立专职的竞争评估机构能够客观地分析并解决问题,从而有效维护市场竞争秩序、促进经济发展。

3. 政策制定主体和竞争主管部门共同负责启动

韩国将政策制定主体与竞争执法部门共同作为公平竞争审查的启动主体。其中,政策制定主体负责对政策措施进行初步审查,韩国公平贸易委员会(Korea Fair Trade Commission,KFTC)作为竞争执法部门则负责启动深度审查工作。③ 韩国《规制垄断与公平交易法》明确了公平贸易委员会在认为政策措施存在限制、排除竞争问题时,可向相关行政机关的长官提出纠正限制、排除竞争问题的意见;④同时,《监管影响分析报告编写指南》(Guidelines for Preparation of Report on Regulatory Impact Analysis)亦赋予了公平贸易委员会对韩国各级政府制定的政策措施进行公平竞争审查的权力。

(二)我国公平竞争审查的启动主体及模式

我国公平竞争审查的启动主体及模式在充分考虑现实国情后形成了我国公平竞争审查特色的多样化启动主体及二元化启动模式。

---

① National Competition Council, *Competition Principles Agreement – 11 April 1995* (*As Amended to 13 April 2007*), NCC(April 11, 1995), http://ncp. ncc. gov. au/docs/Competition%20Principles%20Agreement,%2011%20April%201995%20as%20amended%202007. pdf.

② *NCC Releases 2005 NCP Assessment Report*, National Competition Council, Dec. 15, 2005, p. 3.

③ 参见侯璐:《我国公平竞争审查机制的构建及其完善》,载《价格理论与实践》2016年第7期。

④ 参见赵嵩、余音:《韩国规制垄断与公平交易法》,载徐杰主编:《经济法论丛》第2卷,法律出版社2001年版,第352~400页。

1.我国公平竞争审查的启动主体

《意见》及《细则》虽未直接规定我国公平竞争审查的启动主体范围,但依据相关文件对于公平竞争审查工作机制、监督机制等问题的规定以及公平竞争审查实践经验,可以明确我国公平竞争审查的启动主体至少包括政策制定主体、政策制定主体的上级机关和竞争主管部门3种。

其一,政策制定主体可自行启动公平竞争审查,《意见》提出,我国公平竞争审查工作应当遵从"谁制定,谁清理"的原则,各级人民政府及所属部门应当依据公平竞争审查标准对其制定的涉及市场主体经济活动的政策措施逐一进行审查,因此政策制定主体理应作为公平竞争审查的启动主体。同时,"自我矫正"是公平竞争审查的本质属性,亦是公平竞争审查的主要工作方式,故政策制定主体不仅是启动主体之一,更应是公平竞争审查启动工作的绝对主力。

其二,政策制定主体的上级机关也可作为公平竞争审查的启动主体。一方面,我国各层级的行政机关及其主管机关,按照行政隶属关系形成了直线监督机制。① 另一方面,《细则》第27条也明确当政策制定主体未对政策措施进行公平竞争审查或未按照审查标准进行审查时,任何单位或个人均可向政策制定主体的上级机关举报;而对政策制定主体未审查或未按照审查标准审查的行为,上级机关有权责令其改正。由此可以看出,政策制定主体的上级机关有权对其从事公平竞争审查工作的情况进行监督,对于政策制定主体未审查或未按照审查标准审查的政策措施,上级机关有权启动公平竞争审查。

其三,竞争主管部门也享有公平竞争审查的启动权,这主要是由竞争主管部门的职权范围决定的,即竞争主管部门的日常工作中本就包含与公平竞争审查相关的内容,并且《细则》亦明确了竞争主管部门监督政策制定主体从事公平竞争审查的职权。我国《反垄断法》和公平竞争审查两者内容是相互包含的,公平竞争审查制度是在《反垄断法》的基础上制定的。② 目前,竞争主管部门对滥用行政权力限制、排除竞争行为的调查和认定,其实更类似代替政策制定主体对相关政策文件进行实质意义上的公平竞争审查,若确定存在限制、排除竞争的问题,则建议政策制定主体在一定期限内废止或修改相关政策文件。竞争主管部门建议函的"威力"亦来自公平竞争审查这一体制内的支撑力量。③

---

① 参见王世雄:《我国行政监督体制的现状与发展趋向》,载《政治与法律》2000年第6期。

② 参见陈林:《公平竞争审查、反垄断法与行政性垄断》,载《学术研究》2019年第1期。

③ 李剑:《中国行政垄断的治理逻辑与现实——从法律治理到行政性治理》,载《华东政法大学学报》2020年第6期。

2. 我国公平竞争审查的启动模式

公平竞争审查多样化的启动主体决定了我国的二元启动模式,即依职权启动审查和依申请启动审查两种路径共存互补的启动模式。

依职权启动公平竞争审查,是指启动主体依据公平竞争审查的启动权,主动启动公平竞争审查的模式。依职权启动公平竞争审查具备以下 3 个特征:第一,启动主体享有相应的职权,依职权启动公平竞争审查的主体应当享有法律或其他规范性文件所赋予的职权;第二,启动主体具备主动性,启动主体应当依职权主动启动公平竞争审查,而不是被动、消极地应对启动工作;第三,与依申请启动公平竞争审查相比,依职权启动公平竞争审查因其具有相应的职权作为支撑,免受申请启动流程的拖延,效率更高。我国依职权启动公平竞争审查的主体主要有政策制定主体及其上级机关、竞争主管部门,上述主体依职权启动公平竞争审查的具体情况大体可分为两类:其一,政策制定主体及其上级机关、竞争主管部门在日常清理政策措施的工作中,因发现可能限制、排除竞争的政策措施而决定启动公平竞争审查;[①]其二,政策制定主体的上级机关、竞争主管部门在搜集行政垄断案件线索的过程中,发现相关政策措施可能存在限制、排除竞争的问题,然后对政策措施启动公平竞争审查。[②]

依申请启动公平竞争审查,是指公平竞争审查启动主体依据申请人的申请对特定政策措施启动公平竞争审查的模式。申请人一般为社会公众,即任何单位及个人均可向公平竞争审查的启动主体申请对政策措施启动公平竞争审查。依申请启动公平竞争审查的模式具备两大特征:一方面,申请主体向启动主体申请启动公平竞争审查的权利应当有相应的合法依据,《细则》第 25 条对于社会公众向政策制度主体的上级机关、竞争主管部门举报的相关规定就为其申请启动公平竞争审查提供了合法依据;另一方面,申请主体向启动主体提出的申请具有针对性,在大多数情况下申请主体都是因为与特定政策措施存在利害关系才会对其限制、排除竞争的问题进行关注,并收集相关事实和证据申请对特定政策措施启动公平竞争审查。

总体而言,我国公平竞争审查的两种启动模式均在实践中得到有效运行。笔者收

① 例如,重庆市物价局就是在对本地区工程项目招投标领域的政策措施进行梳理时,发现永川区公共资源综合交易管理办公室发布的两份文件存在限制、排除竞争的可能,进而针对这两份文件启动了公平竞争审查。参见广东省发展改革委价监局:《行政垄断典型案例汇编》,载百度文库网 2018 年 5 月 31 日,https://wk. baidu. com/view/0e845b365bcfa1c7aa00b52acfc789eb162d9e42? ivk_sa = 1023194j。

② 例如,北京市发改委就是在搜集行政垄断案件线索的过程中,发现北京市朝阳区农村工作委员会所制定的政策措施存在限制、排除竞争的可能,进而针对该政策措施启动了公平竞争审查。参见《国家发改委密集公布反行政垄断案例》,载聊城法治网 2018 年 2 月 11 日,http://m. lcsfzw. cn/23359. html。

集整理了2016年6月1日~2021年6月15日,竞争主管部门公布的因未进行或未按审查标准进行公平竞争审查而制定、实施政策文件,继而构成限制、排除竞争行为的97个案例。从统计结果看,依职权和依申请启动的案例数分别为60个和37个,60个依职权启动的公平竞争审查案例中仅有5个是由政策制定主体基于上级机关或竞争主管部门的建议而启动的,其余皆是上级机关或竞争主管部门在日常清理政策文件或调查案件时主动启动的。目前,我国公平竞争采取"自我审查"为主的审查方式,在实践中绝大多数公平竞争审查的启动主体是政策制定主体。案例统计中政策制定主体自主启动公平竞争审查情况较少的原因在于,该类案件绝大多数是由于政策制定主体未进行公平竞争审查而被调查,并进而由竞争主管部门代为审查的。现阶段,各地区政策制定主体自我审查案件信息的公开情况较粗糙,仅就公平竞争审查所涉及政策文件总数、清理完成总数、修改总数、废止总数等进行公开,具体所涉及的政策文件名称、废止或修改相关政策文件的启动及审查情况等均未公开。因此,笔者仅能就竞争主管部门公布的因未进行或未按审查标准进行公平竞争审查而制定、实施政策文件,继而构成限制、排除竞争行为的案例进行统计分析,以此对我国公平竞争审查启动模式的运行情况进行统计描述。

二、我国现行公平竞争审查启动制度的问题

在对我国公平竞争审查启动制度运行的实际状况进行数据分析后,有必要在此基础上进一步梳理我国公平竞争审查启动制度的现存问题,并对问题产生的原因进行深入剖析,以期为寻找现存问题的完善路径提供有价值的参考。

(一)政策制定主体自行启动审查的积极性不高

我国公平竞争审查制度建立于2016年6月,但直至2021年2月仍有政策制定主体未建立内部的公平竞争审查机制,在政策文件的制定过程中一直未进行公平竞争审查程序,①公平竞争审查工作流于形式的情况仍然存在,②部分地区公平竞争审查工作起步晚的情

① 甘州区人力资源和社会保障局在2021年2月才正式建立了内部公平竞争审查机制。参见国家市场监督管理总局:《甘肃省市场监管局纠正张掖市甘州区人力资源和社会保障局滥用行政权力排除、限制竞争行为》,载国家市场监督管理总局反垄断局官网2021年6月3日,http://www.samr.gov.cn/fldj/tzgg/qlpc/202106/t20210603_330102.html。

② 2020年11月,江苏扬州市公平竞争审查联席会议经专项督查考核后,发现本地公平竞争审查工作存在个别县(市、区)及成员单位工作相对滞后、清理现有政策文件不彻底、涉及市场主体经济活动文件筛查不认真、上报数据不准确、增量文件应审未送审等问题。参见国家市场监督管理总局:《江苏扬州开展公平竞争审查专项督查》,载国家市场监督管理总局反垄断局官网2020年11月19日,http://www.samr.gov.cn/fldj/tzgg/gpjzsc/202011/t20201119_323700.html。

况亦较突出①。

从公平竞争审查制度的实施情况来看,目前所涉及的审查案例均不涉及行政法规和规章,这是由于行政立法主体的立法技术和行政立法内容都已较成熟及规范,发生限制、排除竞争问题的可能性极低,②故公平竞争审查启动的问题主要集中在各地方人民政府及有关部门。具体而言,地方政府自行启动公平竞争审查积极性不足的原因,可以尝试从博弈论的角度进行分析。其一,地方政府间在职能履行方面的博弈。地方政府以地区经济高速增长作为目标,不愿意成为唯一或少数几个承担公共服务措施成本的主体。其二,地方政府间招商引资的博弈,各地方政府为吸引实力更优的投资方及收益更高的投资项目,都会竞相提供各种各样的税收优惠、特殊补贴、特许经营权等优惠政策措施。地方政府在制定并实施招商引资的优惠政策时,首先考虑的是如何吸引投资方或投资项目,在地方政府间招商引资的博弈中获得胜利,而对启动公平竞争审查并没有很高的热情。

毋庸置疑,公平竞争审查在全国范围内的收益必定大于成本,但是具体到每个地方政府却不一定如此。③ 通常政策制定主体基于自利倾向会选择保护当地企业的产品或服务提供,④尽量回避公平竞争审查工作。以"自我审查"为主的审查模式决定了启动成本需由政策制定主体独自承担,而审查收益则将由政策制定主体所属地区与未支付审查成本的其他地区共同享有,导致政策制定主体启动审查的积极性普遍不高。公平竞争审查制度在实践中的局限性,使公平竞争原则难以真正作用于优化政府规制。⑤

(二)公平竞争审查启动制度的配套规定有待完善

目前,我国公平竞争审查制度的配套文件对于审查启动工作的相关规定较少,公平竞争审查启动主体、启动条件、启动程序等问题的配套规定不是过于概括就是直接未予以明确,直接影响了启动工作的开展。

---

① 湖南常德市在2020年3月11日才正式启动公平竞争审查工作,而此时距离公平竞争审查制度正式建立已超过3年半。参见国家市场监督管理总局:《湖南常德启动妨碍统一市场和公平竞争的政策措施清理工作》,载国家市场监督管理总局反垄断局官网2020年3月13日,http://www.samr.gov.cn/fldj/tzgg/gpjzsc/202003/t20200313_312967.html。

② 参见苗沛霖:《公平竞争审查的模式选择与体系建构》,载《华东政法大学学报》2021年第3期。

③ 参见郑鹏程、黎林:《澳大利亚公平竞争审查中的竞争支付制度及其启示》,载《价格理论与实践》2017年第11期。

④ 参见冯兴元:《地方政府竞争:理论范式、分析框架与实证研究》,译林出版社2010年版,第129~130页。

⑤ 参见孙晋:《公平竞争原则与政府规制变革》,载《中国法学》2021年第3期。

1. 依职权启动审查的期限及对象未予明确

我国目前虽建立并实施了公平竞争审查制度,但一直没有制定公平竞争审查工作的总体规划,《意见》《细则》及其他公平竞争审查的配套文件也未明确依职权启动审查的期限及对象。一方面,公平竞争审查制度现行的配套文件未要求政策制定主体制定较详细的公平竞争审查工作计划,即政策制定主体可以随意安排公平竞争审查工作的进度,影响了我国公平竞争审查制度的实施效果。另一方面,公平竞争审查制度的现行配套文件对启动审查的对象未作合理分类及规划,这也在一定程度上影响了公平竞争审查的启动工作。在未对启动公平竞争审查的对象进行合理分类及规划的情况下,依职权启动公平竞争审查的主体很可能面对海量政策措施而无从下手,或是非出于本意而延缓了对严重影响市场竞争秩序政策措施的公平竞争审查启动工作,不利于我国公平竞争审查工作的有序开展。

2. 依申请启动审查的条件及程序尚待完善

公平竞争审查制度相关配套文件中缺少依申请启动公平竞争审查的条件及程序的相关规定,导致社会公众举报渠道的畅通性受到一定影响。其一,依申请启动公平竞争审查的条件及程序不明确,相关配套文件并没有明确举报人所提供的事实和证据应当满足的要求。依申请启动公平竞争审查条件的不明确将导致不满足条件的无效举报信息大量出现,影响相关部门对举报信息的处理进度,并可能导致少数人编造相关信息、多次就相同事实进行举报等问题的出现,扰乱公平竞争审查启动工作的开展及推进。其二,信息反馈机制的缺失将影响依申请启动公平竞争审查的效率,《细则》虽提出相关主体在接到有效举报后应当核实有关情况,但对于相关主体核实举报信息、反馈举报信息处理情况的具体程序却没有作出要求。在相关规定缺位的情况下,政策制定主体的上级机关及竞争主管部门在处理举报信息时,缺乏明确、具体的条件及程序作为指引,依申请启动公平竞争审查的条件及程序随意性较大且透明度较低,不仅影响了公平竞争审查启动工作的规范性,还会挫伤社会公众通过举报申请启动公平竞争审查的热情。

三、我国公平竞争审查启动制度的完善路径

我国公平竞争审查启动制度存在政策制定主体主动启动公平竞争审查积极性不高与相关配套规定不够完善这两个问题。改进现存问题不仅需要充分考虑问题产生的原因,还需要结合我国的现实情况。具言之,可以从为政策制定主体设立科学合理的激励机制和明确公平竞争审查启动制度的相关规定两方面,对我国公平竞争审查启动制度的现存问题进行完善。

（一）为政策制定主体设立科学合理的激励机制

由于我国尚未建立科学、合理、有效的公平竞争审查激励机制，无法通过物质、荣誉、职业发展等方面的激励措施提升政策制定主体主动启动公平竞争审查的积极性，[①]为此有必要为政策制定主体设立公平竞争审查激励机制，从而妥善解决政策制定主体对公平竞争审查启动工作积极性不高的问题。

1.设立专项奖励资金激励政策制定主体

我国可以适度参考同样以“自我审查”作为公平竞争审查主要方式的澳大利亚所建立的国家竞争政策支付制度，为政策制定主体设立公平竞争审查的专项奖励资金。我国应针对性地调整中央转移支付方式，[②]以省级政府为奖励对象，将完成公平竞争审查工作的情况作为确定奖励金额的依据，为积极启动公平竞争审查的政策制定主体提供有力的财政支持，使公平竞争审查专项奖励资金成为地方政府的重要增量资金来源，进而显著提升相关主体启动公平竞争审查工作的积极性。

各省级政府完成公平竞争审查情况的评估工作应当由国家市场监督管理总局负责。国家市场监督管理总局可设立公平竞争审查处专门负责该项工作，发放给各省级政府的公平竞争审查专项奖励资金具体数额应当由中央政府参考国家市场监督管理总局通过评估提出的建议进行最终确认。对抽查发现的排除、限制竞争问题，被抽查单位要及时认真整改。公平竞争审查制度的实施与国家经济改革、市场竞争秩序维护密切相关。公平竞争审查专项奖励资金的评估工作由国家市场监督管理总局负责具有一定的合理性。而公平竞争审查专项奖励资金的发放，则应当以各地政策制定主体完成相应的公平竞争审查任务为前提，国家市场监督管理总局在评估公平竞争审查任务完成情况时，应当从存量政策措施的清理情况和增量政策措施的控制情况两个方面进行考量。

此外，公平竞争审查专项奖励资金的评估工作以3～5年为周期最佳。公平竞争审查专项奖励资金的评估周期不宜过短，原因在于清理存量限制、排除竞争政策措施的时间需求一般都不短。若以一个自然年作为评估周期，政策制定主体在如此短的时间内能够清理的存量政策措施数量有限，其完成考核任务的难度较大，因任务不达标而无法获得或仅获得少量奖励资金的情况将普遍出现，影响公平竞争审查专项奖励资金的激励效果。同时，评估机构也很难有效评估短期内各地的公平竞争审查制度实施

---

① 参见朱静洁：《公平竞争审查制度实施的障碍及其破解》，载陈云良主编：《经济法论丛》2019年第1期（总第33期），社会科学文献出版社2019年版，第96～122页。

② 参见丁茂中：《行政行为的竞争合规制度研究》，载《现代法学》2017年第2期。

情况及市场竞争秩序改善程度,评估结果的不准确将影响公平竞争审查专项奖励资金数额的确定,进而降低政策制定主体启动公平竞争审查的积极性。因此,以3~5年为周期评估各地公平竞争审查制度的实施情况更加科学,既为政策制定主体留出了清理存量限制、排除竞争政策措施的时间,也能够保障评估结果的准确性,并以准确的评估结果适当地确定公平竞争审查专项奖励资金的具体数额。

2. 以精神激励充分调动启动主体的积极性

除通过设立公平竞争审查专项奖励资金对政策制定主体进行物质激励外,对相关机构公务人员进行精神激励也是提升启动主体积极性的重要辅助途径。公平竞争审查专项奖励资金虽然能为各地区政府提供丰厚的财政支持,但对于公务人员个体的激励效果却并不是很显著,精神激励可以有效弥补这一缺陷。通过荣誉激励和职业发展激励两个方面对相关机构公务人员进行充分的精神激励,能够提升其参与、完成公平竞争审查工作的积极性及效率。在荣誉激励方面,中央政府与地方政府可以授予在公平竞争审查任务完成过程中表现突出的公职人员以各类荣誉称号,并在全国范围或本地区范围内通报表扬,在对特定公职人员突出表现进行嘉奖、激励的同时,鼓励其他公职人员积极学习。在职业发展激励方面,可以将公平竞争审查任务的完成情况作为政府绩效评估的重要指标,并与相关公职人员的绩效考核挂钩,大力开展实务培训。① 在有权干预市场的行政部门中,应当将该部门公职人员的公平竞争审查工作情况作为用人评价的重要标准,②为积极推进公平竞争审查并出色完成审查任务的公职人员优先提供升迁的机会。

(二)明确公平竞争审查启动制度的相关规定

首先,应当规范依职权启动公平竞争审查的时间及对象。依职权启动公平竞争审查的期限应当通过规范性文件进行限制,相关文件应当明确政策制定主体需以本地区在该评估周期内的公平竞争审查任务为基础,合理安排启动工作,并提前制定每个自然年内具体的公平竞争审查工作计划,同时将公平竞争审查工作进度的安排报送本地区公平竞争审查联席会议办公室及上级机关,从而督促政策制定机关严格把控启动公平竞争审查的工作节奏,避免政策制定主体因缺乏计划性而随意拖延公平竞争审查启动工作的问题。同时,相关文件还需明确政策制定的上级机关或竞争主管部门在发现政策措施可能存在限制、排除竞争问题后,应当在一定期限内启动公平竞争审查工作,从而保证启动工作的及时性及规范性。另外,我国可将特定领域涉及市场主体经济活

---

① 参见焦海涛:《公平竞争审查制度的实施激励》,载《河北法学》2019年第10期。

② 参见丁茂中:《行政行为的竞争合规制度研究》,载《现代法学》2017年第2期。

动的政策措施列为公平竞争审查的优先对象,以解决依职权启动公平竞争审查的主体面对海量政策文件无从下手、启动工作推进缓慢且不具针对性的问题。建立公平竞争审查对象的优先选择范围,可确保启动主体有步骤、有重点地推进存量政策措施的公平竞争审查工作。

其次,应当明确依申请启动审查的条件及程序。一方面,有必要在相关补充文件中对举报人提供的相关事实、证据以及举报书所应提供的基本信息作出明确要求,在保障举报信息有效性的同时,避免无效举报泛滥,妨碍相关部门及时处理举报信息。另一方面,我国应当通过相关文件对依申请启动公平竞争审查的具体程序作出规定,保障依申请启动公平竞争审查的规范性和高效性。我国应在各举报信息接受主体内部设立处理公平竞争审查举报信息的专门机构,负责接收、初步审核、传送、反馈举报信息。相关文件应当明确举报信息处理机构在接到社会公众的举报信息后,需在一定期限内将对举报书及相关事实、证据进行形式审核。对不符合要求的举报作出不予受理的决定并书面告知举报人;对于满足基本形式要求的,则给举报人开具接收回执,同时在一定期限内将相关资料交由相关的公平竞争审查启动主体进行审核,并在启动主体决定是否启动调查后及时将反馈信息以书面形式递送举报人。

最后,应当明确不启动、慢启动公平竞争审查的法律责任。一方面,我国应当明确公平竞争审查责任追究机制的适用对象,既包括政策制定机关、上级机关、竞争主管部门三大审查主体,也包括政策制定机关、上级机关、竞争主管部门中直接负责的主管人员和其他直接责任人。① 公平竞争审查的责任追究可以借鉴重大决策的模式,将政策制定主体、上级机关、竞争主管部门及相关负责人员均作为责任主体,建立公平竞争审查的终身责任制度和责任倒查机制。另一方面,相关配套文件应明确对怠于或不按审查标准从事公平竞争审查的审查主体将严格追究其法律责任,通过法律责任倒逼审查主体主动、尽责地完成公平竞争审查工作。目前,《细则》建立的审查主体责任追究机制尚不完善,对于审查主体法律责任的设置存在过轻的问题,无法有效保障公平竞争审查制度的实施效果。因此,我国对拒不实施公平竞争审查、违反公平竞争审查标准出台政策措施或者不及时纠正相关政策措施的政策制定机关及主要负责人,应当给予严格惩戒。有必要通过设置审查主体的刑事责任来强化法律责任,审查主体未进行或未按审查标准进行公平竞争审查并造成重大损失或恶劣影响的,应当追究其刑事责任。

（责任编辑:莫晓尧）

---

① 参见车海刚:《〈反垄断法〉规制行政性垄断及其现实改进》,载《重庆社会科学》2014 年第 3 期。

公平竞争审查制度的规范困境和优化路径*

邝　磊**

摘　要:近年来,随着公平竞争审查工作的不断推广落实,扭曲市场竞争的政策措施、行政性滥用行为愈加频繁地被清理、纠正。但在实践过程中,公平竞争审查的具体实施由于受到一些制度问题的掣肘而无法充分发挥作用,制度优化势在必行。深化经济体制改革要求构建"市场机制有效、微观主体有活力、宏观调控有度"的经济体制,以此为逻辑出发点,公平竞争审查制度作为经济体制改革的重要政策工具和依法治国的具体体现,其规范逻辑可据此外化为4个层面,分别是规范行为、规范原则、规范手段和规范目的。依此逻辑,公平竞争审查制度的优化可以通过加强审查监督、提升执法能力和扩大主体参与三大部分实现,各部分相互独立但也相互补充。同时,公平竞争审查制度的全面有效落实也受到其软法属性的极大限制,亟待通过法制化以实现刚性约束;借助《反垄断法》的修订"入法",将成为可行的优化路径。

关键词:公平竞争审查;自我审查;第三方评估;制度优化;《反垄断法》修订

党的十八届三中全会通过的《中共中央关于全面深化改革若干重大问题的决定》清晰阐述了建设统一开放、竞争有序的市场体系的重要性。落实这一改革部署的核心,就在于构建全面的竞争评估体系,消除政府不合理阻碍竞争的制度壁垒,促使政府"简政放权",避免政府的过度干预行为扭曲和割裂市场,以达到政府干预与自由竞争相结合的最优状态。在明确改革目标的基础上,国务院正式出台的《关于在市场体系

---

* 收稿日期:2021年6月1日。本文是司法部国家法治与法学理论研究中青年项目"反垄断法修订完善研究"(编号:19SFB3042)的研究成果。

** 法学博士,武汉大学法学院博士后研究人员。

中建立公平竞争审查制度的意见》(以下简称《意见》)要求国务院各部门、各省级人民政府及所属部门,以是否限制市场竞争为准则,对政府干预经济活动的政策措施进行实质审查,对不适当的法律法规及其他政策文件进行修改或废止的实施方案,标志着公平竞争审查制度在我国的正式建立。

行政性垄断行为一直是市场监管立法及执法需要解决的核心问题之一,公平竞争审查的实施能有效限制政府权力的滥用、防止政府过度干预市场主体的行为。作为依法治国的重要理论成果及实践体现,①公平竞争审查制度有效地弥补了行政性垄断事后性规制的不足,其事前性预防的特征将规范政策措施制定的时间节点前移,②随着审查工作的不断推广落实,扭曲市场竞争的政策措施、行政性滥用行为愈加频繁地被清理、纠正。但在实践过程中,公平竞争审查的具体实施由于受到一些制度问题的掣肘而无法充分发挥作用,制度优化势在必行。③ 总体而言,目前相关文献对公平竞争审查制度优化的建议大多局限在对自我审查制度的改良,且部分研究提出的建议与我国目前的国情不相符,实操性较弱,尚无将制度优化路径与深化经济体制改革要求相结合的全面研究。鉴于此,本文遵循公平竞争审查制度"行为—手段—原则—目的"的规范模式逻辑,以制约政府权力、落实竞争中立和优化营商环境作为切入点,评估当前公平竞争审查的制度构建、审查机构设置等内容的具体运行效果,在此基础上,提出加强审查监督机制、大力推广竞争文化和扩大市场主体参与以及最终实现公平竞争制度法制化的优化路径。

一、公平竞争审查制度的规范困境

依据国际现行实践,公平竞争审查的模式差异较大,但大致可分为政策制定机关自我审查、竞争执法机构审查、政策制定机关与竞争执法机构共同审查,以及外部专业机构审查等。④ 我国现阶段推行的公平竞争审查制度选用的是政策制定机关自我审查路径。⑤ 然而,自我审查模式在实践中遭遇了许多靠自身机制难以优化的问题,使制度实施效果差强人意,难以达到制度设计之目的。

---

① 参见金善明:《公平竞争审查机制的制度检讨及路径优化》,载《法学》2019 年第 12 期。

② 参见丁茂中:《论我国公平竞争审查制度的建立与健全》,载《竞争政策研究》2017 年第 2 期。

③ 参见苗沛霖:《论公平竞争审查的法制化建构及其优化方略》,载《河南社会科学》2020 年第 8 期。

④ 参见孙晋、阿力木江·阿布都克尤木:《公平竞争审查引入第三方评估的重要性及其实现》,载《江海学刊》2020 年第 2 期。

⑤ 2021 年 6 月 29 日发布的《公平竞争审查制度实施细则》将《公平竞争审查制度实施细则(暂行)》中"自我审查"的表述修改为"内部审查"。

首先,在一些地方的实践中,政策落实会遇到阻碍。[①] 尤其是要求实现竞争中立以及落实公平竞争审查等干预当地政府现行工作模式、束缚当地政府权力实施的政策,其推行难度较大。在实践中,在部门利益受到影响的情况下,自我审查对滥用行政权力行为的规制作用可能会微乎其微。困境出现的核心原因在于,自我审查的公开性和透明度均不足,在激励机制缺位的情况下,部门自我审查容易陷入困境。而且,由于第三方评估在公平竞争审查制度的落实中仍处于初步阶段,各省市在具体落实第三方评估时的评估标准、评估内容等存在不统一的情况,各部门对于第三方评估的配合程度也有差别,难以形成有效的外部监督。

其次,因政策制定机关缺乏足够用于竞争审查的人力和财力资源,而且反垄断执法激励机制缺位,使政策制定机关对其文件中制定的限制竞争行为不具备认知能力,造成审查过程中的困难。[②] 在实践中,政策制定机构中实际负责公平竞争审查的部门大多为法规处,该单位编制少且常规工作多,特别是合法性审查已占用了大部分的行政资源,导致公平竞争审查难以成为单位工作的重点。另外,即使大部分参审人员具备一定的法律知识储备,但由于自我审查工作开展得较晚,导致大多数参审工作人员缺乏公平竞争审查相关的知识与经验,对公平竞争审查制度的理解和把握严重不足,开展审查工作的专业能力欠缺。因此,即使政策制定机构对公平竞争审查的落实认真对待,仍会出现审查效果不理想的情况。目前,政策制定机关之困境最明显的表现为,对政策措施是否与市场主体经济活动相关把握不准,以及对适用例外条款的解读不准确,导致公平竞争审查豁免制度被滥用。

最后,目前的自我审查模式遵循"谁起草,谁审查"这一原则,因此全国各地各级审查主体众多且"分散"。[③] 由于各地经济条件和执法资源参差不齐,相关的政策措施制定水平及审查制度的落实情况也呈现显著不同,导致了各地的审查标准难以统一、审查质量参差不齐。分散式的公平竞争审查增加了政策措施会对市场竞争导致更大的不公的可能,不利于全国统一市场的建立。同时,由于缺乏有效的激励机制,自我审查

---

① 故意型的政策制定机关,是指在公平竞争的审查过程中对行为违反竞争的危害后果已有明确的认知,但为了维护自身的违法利益,执意实行反竞争行为的一类行政机关,其主观恶意性较强。参见李俊峰:《公平竞争自我审查的困局及其破解》,载《华东政法大学学报》2017年第1期。

② 无知型的政策制定机关,是指在公平竞争审查中并没有反对竞争的主观意识,仅是不知道其行为将会产生限制竞争危害后果的一类行政机关。参见李俊峰:《公平竞争自我审查的困局及其破解》,载《华东政法大学学报》2017年第1期。

③ 分散型的政策制定机关,是指在公平竞争审查中对同类型行为出现了审查标准、例外规定适用标准等不一致的一类行政机关。参见殷继国:《我国公平竞争审查模式的反思及其重构》,载《政治与法律》2020年第7期。

的分散导致了不同区域间审查主体审查积极性的差异。就笔者参与公平竞争审查第三方评估的经验来说,相对而言,经济发达地区的公平竞争审查落实情况要明显优于经济欠发达地区。因此,经济发达地区的公平竞争审查的自我审查机关会担心在其严格执行公平竞争审查要求的同时,其他自我审查机关却对审查尺度的把握比较宽松,可能会引发新的政策不公,从而打击前者的审查积极性。

政策制定机关内部建立的自我审查流程以及公平竞争审查制度落实效果很可能会与《意见》的要求不相匹配,其出台的政策措施存在非法限制竞争的风险。

二、我国公平竞争审查的规范模式

以构建"市场机制有效、微观主体有活力、宏观调控有度"的经济体制为逻辑出发点,公平竞争审查制度作为经济体制改革的重要政策工具和依法治国的具体体现,其规范模式可据此外化为四个层面,分别是规范行为、规范原则、规范手段和规范目的。在实践中,自我审查作为规范手段,通过遵循竞争中立原则规制政府行政权力滥用,推进营商环境的优化,并最终助力深化经济体制改革。四者的关系可以通过图 1 清晰地展现出来。为了依照深化经济体制改革的要求优化规范手段、弥补自我审查模式的短板,必须对规范行为、规范原则和规范目的的内容进行详尽解读。

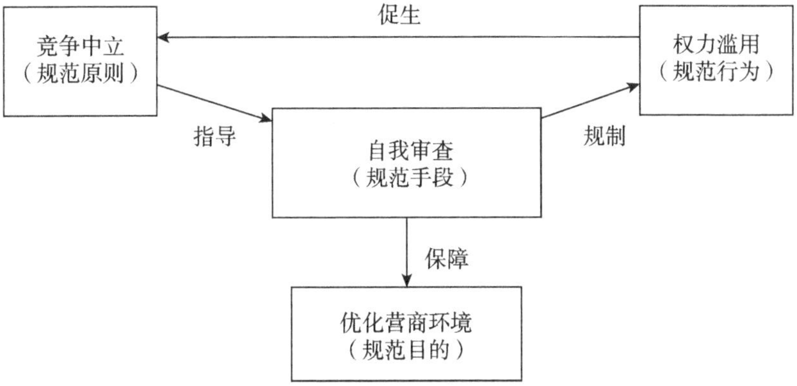

图 1　公平竞争审查与"行为—原则—手段—目的"之关系

(一)规范行为:规制权力滥用

我国政府主导型经济自改革开放以来取得的成就有目共睹。在经济发展上,政府通过财政资源激发市场活力、促进经济增长;在市场监管上,政府通过政策措施调动配置资源、维护经济稳定。因此,要建设现代化经济体系,首先就要正确处理政府与市场的关系,也就是充分发挥"市场在资源配置中的决定性作用"并"确立竞争政策基础地位”，公平竞争审查制度作为“国家竞争政策体系基本确立的重要标志”也就应运而生。[①] 作为一项规制行政垄断行为的顶层设计，[②]该政策工具对政府干预行为的规范相较传统的行政权力规制手段具有两方面特点。

第一，从规范广度来看，公平竞争审查制度建立了“事前—事中”审查评估模式，行政性垄断更早得到规制。虽然《反垄断法》创新性地将行政机关滥用行政权力排除和限制竞争纳入其规制范围，但到目前为止，对行政性垄断事后救济的效果难以令人满意，究其根本，法律责任轻、执法权力小、激励机制弱等原因尤为突出。[③] 此外，就算反垄断执法能及时介入，对政府不当干预进行纠正，其对市场竞争带来的损害也难以逆转。而公平竞争审查制度作为事前性预防措施，有效地弥补了反垄断执法的滞后性，降低了滥用行政权力干扰市场资源配置的可能性。[④] 首先，该制度拓展了《反垄断法》中抽象行政垄断的范畴。[⑤] 其次，根据《公平竞争审查制度实施细则》(以下简称《实施细则》)，政策制定机关还应每年对公平竞争审查情况进行汇报总结并对已经过审查后出台的政策措施进行定期评估，建成一个长期性的监管、评估机制。

第二，从规范的深度看，公平竞争审查制度拓展了合法性审查的内容，将合理性审查的内涵纳入其中。[⑥] 行政性垄断与地方利益和行业利益的关系密切且复杂，尽管《反垄断法》明确禁止行政机关滥用权力排除、限制市场竞争，但行政法思维的固化易致行政机关为保护特定利益“借助程序合理性否定实质合理性”，即便事实上造成了排除、限制竞争的效果，行政机关也会以政策措施出台具有合法依据、符合制定程序而提出抗辩，严重影响了《反垄断法》对行政性垄断的规制效果。[⑦]而《实施细则》明确了排除、限制竞争效果是公平竞争审查中的必要环节，有效避免了行政机关出台合法但不合理的政策措施，完全符合现代法治将国家权力纳入法律轨道、有效制约国家权力的要求。[⑧]

---

① 参见徐士英:《国家竞争政策体系基本确立的重要标志——有感于〈公平竞争审查制度〉的实施》，载《中国价格监管与反垄断》2016年第7期。

② 参见时建中:《强化公平竞争审查制度的若干问题》，载《行政管理改革》2017年第1期。

③ 参见丁茂中:《论我国公平竞争审查制度的建立与健全》，载《竞争政策研究》2017年第2期。

④ See Shuping Lyu, Caroline Buts & Marc Jegers, *Comparing China's Fair Competition Review System to EU State Aid Control*, European State Aid Law Quarterly, Vol. 1:37, p. 37(2019).

⑤ 参见刘继峰:《论公平竞争审查制度中的问题与解决》，载《价格理论与实践》2016年第11期。

⑥ 参见徐士英:《竞争政策视野下行政性垄断行为规制路径新探》，载《华东政法大学学报》2015年第4期。

⑦ 参见丁茂中:《论我国公平竞争审查制度的建立与健全》，载《竞争政策研究》2017年第2期。

⑧ 参见公丕祥:《法制现代化的挑战》，武汉大学出版社2006年版，第181页。

(二)规范原则:遵循竞争中立

政府主导的市场经济格局,也决定了产业政策在市场资源配置方面长期处于主导地位。在传统产业政策的实施过程中,部分企业,尤其是国有企业,由于得到政府的扶持而在补贴、融资等与企业生存息息相关的环节获得了相较其他企业更大的优惠和便利,在市场竞争中拥有"非市场化的竞争优势"。① 作为"公权与私利的结合",行政性垄断的存在大大降低了市场资源配置的效率。②

在《反垄断法》文本对行政性垄断行为规制的描述相对笼统、概括且执法相对滞后的背景下,国务院于 2016 年 6 月颁布了《意见》。《意见》对行政机关在制定与市场主体相关的行政法规、规章、规范性文件及其他政策过程中落实公平竞争审查制度的具体规定无不体现竞争中立的基本要求。③ 竞争中立是"市场在资源配置中起决定性作用"和"竞争政策的基础地位"的最好制度体现,也是《"十三五"市场监管规划》的明确要求。该原则厘清了政府与市场的界限,确保政府在干预市场的过程中保持中立态度,抑制国有企业享有的不当优惠待遇,同时还包含了税收与信贷中立、监管中立、财务分离、商业回报中立、交叉补贴禁止、市场化定价和准入前竞争中立等要求。④ 而公平竞争审查的核心即在于规范政府干预行为,通过"事前审查、事中公开、事后总结"的方式,将政府通过产业政策扰乱市场竞争和秩序的可能性降至最低。⑤

竞争中立原则,为公平竞争审查制度的建立和落实提供了重要的理论基础;同时,公平竞争审查制度确立的事前审查预防机制有效规范了无法用司法手段规制的政府行政行为,为竞争中立的实现提供了重要的制度保障。⑥ 公平竞争审查制度的全面贯彻落实,确保了政府在干预市场时平等对待所有主体,⑦国有企业不再享有歧视性的政府补贴或任何税收、土地、资本等资源方面的优惠待遇,在市场准入和监管方面也不再

---

① 参见张占江:《政府行为竞争中立制度的构造——以反垄断法框架为基础》,载《法学》2018 年第 6 期。

② 参见徐士英:《竞争政策视野下行政性垄断行为规制路径新探》,载《华东政法大学学报》2015 年第 4 期。

③ 参见许笋、许皓:《竞争中立的规则及其引入》,载《政法论丛》2018 年第 5 期。

④ See OECD, *Competitive Neutrality: A Compedium of OECD Recommendations, Guidelines and Best Practices*(Aug. 30,2012),http://www.oecd.org/daf/ca/50250955.pdf.

⑤ 参见冯辉:《竞争中立:国企改革、贸易投资新规则与国家间制度竞争》,载《环球法律评论》2016 年第 2 期。

⑥ 参见张守文:《公平竞争审查制度的经济法解析》,载《政治与法律》2017 年第 11 期;汪永福、毕金平:《竞争中立视域下政府补贴的公平竞争审查路径》,载《安徽大学学报(哲学社会科学版)》2020 年第 2 期。

⑦ 参见张晨颖、李兆阳:《竞争中性政策的逻辑、构建与本土化实施》,载《河北法学》2020 年第 6 期。

享有任何保护。如此,市场上的另外两类主体——民营企业和外商投资企业,将得以在平等使用资源要素、公开公平公正参与竞争、同等受到法律保护的营商环境中自由、公平地参与竞争,从而得到长期而有效的激励。①

(三)规范手段:完善自我审查

目前,作为公平竞争审查制度的自我审查模式仍处于初创阶段,突出的实体和程序问题层出不穷。② 但相较美国和日本的竞争执法机构审查模式,以及澳大利亚的特设竞争评估机构审查模式,我国的自我审查模式,也就是"谁制定,谁审查",依然是当前最现实的解决方案。③ 我国的反垄断执法队伍组建尚处于起步阶段,执行人员配置不足、专业素养参差不齐,具体的反垄断执法职责已让其不堪重负,且还需承担部分非反垄断执法相关任务,再加上额外的审查工作量,将成为有限的执法资源不能承受之重。而若设立专职评估机构,④我国将会耗费大量的资源培养竞争评估专家,组建人才队伍,这与中央全面落实公平竞争审查制度的时间紧迫性要求显然是背道而驰的。⑤ 同时,根据我国反垄断法体系反行政性垄断制度传统的"向上级机关建议"之设计,新设机构行政级别的设定问题也将决定审查模式改革的成败。且无论是采用竞争执法机构评估模式,还是新设专业评估机构,改革都有可能因为我国反垄断体系一直以来在适用反垄断规则方面与其他竞争法法域的明显偏差而受到掣肘。⑥

尽管公平竞争审查制度采用自我审查的路径,相比之下是比较契合我国国情发展的次优选择,但审查工作在具体执行时仍然会受到上述诸多因素的钳制,面临实施低效甚至失败的风险,所以自我审查应被视为一个未完善的、临时性、妥协性的阶段性制

① See Shuping Lyu, Caroline Buts & Marc Jegers, *Comparing China's Fair Competition Review System to EU State Aid Control*, European State Aid Law Quarterly, Vol. 1:37, p. 37 (2019).

② 参见叶高芬、张广亚:《论国家竞争政策视角下我国的公平竞争审查制度》,载陈云良主编:《经济法论丛》2019年第1期(总第33期),社会科学文献出版社2019年版,第57~95页。

③ 参见张玉洁、李毅:《公平竞争审查制度构建的价值维度与实践进路》,载《学习与实践》2018年第6期;丁茂中:《论我国公平竞争审查制度的建立与健全》,载《竞争政策研究》2017年第2期。

④ 参见王健:《政府管制的竞争评估》,载《华东政法大学学报》2015年第4期;殷继国:《我国公平竞争审查模式的反思及其重构》,载《政治与法律》2020年第7期。

⑤ 参见张玉洁、李毅:《公平竞争审查制度构建的价值维度与实践进路》,载《学习与实践》2018年第6期。

⑥ 参见张占江:《政府行为竞争中立制度的构造——以反垄断法框架为基础》,载《法学》2018年第6期。

度安排。学者基于不同的视角对自我审查的不足进行了分析。例如,审查主体狭隘、[①]审查标准不严谨[②]及审查激励机制缺失等。[③] 其中,对制度实施效率限制最突出的即自我审查的程序缺乏公开性和透明度。[④] 这种监督机制失位的现象在公平竞争审查制度中较普遍,其所引发的弊端显著,而自我审查模式的优化却不能仅靠模式本身的重构。[⑤] 正因如此,自我审查的优化必须以其规范模式中的各维度作为逻辑出发点,并使之成为公平竞争审查制度规范模式运转中的核心部件。

(四)规范目的:优化营商环境

我国自改革开放以来,便不断通过转变政府职能完善市场经济体系、营造良好营商环境。[⑥] 党的十八大以来,习近平总书记多次论述优化营商环境。[⑦] 通过全面推进依法治国的战略布局可以明确,营商环境本质上也是法治化营商环境,其优化需要通过法治实现。公平竞争审查制度对政府干预的规范即是在为营商环境强化法治底蕴。

根据国务院《关于在市场体系建设中建立公平竞争审查制度的意见》要求可知,在公平竞争审查制度中,公平竞争不仅是其最基础的要求,同时也是该制度在发展建设过程中所寻求的一个目的。公平竞争审查的具体适用标准便是在考虑建设全国范围内统一的市场,并且营造公平的竞争环境这一因素而确立的。由此可见,公平竞争审查和营商环境优化目标、要求统一,相辅相成。国务院 2019 年在全国 16 个省(区、市)开展了关于优化营商环境政策的实地督查,发现的 7 个典型问题均同时违反公平竞争

---

① 参见丁茂中:《论我国公平竞争审查制度的建立与健全》,载《竞争政策研究》2017 年第 2 期。

② 参见侯璐:《我国公平竞争审查机制的构建及其完善》,载《价格理论与实践》2016 年第 7 期。

③ 参见丁茂中:《公平竞争审查的激励机制研究》,载《法学杂志》2018 年第 6 期。

④ 参见金善明:《公平竞争审查机制的制度检讨及路径优化》,载《法学》2019 年第 12 期;朱静洁:《我国行政性垄断的公平竞争审查规制研究》,载《价格理论与实践》2017 年第 6 期。

⑤ 参见殷继国:《我国公平竞争审查模式的反思及其重构》,载《政治与法律》2020 年第 7 期。

⑥ 参见金善明:《公平竞争审查机制的制度检讨及路径优化》,载《法学》2019 年第 12 期。

⑦ 党的十八届三中全会《中共中央关于全面深化改革若干重大问题的决定》要求"推进国内贸易流通体制改革,建设法治化营商环境";在中央全面依法治国委员会第二次会议上,习近平总书记指出,"法治是最好的营商环境",并要求"依法平等保护各类市场主体产权和合法权益""用法治来规范政府和市场的边界";随后,《中共中央关于全面推进依法治国若干重大问题的决定》提出"社会主义市场经济本质上是法治经济"的经济体制改革基本思路。

审查的要求。[①] 这种由政策措施引发的市场环境不确定性降低了市场竞争水平,影响了经营者的投资信心。[②] 为了通过实施公平竞争审查制度保护营商环境的稳定性和可预期性,打造市场化、法治化、国际化营商环境,中共中央、国务院《关于新时代加快完善社会主义市场经济体制的意见》于2020年5月18日发布。在该意见中,"公平竞争"这一表述共出现13次之多,反映了公平竞争在完善社会主义市场经济体制中的重要地位。通过公平竞争审查制度所建立的负面清单制度,配置资源的权力重回市场手中,各类市场主体均可自由地参与公平竞争,其创造活力得以激发。[③]

三、我国公平竞争审查制度的优化维度

深化经济体制改革要求构建"市场机制有效、微观主体有活力、宏观调控有度"的经济体制,公平竞争审查制度作为经济体制改革的重要政策工具和依法治国的具体体现,以此为逻辑出发点,以上自我审查模式引发的规范困境,公平竞争审查制度针对深化经济体制改革要求的优化路径可根据以下3个维度进行设计。

(一)加强审查监督

完善的政府权力监督体系是落实宏观调控有度之要求的重要一环,且可有效解决政策制定机关之困境。其中,公平竞争审查制度的监督体系可分为"内部"和"外部"两个独立运作却又相互协作的机制。[④]

第一,在内部监督中,应建立完善的考核机制。根据《实施细则》第29条的要求,在对政策制定机关的绩效考核中增设公平竞争审查制度实施效果相关指标是落实行政机关内部有效监督的关键一环。[⑤] 为提高政策制定机关开展审查的警觉性和积极性,考核机制应包含两方面的内容。首先,设立惩罚性指标,形成约束与问责机制,对落实公平竞争审查制度不力、违反《实施细则》相关规定或不及时纠正相关政策措施的

---

① 参见国务院办公厅督查室:《关于国务院第六次大督查发现部分地方和单位落实深化"放管服"改革优化营商环境政策要求不到位典型问题的通报》,载中国政府网2019年11月12日,http://www.gov.cn/hudong/2019-11/12/content_5450989.html。

② 参见张维迎:《市场与政府》,西北大学出版社2014年版,第42页。

③ 参见袁莉:《新时代营商环境法治化建设研究:现状评估与优化路径》,载《学习与探索》2018年第11期。

④ 参见陈国权、周鲁耀:《制约与监督:两种不同的权力逻辑》,载《浙江大学学报(人文社会科学版)》2013年第6期。

⑤ 参见郑和园:《公平竞争审查制度中自我审查的理论逻辑及实践路径》,载《价格理论与实践》2017年第12期。

政策制定机关及主要负责人，给予严格惩戒并依法公开。① 其次，设立激励性指标，提高各政策制定机关审查的积极性。我国可参考设立公平竞争审查的专项奖励资金，根据具体执行情况及产生的预期红利，对积极实施公平竞争审查制度的政策制定机构进行奖励。②

第二，在外部监督中，大力推广引入第三方评估机制。③ 依据《意见》及《实施细则》的规定，政策制定机关可以征求专家学者、法律顾问的意见，并通过统计公平竞争审查联席会对疑难问题加以论证。根据市场监管总局发布的《公平竞争审查第三方评估实施指南》可知，由政府规范性文件逐步推进在全国范围内推广独立第三方机构进行公平竞争审查，对制度改革和优化来说将是关键且必然之举。一方面，大部分第三方评估机构具有较强的审查能力和审查经验，且其专业性、中立性、客观性的特征在评估要素确定与分析等审查节点都要比政策制定机关更明显，这将显著弥补政策制定机关自我审查能力不足的缺陷。④ 另一方面，第三方评估的广泛建立与推行，也有助于评估政策制定机关落实竞争中立的效果。相较政策制定机关“闭门造车”式审查，第三方评估机构的审查手段、方法，尤其是广泛运用的问卷调查法，将在社会中大大增加与公平竞争审查制度和与市场主体相关的政策制定的曝光率，从而引导更多民众参与到国家、市场、社会“三位一体”的新型监督格局中来。⑤ 例如，湖北省于 2019 年年底率先落实并积极推进公平竞争审查第三方评估工作，⑥评估报告于 2020 年 8 月成功验收并已在湖北省公平竞争审查实际工作中得到运用，有力推动了制度优化的进程。⑦

此外，第三方评估机制还可优化为以打分(量化)机制为中心、奖惩结合的“标准化第三方评估模式”和公平竞争审查激励机制。通过设定公平的权重指数、统一的计分标准来量化各单位落实公平竞争审查制度配合第三方评估的表现，由评估机构对参与

---

① 参见朱静洁：《我国行政性垄断的公平竞争审查规制研究》，载《价格理论与实践》2017 年第 6 期。

② 参见丁茂中：《公平竞争审查的激励机制研究》，载《法学杂志》2018 年第 6 期。

③ 参见叶高芬、张广亚：《论国家竞争政策视角下我国的公平竞争审查制度》，载陈云良主编：《经济法论丛》2019 年第 1 期(总第 33 期)，社会科学文献出版社 2019 年版，第 57 ~95 页。

④ 参见徐则林：《论第三方评估在公平竞争审查制度中的引入》，载《广西政法管理干部学院学报》2017 年第 6 期。

⑤ 参见孙晋、阿力木江 · 阿布都克尤木：《公平竞争审查引入第三方评估的重要性及其实现》，载《江海学刊》2020 年第 2 期。

⑥ 参见《湖北省部署开展公平竞争审查第三方评估》，载中央人民政府网 2019 年 8 月 16 日，http://www.gov.cn/xinwen/2019-08/16/content_5421615.html。

⑦ 参见《湖北省召开公平竞争审查联席会议》，载湖北省市场管理局官网 2020 年 9 月 16 日，http://scjg.hubei.gov.cn/bmdt/dtyw/202009/t20200916_2910116.html。

评估的单位就自我审查、机构建设、存量清理和评估配合程度等类目进行打分并排序，并将分数纳入法治政府考核指标，通过提高违法、违规成本的方式更有效地约束、激励和惩戒各相关责任主体。

(二)提升执法能力

行政机关通过抽象行政行为干预经营活动、歧视特定经营者现象，在《反垄断法》实施后仍然普遍，究其原因在于其“对公平竞争的含义与价值缺乏充分认识”。① 可通过以下方式提高政策制定机关的审查能力。

首先，落实自我审查审核制度。在当前制度下，政策制定机关可以选择自主进行公平竞争审查，虽然《实施细则》中有公平竞争审查“由具体业务机构初审后提交特定机构复核”的表述，但其仅为自我审查的备选项之一，且“特定机构”实际指代主体不甚明了，反垄断执法机构作为监督主体依旧难以确保审查结果的公正性、有效性。对此，应明确内部审查加外部审查的模式，切实加强国家市场监督管理总局、省级市场监管局在公平竞争审查中的审查主动性与自由裁量权。② 同时，也应具体落实以公平竞争审查联席会议为平台，形成由省级市场监管局收集整理存在较大争议或者部门意见难以协调一致的问题并上交总局(甚至反垄断委员会)集中回应的“深入审查”模式。③ 此举有助于提高政策制定机关自我审查的效率及审查结果的严谨性、科学性，由总局统一进行问题的分析讲解能够有效避免众多地市级市场监管局在法律机理、程序的理解和适用上存在的不公平性和明显偏差，维护了《实施细则》评估标准适用的一致性。

其次，在审查中遵循竞争中立原则。经济绩效反映了企业的运行效率，分析企业经济绩效因政策调整影响市场竞争结构和企业行为的变化程度，体现了竞争中立原则的落实情况。④ 践行竞争中立是实现市场机制有效以及正确厘清政府与市场关系的关键，⑤其不但有助于加快推进国有企业改革的进程，还能确保市场中的所有经营主体不存在不正当的竞争优势。⑥ 因此，要确保市场机制有效、破除一切形式的垄断，就要在

---

① 参见李俊峰:《公平竞争自我审查的困局及其破解》，载《华东政法大学学报》2017年第1期。

② 参见刘继峰:《论公平竞争审查制度中的问题与解决》，载《价格理论与实践》2016年第11期。

③ 《实施细则》第10条。参见王磊:《比例原则下公平竞争的深入审查》，载《西安交通大学学报(社会科学版)》2017年第6期。

④ 参见丁茂中:《竞争中立政策研究》，法律出版社2018年版，第99页。

⑤ 参见侯璐:《我国公平竞争审查机制的构建及其完善》，载《价格理论与实践》2016年第7期。

⑥ 参见李剑、王茜:《论反垄断法在市场经济中的价值意蕴》，载《当代法学》2012年第5期。

落实公平竞争审查制度时大力推广并适用竞争中立原则,[①]此举也将有效解决政策制定机关之困境。自我审查本身并不是最终目的,公平竞争审查制度遵循竞争中立原则深入实施的过程也应是政策制定机构提高其合法、合理政策制定能力的过程。

(三)扩大主体参与

《意见》指出,建立公平竞争审查制度是"释放市场主体活力的有效举措"。政府可在减税降费、市场准入和转变职能方面着手优化营商环境,公平竞争审查制度则可通过扩大市场主体参与来增强微观主体的活力。

首先,将更大范围的市场主体纳入公平竞争审查制度实施体系。根据《实施细则》的规定,社会公众和利害关系人不仅是市场活动的参与者,也是公平竞争审查制度的监督人,在公平竞争审查制度的实施中应起到良好的外部监督作用,从而激发自身参与并维护市场竞争的活力。例如,湖北省市场监管局建立了公平竞争审查制度举报平台[②]、天津市建立了公平竞争审查投诉举报受理回应机制[③]、南京研究制定了《南京市涉公平竞争审查投诉举报办理办法》等。以上决策都是通过建设一个统一、开放、互动的公平竞争审查信息处理机制从而深化市场主体的参与程度,这有助于突破当前公平竞争审查制度信息闭塞的问题。[④]

其次,在审查过程中大力推广竞争文化。政府、企业甚至整个社会层面上的竞争文化的培育也是竞争倡导制度的关键一环。[⑤] 竞争文化的塑造和传播受到社会文化、宗教信仰等因素的影响,[⑥]因此,要让市场机制有效,除依靠机构执法的及时纠偏外,也要多维度、多元化地培育起一个重视竞争、宣传竞争的文化氛围,可行的措施包括:及时公开执法决定、发放相关的出版物、常规的市场调研与举办媒体通气会和公开演讲等。[⑦] 竞争文化的推广,除能够使市场监管机构审慎干预市场活动、确保不利于市场竞

---

① 参见徐士英:《国家竞争政策体系基本确立的重要标志——有感于〈公平竞争审查制度〉的实施》,载《中国价格监管与反垄断》2016 年第 7 期。

② 参见《公平竞争审查制度举报须知》,载湖北省市场监督管理局官网,http://scjg.hubei.gov.cn/hdjl/gpjzscts/,最后访问日期:2021 年 6 月 1 日。

③ 参见《我市建立公平竞争审查投诉举报受理回应机制》,载天津市市场监督管理局官网 2020 年 11 月 16 日,http://www.tj.gov.cn/sy/zwdt/bmdt/202011/t20201116_4080423.html。

④ 参见李俊峰:《公平竞争自我审查的困局及其破解》,载《华东政法大学学报》2017 年第 1 期。

⑤ 参见张占江:《竞争倡导研究》,载《法学研究》2010 年第 5 期。

⑥ See R. David Hayward & Markus Kemmelmeier, *How Competition is Viewed Cultures: A Test of Four Theories*, *Cross-Cultural Research*, Vol. 41:364, p. 368 (2007).

⑦ 参见[德]鲁兹 – 克里斯汀·邬枫:《竞争倡导与竞争文化》,徐颖蕾译,载方小敏编:《中德法学论坛(第 14 辑上卷)》,法律出版社 2017 年版,第 69 页。

争的政策措施不得出台外,还令市场活动参与者认知、认同、认可竞争在经济发展中的核心作用。只有这样,作为市场经济关键主体的消费者和经营者才能够更好地了解和保护自己的合法权利并参与公平竞争审查工作中来。

最后,推广重大决策事项公示和听证制度,拓宽公众参与政府决策的渠道。更高的群众参与度将有效解决政策制定机关之困境,并推动全国统一市场的建立。因此,未来在政策制定过程中应吸纳更多社会公众参与其中,并与专业第三方机构、专家智库等进行更密切的交流合作。与市场主体活动密切相关的自然人都是政策措施制定过程中的利益相关者,他们对政府权力作用于市场经济的消极影响的感受更深,尤其是曾受到反竞争政策措施直接影响的个人和企业。因此,在政策制定和公平竞争审查过程中,以座谈会、听证会、问卷、访谈等形式征询相关主体(包括消费者协会或行业协会)对于特定政策措施的意见和建议,除能够完善政策措施的实用性与科学性外,也将有助于树立相关主体维护市场竞争秩序的主人翁意识,并有效激发其参与市场活动的创新活力。

四、结　语

随着市场经济体制改革的不断深化,全国统一开放的市场格局已基本形成,公平竞争的市场环境已初步建立。但也应看到,地方保护主义、人为分割市场、限制商品流通、设置行业壁垒、违法给予优惠政策等不符合建设全国性市场的现象依然存在。因此,为规范政府行为,公平竞争审查制度的应时出台,旨在防止政府制定限制竞争的政策措施,逐步清理妨碍公平竞争的现行规定,为限制政府权力提供了有效的制度保障。在限权的同时,公平竞争审查制度也通过遵循竞争中立政策有效地优化营商环境。但又碍于自我审查路径的局限性,制度的推行存在不足。因此,基于审查制度的规范模式,可以探寻到完善公平竞争审查制度的方法:加强审查监督、提升执法能力和扩大主体参与。三者既独立亦互补。

同时,作为反垄断体系的重要组成部分,公平竞争审查制度必须与反垄断法的机理相融合才能得到全面落实。① 正因如此,在中央的顶层设计中,公平竞争审查及其制度法治化的重要性被频繁提及。2020年5月18日公布的中共中央、国务院《关于新时代加快完善社会主义市场经济体制的意见》以实现“竞争公平有序”为其指导思想之一。该意见仅提到两处“修订”,均与竞争政策相关——“修订完善公平竞争审查实施

① 参见张占江:《政府行为竞争中立制度的构造——以反垄断法框架为基础》,载《法学》2018年第6期。

细则”和“修订反垄断法”。从该表述不难看出，党中央决策层对2020年1月2日公布的《〈反垄断法〉修订草案（公开征求意见稿）》首次拟将公平竞争审查制度写入法律规定的决定表示了认可。[①] 综上，应借《反垄断法》修订的契机，将公平竞争审查制度“适当”纳入并“作出恰切规定”，[②]将使其上升为法律以提升效力层级，从“软约束”上升为“刚性约束”。“将其定位为反垄断法对政府行为进行竞争审查的一种操作性指引”并内化为反垄断法的一项基础性制度，将有助于实现《反垄断法》与公平竞争审查制度两者间的相互优化，并为其价值目标提供更有力的制度保障，[③]最终实现营造市场化、法治化、国际化营商环境的目标。

（责任编辑：莫晓尧）

① 随后，中国共产党第十九届中央委员会第五次全体会议于2020年10月29日审议通过的《中共中央关于制定国民经济和社会发展第十四个五年规划和二〇三五年远景目标的建议》也明确要求“健全公平竞争审查机制”。

② 参见张守文：《反垄断法的完善：定位、定向与定则》，载《华东政法大学学报》2020年第2期。

③ 参见孙晋：《新时代确立竞争政策基础性地位的现实意义及其法律实现——兼议〈反垄断法〉的修改》，载《政法论坛》2019年第2期。

【市场规制法】

网络经济时代相关市场界定必要性：争议及其审思*

雷　希**

摘　要：网络经济时代是否仍有必要界定相关市场是一个有争议的问题。系统梳理争议观点，从其共性与成因角度切入，可获得新思考。这些有争议的观点都认可市场界定难以应对网络经济的挑战，皆试图用经济分析法从市场支配地位认定的方法论层面找到纾解之道。但或许正是市场支配地位的模糊性催生了必要性争论，经济分析对准确性的苛求更加剧了观点的对立。观点的冲突或还源于反垄断政策定位的不同。为平息争议，首先，要从理念层面响应我国反垄断政策的定位，强调执法不足问题；其次，要灵活运用法学分析法正视市场支配地位的模糊性；再次，要增加认定市场支配地位的考虑因素以应对网络经济的挑战；最后，要由市场支配地位认定的方法论层面上升到反垄断分析层面，明确市场支配地位与垄断行为认定的互补关系，通过推定市场支配地位或推定垄断行为以超越市场界定必要性争议。

关键词：相关市场界定；必要性；市场支配地位；垄断行为

一、问题的提出

2021 年国务院反垄断委员会《关于平台经济领域的反垄断指南》第 4 条删除了征求意见稿“可以不界定相关市场”的表述，这被解读为“强调……相关市场界定的必要

* 收稿日期：2021 年 5 月 24 日。本文是国家社科基金青年项目“反垄断罚款决定的司法审查标准研究”（编号：17CFX077）的研究成果。

** 南京大学法学院博士研究生。

性与重要性”。[①] 然而,最高人民法院第78号指导案例“奇虎诉腾讯案”却明确在网络经济时代“不需要……明确而清楚地界定相关市场”。类似差异也存在于欧美法律实践中。美国联邦最高法院(Supreme Court of the United States)曾指出,“合理界定相关市场,是……‘必要前提’(necessary predicate)”,[②]并于2018年重申了这一必要性。[③]但《横向并购指南》却认为,“执法机关的分析……并不需要依赖市场界定”。[④] 2020年众议院司法委员会《数字市场竞争报告》也建议“澄清……不需要界定相关市场”。[⑤]欧盟委员会(European Commission,EC)曾在2015年要求欧盟(European Union,EU)“必须继续利用好它的工具,比如市场界定”,[⑥]2021年公布的评估报告也认为市场界定仍是关键第一步(important first step)。[⑦] 但是,2019年公布的专家报告又提出,应将原先对市场界定的关注转移到损害理论以及反竞争策略的识别上。[⑧] 2020年12月欧盟《数字市场法(草案)》关于指定大型数字平台为“守门人”(gatekeeper)的规定便体现了这种转变。

上述差异表明,网络经济时代市场界定必要性存在争议。已有大量研究集中必要性争议,但遗憾的是,少有研究关注争议的共性及成因。本文将试图从争议的共性与成因这一视角切入分析,以期为市场界定必要性问题提供借鉴。

二、相关市场界定必要性争议的观点与理由综述

网络经济的发展给市场界定带来了挑战,在市场界定必要性这一问题上出现了肯

---

① 国家市场监督管理总局反垄断局:《促进平台经济规范有序创新健康发展——〈国务院反垄断委员会关于平台经济领域的反垄断指南〉解读》,载国家市场监督管理总局官网,http://gkml.samr.gov.cn/nsjg/xwxcs/202102/t20210207_325970.html。

② Brown Shoe Co. v. United States,370 U.S.294,335(1962).

③ See Ohio v. American Express Co.,138 S.Ct.2274,2285 n.7(2018).

④ U.S.DOJ & FTC,*Horizontal Merger Guidelines*,Section 4(2010).

⑤ Subcommittee on Antitrust,Commercial and Administrative Law of the Committee on the Judiciary,*Investigation of Competition in Digital Markets:Majority Staff Report and Recommendations*,p.399(2020),https://judiciary.house.gov/uploadedfiles/competition_in_digital_markets.pdf.

⑥ EC,*Market Definition in a Global World*,p.5(Mar.,2015),http://ec.europa.eu/competition/publications/cpb/2015/002_en.pdf.

⑦ See EC,*Evaluation of the Commission Notice on the Definition of Relevant Market for the Purposes of Community Competition Law*,Ec(July 12,2021),https://ec.europa.eu/commission/presscorner/detail/en/ip_21_3585.

⑧ See Directorate-General for Competition(EC),*Competition Policy for the Digital Era*,p.3-4(2019),https://ec.europa.eu/competition/publications/reports/kd0419345enn.pdf.

定论和否定论两派观点。肯定论坚信市场界定是反垄断分析的必要步骤,否定论则主张在个案中全部或部分舍弃市场界定。

(一)肯定相关市场界定必要性的观点与理由

梳理学者观点可以发现,肯定论主要从如下3个角度展开论证。

1.相关市场界定具有内在正当性

肯定论认为,市场界定是认定市场支配地位的内在要求,具有内在正当性。市场支配地位,是指控制价格或排除竞争的市场地位,与经营者所受竞争约束之间呈现反比例关系:竞争约束越大,经营者越难以控制价格或排除竞争。基于这种反比例关系,市场支配地位认定这一难题就被置换为识别竞争约束。与此同时,竞争约束又被认为是市场界定的核心。① 通过定性或定量分析方法界定相关市场,可以识别在需求者看来与目标商品具有合理可替代性的竞争商品。竞争商品越多,则目标商品所受竞争约束越强,便越不可能具有市场支配地位。

2.相关市场界定具有外在功用性

除用于识别市场支配地位外,市场界定还具有不少功能。第一,市场界定为分析排除限制竞争效果提供了结构性因素[SCP(Structure-conduct-performance)分析框架]。竞争必须与具体的市场相联系,只有在相关市场中才能判断市场行为是否会产生排除、限制竞争的效果。② 第二,市场界定具有极强的叙事说服功能,相较直接证据更透明、清楚。③ 第三,市场界定还可为反垄断分析收集信息与数据,避免行政机关与司法机关滥权。④

3.否定论的质疑存在问题

肯定论批驳了否定论的主张。第一,否定论违背长久以来的立法、司法和执法实践。例如,有欧洲学者认为,鉴于欧盟反垄断规范使用了“市场”“市场份额”等表述,因此在个案中必须界定相关市场。⑤ 在实践中,法院也很少仅依靠直接证据而完全舍弃

---

① 参见唐要家、唐春晖:《数字平台反垄断相关市场界定》,载《财经问题研究》2021年第2期。

② See Sean P. Sullivan, *What Structural Presumption?: Reuniting Evidence and Economics on the Role of Market Concentration in Horizontal Merger Analysis*, 42 Journal of Corporation Law, p. 403, 426 - 428(2016).

③ See Gregory J. Werden, *Why(Ever) Define Markets? An Answer to Professor Kaplow*, 78 Antitrust Law Journal, p. 729, 739 - 740(2013).

④ See Dennis W. Carlton, *Revising the Horizontal Merger Guidelines*, 6 Journal of Competition Law & Economics, p. 619, 626(2010).

⑤ See Rupprecht Podszun, *The Arbitrariness of Market Definition and an Evolutionary Concept of Markets*, 61 Antitrust Bulletin, p. 121, 127 - 128(2016).

市场界定。[①] 第二,否定论提出的直接证据法同样存在诸多问题。直接证据法受到可用数据、复杂现实、有限时间的限制,不仅技术难度较大,而且时常会失效,可靠度不高。[②] 因此,不能轻率地舍弃市场界定,否则便会形成制度"中空"。[③] 第三,尽管市场界定在网络经济时代存在诸多缺陷,但仍可通过新增分析工具或回归需求替代分析法等予以补救。[④]

(二)否定相关市场界定必要性的观点与理由

否定论主张部分或全部舍弃市场界定,主要有如下3点理由。

1.相关市场界定具有多维度问题

否定论指出,市场界定存在恣意、不准确、成本收益比低、逻辑混乱4个维度的问题。第一,市场界定是非黑即白的绝对性划分,但个案中商品之间的需求替代性判断难以绝对化,市场界定在本质上是恣意的。[⑤] 第二,反垄断司法实践和市场实证研究发现相关界定总是模糊、不准确的。[⑥] 市场界定只能为具有较低份额的企业提供"安全港",无法准确描述市场支配地位。[⑦] 它不仅在分析差异产品市场时难以得出准确结论,而且在知识产权领域的实施效果也不理想。[⑧] 第三,通过市场界定识别市场支配地

---

① See United States v. Microsoft,253 F.3d 34,50–51(D.C.Cir.2001);叶卫平:《反垄断法分析模式的中国选择》,载《中国社会科学》2017年第3期。

② See J. Douglas Richards, *Is Market Definition Necessary in Sherman Act Cases When Anticompetitive Effects Can Be Shown with Direct Evidence*,26 Antitrust,p.53,55(2012).

③ 参见吴宏伟、胡润田:《互联网反垄断与"双边市场"理论研究》,载《首都师范大学学报(社会科学版)》2014年第1期。

④ See David Glasner & Sean P. Sullivan, *The Logic of Market Definition*,83 Antitrust Law Journal,p.293(2020).国内学者观点参见张晨颖:《平台相关市场界定方法再造》,载《首都师范大学学报(社会科学版)》2017年第2期。

⑤ See Mark A. Lemley & Mark P. Mckenna, *Is Pepsi Really a Substitute for Coke? Market Definition in Antitrust and IP*,100 Georgetown Law Journal,p.2055,2098(2012).

⑥ 参见蒋岩波:《互联网产业中相关市场界定的司法困境与出路——基于双边市场条件》,载《法学家》2012年第6期;曲创、刘重阳:《平台厂商市场势力测度研究——以搜索引擎市场为例》,载《中国工业经济》2016年第2期。

⑦ See Louis Kaplow, *Market Share Thresholds: On the Conflation of Empirical Assessment and Legal Policy Judgments*,7 Journal of Competition Law & Economics,p.243(2011).

⑧ See Herbert Hovenkamp, *Response: Markets in IP and Antitrust*,100 Georgetown Law Journal,p.2133,2146(2012).

位的代价高昂。[①] 市场界定需要大量的数据,执法周期长,不仅难以应对动态竞争,而且还会给原告带来不对等的举证负担。第四,市场界定存在循环论证的逻辑问题。通过市场界定判断市场支配地位,必须要依赖标准参照市场(standard reference market)才能准确判断结论是否妥当,而要查明标准参照市场又必须率先对市场支配地位作出良好的评估。[②] 换言之,市场支配地位既是市场界定的终点,也是起点。

2. 直接证据法具有理论与实践基础

否定论提出,可以依据直接证据识别市场支配地位,而不需要界定相关市场。直接证据法很早便被学者所提出,并得到持续的发展。目前,已有勒纳指数、涨价压力测试(UPP)、营利性方法等直接证据法。直接证据法在司法实践中得到运用,如在美国司法实践中,由法院承认的一些直接判断标准有:(1)能够证明限制产量或收取超竞争价格;[③](2)存在进入壁垒;[④](3)控制价格或价格歧视。[⑤]

3. 肯定论的批评存在问题

就肯定论提出的质疑,否定论有两点回应。第一,尽管直接证据法存在一定的问题,但相较内在逻辑混乱的市场界定法,这种困难是可以克服的。[⑥] 第二,否定论认为,即使市场界定有许多功能,但始终都要围绕为什么这个相关市场更好这一问题,而这需要先了解如何最好地识别市场支配地位,最终仍会陷入循环论证。

三、相关市场界定必要性争议的共性与成因分析

对两派观点的梳理,为总结归纳争议的共性和成因提供了基础。

(一)相关市场界定必要性争议的共性分析

两派观点有如下3点共性。第一,都认可市场界定难以应对网络经济的挑战。即使是持肯定论的学者,也大多提出应减弱市场份额的作用,弱化市场界定。当前越来越多的互联网平台企业加入网络经济大潮中,网络经济呈现双边或多边特性,同时兼

---

① See Richard S. Markovits, *Economics and the Interpretation and Application of U. S.* and E. U. Antitrust Law (Volume I), Springer, 2014, p. 299.

② See Louis Kaplow, *Why (Ever) Define Markets?*, 124 Harvard Law Review, p. 437, 440 (2010).

③ See Theme Promotions, Inc. v. News America Marketing FSI, 546 F. 3d 991, 1001 (9th Cir. 2008).

④ See Broadcom Corp. v. Qualcomm Inc., 501 F. 3d 297, 307 (3d Cir. 2007).

⑤ See United States v. Eastman Kodak Co., 63 F. 3d 95, 106 (2d Cir. 1995).

⑥ See Louis Kaplow, *Market Definition: Impossible and Counterproductive*, 79 Antitrust Law Journal, p. 361, 376 - 377 (2013).

具跨界竞争、免费模式以及动态竞争等特点,这些特点给市场界定带来了巨大挑战。[①]概言之,双边或多边市场所具有的交叉网络外部性,使对竞争约束的判断更复杂,[②]跨界竞争、动态竞争特点与非黑即白的市场界定难以相容,[③]免费模式又使传统SSNIP分析法(又称"假定垄断者测试法")在实践中难以发挥作用,[④]数据与注意力等多位竞争要素的出现更弱化了价格等传统因素的地位。[⑤]

第二,都聚焦识别市场支配地位认定的方法论之争。肯定论主张采用市场界定这种间接法,否定论反对间接法并认定直接证据法。上述观点综述充分体现了这一共性:或是论述市场界定的内在正当性,或是论述直接证据法如何能有效识别市场支配地位,又或是质疑直接证据法或间接法能否准确识别市场的支配地位。无论是直接证据法还是间接法,究其本质都只是市场支配地位认定的方法。

第三,都主要采用经济分析法进行论证,较少采用法学分析方法。经济分析方法的特征在于寻找最佳途径来合理选择识别市场支配地位的方法,包括但不限于使用算法模型的分析方法。例如,卡普洛在批评肯定论时便采用了数学模型。综观两方论战观点,除霍温坎普关于先例的分析外,[⑥]很少有学者使用法学分析方法讨论市场界定必要性。

(二)相关市场界定必要性争议的成因分析

基于以上3点共性,可进一步分析认为,市场界定必要性争议可能有如下3点成因。

一是法律政策定位的差异性。市场界定必要性争议受到了政策定位差异的影响,甚至可能正是因为两派观点政策定位不同而引致观点差异。在政策定位上,肯定论更关注假阳性(执法过度)问题,否定论则更关注假阴性(执法不足)问题。肯定论认为,

① See Josef Drexl, *Anticompetitive Stumbling Stones on the Way to a Cleaner World: Protecting Competition in Innovation without a Market*, 8 Journal of Competition Law & Economics, p. 507 (2012). 参见黄岩:《双边市场条件下相关市场的界定——以双边市场分类为视角》,载漆多俊主编:《经济法论丛》2013年上卷(总第14卷),法律出版社2013年版,第109~130页。

② 参见李剑:《双边市场下的反垄断法相关市场界定——"百度案"中的法与经济学》,载《法商研究》2010年第5期。

③ 参见朱战威:《互联网平台的动态竞争及其规制新思路》,载《安徽大学学报(哲学社会科学版)》2016年第4期。

④ 参见王健、安政:《数字经济下SSNIP测试法的革新》,载《经济法论丛》2018年第2期;侯利阳、李剑:《免费模式下的互联网产业相关产品市场界定》,载《现代法学》2014年第6期。

⑤ 参见陈兵:《数字经济下相关市场界定面临的挑战及方法改进》,载《中国流通经济》2021年第2期。

⑥ See Herbert J. Hovenkamp, *Markets in Merger Analysis*, 57 Antitrust Bulletin, p. 887 (2012).

界定相关市场能够避免行政和司法滥权,避免过度执法问题。早期反垄断法多采用结构性分离的责任形式打击垄断行为,基于宽严相济的政策原理,市场界定应运而生,发挥慎重认定非法的作用。[①] 相反,否定论认为,界定相关市场会过度限制反垄断执法活动,容易产生执法不足问题。[②] 在否定论看来,执法不足导致的错误成本有时比执法过度的成本更高。

二是市场支配地位的模糊性。如前所述,肯定论和否定论的共性在于聚焦于市场支配地位的认定方法。内在逻辑是市场界定的核心目的在于通过市场份额和集中度的计算来认定市场支配地位,市场界定的必要性争议离不开对市场支配地位认定方法的讨论。但是,或许正是市场支配地位的模糊性催生了必要性争论。市场支配地位是一个模糊概念,这导致其认定方法也必然是各执一词、争议不断的。

三是经济分析方法的有限性。两派观点采用经济分析方法,但或许正是经济分析方法的有限性加剧了两派观点的对立。经济分析对准确性的追求与反垄断分析鲜明的个案特征格格不入。反垄断分析没有一个普适性的判断标准,经济分析方法也难以归纳出准确的判断。对最优解的孜孜以求,加剧了双方的对立。

四、相关市场界定必要性争议的具体启示

基于上文归纳的共性与成因,可得出 3 点具体启示。这 3 点启示源于上述共性与成因分析,基本是相互对应的。

(一)关注假阴性问题,回应政策转变

反垄断政策定位的差异会影响两派立场,这意味着明确政策定位是回答市场界定必要性问题的前提。这种政策选择问题,不仅需要与反垄断责任机制相协调,而且还要从国家经济治理和社会治理的宏观角度予以把握。

我国当前反垄断政策定位是强化反垄断执法,更关注执法不足的假阴性错误。2020 年 12 月 11 日,中央政治局会议明确提出“强化反垄断和防止资本无序扩张”;随后的中央经济工作会议则将强化反垄断列入 2021 年的重点任务。在立法层面,《反垄断法》修订草案被列为“初次审议的法律案”。在司法层面,最高人民法院表态要作好垄断行为的司法审查。在执法层面,国家市场监督管理总局对网络经济领域持续加强监管,显示出强监管的态势。这意味着,目前我国更关注由于反垄断实施不足所可能

---

① See Dennis W. Carlton, *Revising the Horizontal Merger Guidelines*, 6 Journal of Competition Law & Economics, p. 619, 626(2010).

② See John M. Newman, *Antitrust in Digital Markets*, 72 Vanderbilt Law Review, p. 1497(2019).

导致的假阴性问题。在此政策定位下,市场界定的地位相应地便应在一定程度上予以弱化,市场界定的必要性应持续降低。

(二)正确认识市场支配地位模糊性问题

市场支配地位的模糊性与不确定性是导致两方争执不下的重要原因,同时,经济分析对准确度的严苛追求更是加剧了观点的对立。但市场支配地位概念的不确定性是反垄断法的内在要求,无法避免,也无法用经济分析方法予以解决。因此,问题的关键便在于如何认识这种不确定性。

首先,应该接受市场支配地位的模糊性,充分发挥法官的自由裁量权。有学者反对将市场支配地位的判断交给法官自由裁量,①这一观点是经济学思维的体现,其认为市场支配地位有固定标准。但市场支配地位概念是模糊的,不可能要求其认定标准是固定、唯一的。② 对市场支配地位这类不确定概念,法学领域常见的处理方式是发挥法官的自由裁量权。其次,接受市场支配地位的模糊性,仍要不断探索市场支配地位的认定方法。具体来讲,经济学界与法学界应共同致力直接证据法与间接法的研究。两类方法有各自的局限性,但都是识别市场支配地位的方法,都有助于加深法官对经营者所处市场竞争环境的理解。市场界定是市场支配地位认定的一种工具,是在理想与现实发生严重冲突下所作的一种无奈选择。③ 为应对不确定概念问题,应至少保留市场界定,并将其作为一种可用工具。

(三)扩充考虑因素,回应网络经济

两种观点都认为,传统市场界定方法难以回应网络经济时代的发展。市场界定是传统经济的产物,具有鲜明的时代特征。网络经济时代的垄断模式与传统经济大不相同,其所具有的网络外部性、动态竞争、规模经济、免费模式等特征,使市场份额的地位逐渐被弱化,而更多地强调综合多种方式判断市场支配地位。正如欧盟委员会2019年的报告所说:在数字市场上,没有一个单一的因素可以支撑执法机关测量市场支配地位。④ 为此,可以通过增加考虑因素以回应网络经济时代的挑战。

具体需要增加哪些因素?我国国务院反垄断委员会《关于平台经济领域的反垄断指南》提出,在计算市场份额时可以考虑交易金额、交易数量、活跃用户数、点击量、使

---

① See Louis Kaplow, *Market Definition Alchemy*, 57 Antitrust Bulletin, p. 915, 919, n. 4 (2012).

② See Duncan Cameron, *Mark Glick & David Mangum*, Comments on Articles in the Kaplow Special Issue, 57 Antitrust Bulletin, p. 957, 959 (2012).

③ 参见王晓晔主编:《反垄断法的相关市场界定及其技术方法》,法律出版社2019年版,第48页。

④ See Directorate-General for Competition (EC), *Competition Policy for the Digital Era*, p. 50 (2019), https://ec.europa.eu/competition/publications/reports/kd0419345enn.pdf.

用时长等,也明确了识别市场支配地位应关注市场发展状况、现有竞争者数量和市场份额、平台竞争特点、平台差异程度、规模经济、潜在竞争者情况、创新和技术变化等因素。《电子商务法》第22条还规定了技术优势、用户数量、对相关行业的控制能力以及其他经营者对该电子商务经营者在交易上的依赖程度等因素可用于识别市场支配力。市场进入壁垒、相对方抗衡力量等其他因素也应纳入考虑范围。

五、相关市场界定必要性争议的超越与构建

肯定论与否定论的争议聚焦市场支配地位认定的方法论层面,这种视角略显狭隘。实际上,“更需要理解的是企业的市场支配地位与反垄断法之间的关系是什么”。[①] 倘若能由市场支配地位认定的方法论层面上升到反垄断分析层面,或许可以超越市场界定的必要性争议。

(一)超越相关市场界定必要性争议

在反垄断分析层面,市场支配地位和垄断行为是两个基本要素。两者关系有如下两种可能。[②] 一是两要素互相独立,各自都有一个相对明确的判断标准。在责任承担上,只有同时满足这两个标准才需承担法律责任(见图1)。二是两要素并非完全割裂的,而是在法律责任的承担方面具有互补关系(见图2)。

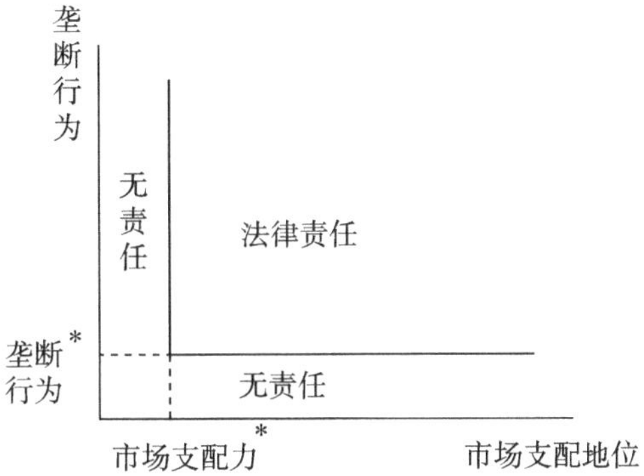

图1　垄断行为与市场支配力的割裂关系

① Peter C. Carstensen, 57 Antitrust Bulletin, p. 655, 656, 661 (2012).

② See Louis Kaplow, *On the Relevance of Market Power*, 130 Harvard Law Review, p. 1303, 1307 - 1314 (2017).

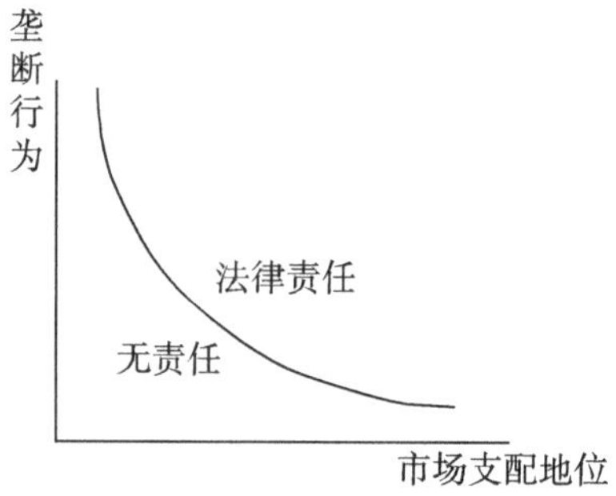

图2　垄断行为与市场支配力的互补关系

图1及图2的横轴表示市场支配力,纵轴表示垄断行为,两图表示法律责任是市场支配力与垄断行为的函数。图1所示责任认定,类似我国《反垄断法》第17条第1款的规定,将市场支配地位与滥用行为设置为两个独立要件。笔者认为,市场支配力与垄断行为之间本质上应是图2的互补关系,理由如下。

第一,反垄断司法实践揭示了市场支配力与垄断行为在责任构成上的互补关系。美国联邦最高法院在"印第安纳牙医案"中提出,若存在具有反竞争效果的行为,如降低产量,则可以减轻对市场支配力的证明要求。[①] 类似的说理还有不少。[②] 有学者通过研究司法案例认为,联邦最高法院秉持的是"若能证明反竞争的效果则不需要识别市场支配力"。[③] 联邦巡回上诉法院也呼应了联邦最高法院的这种裁判思路。[④] 我国最高人民法院发布的第78号指导案例提出,可以通过排除限制竞争的直接证据对市场支配力进行评估,这也体现了市场支配力与垄断行为之间的互补关系。

第二,除司法实践外,反垄断法律制度也体现了互补关系,如本身违法规则(per se rule)。反垄断法语境下的本身违法规则源于美国司法判例对《谢尔曼法》第1条垄断协议的解释,但时间赋予了"本身违法"以更广的含义,不再局限于垄断协议的分析。[⑤] 作为反垄断分析方法的本身违法规则,是指只要被告实施某些特定类型的垄断行为,便应视之为非法。其背后的逻辑在于,这些行为排除限制竞争的后果过于严重,只有

---

① See FTC v. Indiana Federation of Dentists, 476 U. S. 447, 460 – 461 (1986).

② See Eastman Kodak Co. v. Image Technical Services, Inc., 504 U. S. 451, 477 (1992).

③ Mark R. Patterson, *The Market Power Requirement in Antitrust Rule of Reason Cases: A Rhetorical History*, 37 San Diego Law Review, p. 1, 8 – 9 (2000).

④ See United States v. Microsoft Corp., 253 F. 3d 34, 51 (D. C. Cir. 2001); Todd v. Exxon Corp., 275 F. 3d 191, 207 (2d Cir. 2001).

⑤ 参见王先林:《论反垄断法中的本身违法规则和合理分析规则》,载《中国物价》2013年第12期。

具备市场支配地位才能顺利实施,因而不需要识别市场支配力便可认定为非法。在本身违法规则下,垄断行为补足了市场支配力这一要素。行政垄断制度同样体现了市场支配力与垄断行为之间的互补关系,只不过与本身违法规则不同,行政垄断制度是市场支配力补足了垄断行为,不需要去判断行为对竞争的影响到底有多大。只需要行政机关限定单位或个人经营、购买、使用其指定的经营者提供的商品即违法。

第三,市场支配力与垄断行为的互补关系也得到了学者的支持。有观点指出,针对行为与市场力量分析两种方式,应允许用一种方式去弥补另一种方式的不精确。① 有学者提出,执法实践应先分析行为的反竞争效果,然后再界定市场、分析市场支配力,为此可以在市场界定过程中,增加竞争效果的分析,或者是先简单界定一个虚构的相关市场,然后分析反竞争效果,最后再界定相关市场。② 这种思路也意识到了反竞争行为与市场支配力之间的互补关系。承认市场支配力与垄断行为的互补关系,使反垄断执法更透明,可以降低成本,同时提高反垄断执法的准确度。③ 国内学者也主张,"关注行为本身对竞争过程和市场结构的影响";④他们认为,当"有充分的证据证明反竞争效果时,市场界定的作用是微小的"。⑤ 还有观点指出,网络平台双边市场特性给市场界定带来困难,"应将市场界定融合于反垄断分析的整体中"。⑥

(二)构建以互补关系为基础的分析框架

两要素之间的互补关系表现为两方面:一方面,若行为排除、限制竞争非常明显,则可以减少市场支配力的证明要求,弱化甚至是完全舍弃市场界定;另一方面,若市场支配力足够强大,则可以弱化对行为排除、限制竞争的分析。基于上述两方面表现,本文提出如下分析框架。

1. 事前推定市场支配地位

事前推定某些企业具有市场支配地位,在具体个案中便不再需要界定相关市场。事前确定具有市场支配地位的企业清单,能有力地提高反垄断法的确定性,为市场主

---

① See Daniel A. Crane, *Market Power without Market Definition*, 90 Notre Dame Law Review, p. 31, 47 (2014).

② See William Bluementhal, *Why Bother?: On Market Definition under the Merger Guidelines*, Statement before the FTC/DOJ Merger Enforcement Workshop, Feb. 17, 2004, p. 4 - 5.

③ See John B. Kirkwood, *Market Power and Antitrust Enforcement*, 98 Boston University Law Review, p. 1169 (2018).

④ 曹阳:《数据视野下的互联网平台市场支配地位认定与规制》,载《电子知识产权》2018 年第 10 期。

⑤ 仲春:《互联网行业反垄断执法中相关市场界定》,载《法律科学(西北政法大学学报)》2012 年第 4 期。

⑥ 曾田:《网络内容平台竞争与反垄断问题研究》,载《知识产权》2019 年第 10 期。

体的竞争行为提供更明确的指引。当前,世界主要反垄断法域都在探索建立事前推定市场支配地位的新制度。

欧盟《数字市场法(草案)》有关指定某些大型数字平台为"守门人"的规定,便是对事前推定市场支配地位制度的探索。该法案将赋权欧盟委员会依据客户数量、累计活动能力、营业额、市场估值等标准,事前认定某些企业具有市场支配地位,处于"守门人"地位。德国2021年通过的《反限制竞争法》第十修正案第19a条授权联邦卡特尔局认定"对跨市场竞争具有重要意义"(mitüberragendermarktübergreifenderBedeutungfür den Wettbewerb)的企业,并且一经认定有效期可达5年。美国众议院司法委员会2021年6月通过6项拟提交给众议院审议的反垄断法案,其中有4项都赋权联邦贸易委员会或司法部事前依法确定大型平台清单(covered platform),直接禁止清单内大型平台实施可能会产生排除、限制竞争的垄断行为。于2021年2月生效的日本《提升特定数字平台的透明度和公平性的法案》规定,经济产业大臣可以指定"特定数字平台企业",最终亚马逊日本、苹果应用商城等被指定,受到该法的特别规制。①

我国《电子商务法》第35条直接规定了电子商务平台的行为负面清单,这与上述法域的路径类似。国内也有学者很早就提议建立对网络经济行业市场界定的集中界定制度,②这一观点实质上也是主张事前推定市场支配地位。

2. 事前推定垄断行为

事前推定行为具有反竞争效果,同样可以避免或减弱市场界定。如本身违法规则:只要实施了特定类型的行为,就被认定为违法。基于市场支配力与垄断行为之间的互补关系,这类行为排除、限制竞争非常明显,可以不考虑企业的市场支配力,或者是减弱对市场支配力的考察。实际上,除推定垄断行为外,还可以通过事前推定某些行为完全不可能损害竞争来提高反垄断法的可预见性。

3. 类型化分析

市场支配力与垄断行为的互补关系启发了事前推定市场支配地位和事前推定垄断行为两类制度。在无法适用这两类制度时,应保留市场界定为市场支配地位的分析工具。此时,仍然要坚持市场支配力与垄断行为的互补关系,区分垄断协议、滥用市场支配地位、经营者集中进行类型化分析。

3类垄断行为排除、限制竞争的效果及强度不同,与之具有互补关系的市场支配地

---

① 中国信息通信研究院政策与经济研究所:《平台经济与竞争政策观察(2021年)》,载中国信通院官网,http://www.caict.ac.cn/kxyj/qwfb/ztbg/202105/t20210528_378126.htm。

② 参见石英、尚芹:《论反垄断法实施中互联网企业相关市场的界定》,载《法律适用》2014年第2期。

位的认定要求也不一样。国务院反垄断委员会《关于平台经济领域的反垄断指南》第4条强调,"不同类型垄断案件对于市场界定的实际需求不同"便是此种原理。具体而言,可以借鉴经济合作与发展组织(Organization for Economic Cooperation and Development,OECD)的建议,对垄断协议和滥用市场支配地位的案件,若有证据证明行为直接具有反竞争效果,则可以不明确界定相关市场;开展网络时代经营者集中审查一般都需要界定相关市场,除非存在价格压力指数或其他直接方法识别市场支配力。①

六、结论及初步应用

基于互补关系构建的分析框架,可以和本文第四部分得出有关市场界定必要性争议的3点启示结合起来,共同回应是否有必要继续保留市场界定这一问题。本文得出以下基本结论:

第一,我国当前强化反垄断政策定位必然要求弱化市场界定,但鉴于市场支配地位是一个模糊概念,保留市场界定这一间接法在工具层面是有价值的。

第二,为回应网络经济时代的挑战,既可以通过事前推定市场支配地位或事前推定垄断行为的方式,直接认定违法;也可以通过扩充考虑因素,并基于不同类型垄断案件对于市场界定实际需求的不同而进行类型化分析。

上述分析框架完全可以用于分析2021年"阿里巴巴"公司"二选一"行为。第一步,分析是否可以推定阿里巴巴具有市场支配地位。按照欧盟《数字市场法(草案)》"守门人"的标准,应可作此推定,在个案中便不再需要界定相关市场。当然,我国事前推定的认定标准亟待通过市场调查、实证研究的方式来确定。第二步,分析是否可以事前推定"二选一"的行为是垄断行为。就既往学术研究来看,"二选一"行为并非本身违法,并不必然产生排除限制竞争效果。② 第三步,若难以适用上述推定则应保留并改进市场界定。具体来说,一方面,要以当前反垄断政策定位为指引,适度减轻市场界定的要求;另一方面,要基于具体案情在市场界定时扩充考虑因素。

(责任编辑:游紫薇)

---

① See OECD, *Market Definition*, p. 12, DAF/COMP(2012)19.

② 参见王晓晔:《论电商平台"二选一"行为的法律规制》,载《现代法学》2020年第3期;焦海涛:《"二选一"行为的反垄断法分析》,载《财经法学》2018年第5期。

反垄断民事诉讼证据规则的经验与实践*

张　建**

摘　要：在反垄断民事诉讼中，因各方当事人信息不对称、举证能力存在显著差异，且证明对象的专业化程度较高，故需要特殊的证据规则。发轫于英美法系的证据开示制度有助于加强原告的取证效果；而专家证人的广泛适用，则有益于法官对有关经济信息进行分析和评价。相比普通的民事诉讼，反垄断民事诉讼在证明责任分配、证据类型、证明标准确定等方面的独特性尤为突出。我国现有的民事诉讼证据规则在应用于反垄断诉讼方面仍有待完善，完善的方向主要包括区分案件类型对当事人证明责任加以合理分配并设置不同的证明标准、对专家证人诉讼地位的明确、对反垄断执法机构所作行政裁定在民事诉讼中证据效力的确认等。

关键词：反垄断民事诉讼；专家证人；证据开示；证明标准

2021年是我国实施"十四五"规划的开局之年，也是我国经济转向以"双循环"为核心的新发展格局的关键期。① 在新的历史节点，素有"经济宪法"②之称的反垄断法不仅肩负为市场经济保驾护航的使命，还需回应进一步扩大改革开放而对优化营商环境提出的新诉求。③《反垄断法》的实施，不仅涵盖事前的企业竞争合规审查，更要借助于司法对已发生的不法垄断行为予以审查和规制。④ 传统上，历来重视反垄断的公共

---

* 收稿日期：2021年3月7日。本文是国家社科基金项目"我国法域外适用法治体系构建研究"（编号：20ZDA031）及首都经济贸易大学北京市属高校基本科研业务费专项的研究成果。

** 法学博士，首都经济贸易大学法学院副教授。

① 参见刘泉红：《"十四五"时期我国现代市场体系建设思路和关键举措》，载《经济纵横》2020年第5期。

② 参见金善明：《反垄断法的"经济宪法"定位之反思》，载《江西社会科学》2015年第11期。

③ 参见张守文：《反垄断法的完善：定位、定向与定则》，载《华东政法大学学报》2020年第2期。

④ 参见陈耿华：《构建反垄断合规机制的功能证成与实施路径》，载《经济法研究》2019年第2期。

实施,当下则愈发重视私人以民事诉讼方式就垄断损失索取赔偿。本文以反垄断民事诉讼的证据规则为研究对象,从反垄断诉讼与普通诉讼的区分入手,分析前者内在的独特性,以维护竞争利益、合理分配证明责任、确保法院公正且高效地审判作为目标,重点探讨证明责任、证据标准、证据开示、行政执法与民事司法的衔接等问题。

一、反垄断民事诉讼证据规则的独特性及其运用现状

(一)制度需求:反垄断民事诉讼需要独特的证据规则

反垄断民事诉讼是当下各国反垄断执法的重要途径,特指由自身利益遭受垄断行为不当影响的私主体,以本人名义直接向法院提起诉讼,要求违法者承担赔偿责任的实施方式。赋予私人以民事诉权,对排除妨碍、救济损害、维护市场秩序来说意义深远。① 证据规则被誉为"诉讼的脊梁",但在反垄断民事诉讼领域,存在证据偏在现象,原告、被告双方掌握的信息不对称,致使胜诉率畸低。

总体而言,反垄断诉讼具有以下独特性:首先,当事人双方分别是私主体(原告)与垄断企业(被告),二者不仅经济实力差距悬殊,而且获取证据信息的能力不同,故而需要设定特殊的证明责任分配规则以平衡双方的举证义务;其次,反垄断案件专业性较强,且涉及较复杂的商业及统计知识,为证明相关市场的存在、支配地位的滥用、经济损害的发生,常需要分析和审查大量数据、模型、统计报告等商业材料,故而更加需要专家证人的参与,并采信其出具的意见,在证据类型上较独特;②最后,反垄断争议兼具公法属性与私法属性,不法垄断行为不仅限制乃至禁止相关市场的自由竞争,也给私人造成重创,不法行为及垄断损害的证明标准不易把握,需要酌情予以特别考量。

(二)供给不足:反垄断民事诉讼证据规则欠缺

从我国当前的审判实践来看,证据规则的制度供给不能满足反垄断诉讼的独特需求。具体而言,反垄断民事诉讼中原告举证能力的薄弱之处集中于两个层面:首先,原告收集并提供的证据种类单一,多为从网站上获取的电子证据及其打印件,以及从新闻报道中截取的间接证据,其证明力较弱、容易被篡改和破坏,法庭采信比例低;其次,原告获取证据的渠道有限,其中相当一部分来自被诉企业自身网站对外发布的宣传信

---

① 我国目前并未将行政执法设定为民事诉讼的前置要件,私人因垄断行为遭受损害而产生的诉权具有独立性。参见丹秋·弗罗林(Danciu Florin)、朱韵:《欧盟反垄断公共实施与私人实施的冲突与协调——以宽大申请材料在私人诉讼中的披露问题为例》,载《南京大学法律评论》2017 年第 1 期。

② 参见杨文明:《论经济分析意见及其可采性规则——以反垄断诉讼为视域》,载《法学论坛》2017 年第 2 期。

息,与待证事实关联度较低,证明效果较差,难以使法官形成内心确信,对诉求的支撑效果不强。①

与此同时,反垄断民事诉讼的专业性较强,对相关市场的界定、对市场支配地位的评判、对商业损失的计算、对垄断行为与因果关系的审查等都需要证据予以支撑,案件的妥当审理、法官对证据的恰当使用,常需要掌握商业、财会、统计、金融乃至产业政策各方面的综合背景知识,从而对法官审判能力提出了较高挑战。因此,在认定复杂的涉案事实时,常需借助于专家证人的协助。相比之下,我国过去在民事诉讼实践中缺乏对专家证据的重视,直至 2012 年《民事诉讼法》修订时才允许法庭传唤具备专门知识的人到庭作证,相关实践尚未成熟。② 鉴于以上考虑,本文将对域外具有代表性的反垄断民事诉讼证据规则进行考察,结合我国现有的民事诉讼证据规则进行对照,提出相应的完善对策。

二、对域外反垄断民事诉讼证据规则立法实践的比较考察

(一)欧盟:探索证据开示与宽大制度的协调路径

欧盟(European Union,EU)的反垄断执法分为成员国层面的内部实施与欧盟自身层面的外部实施。严格来讲,欧盟条约并未授权私人直接就垄断企业违反欧盟竞争法的行为向欧洲法院(Court of Justice)提起民事诉讼,故反垄断法的私人实施尤其是反垄断民事诉讼案件主要由各成员国的法院审理。历史上,欧洲共同体(European Community,EC)对反垄断法私人诉讼的实施状况并不满意,受害者提起反垄断诉讼欠缺相应的激励和协助机制。考虑到争议双方信息不对称,欧盟试图引入证据开示,以克服原告举证难的困境。2004 年,被誉为欧共体竞争法现代化标志的第 1/2003 号条例③、第 139/2004 号条例④先后发布,将证据开示引入反垄断诉讼。2008 年发布的《违反欧盟反托拉斯规则损害赔偿诉讼白皮书》,着重强调在反垄断诉讼当事人之间进行证据开示,同时就竞争执法机构与受诉法院之间设立证据交换与信息共享平台,在保

---

① 参见戴怡婷:《垄断民事纠纷案件证据适用的若干问题分析》,载《电子知识产权》2014 年第 1 期。

② 参见李学军、朱梦妮:《专家辅助人制度研析》,载《法学家》2015 年第 1 期。

③ See EU, *Council Regulation (EC) No. 1/2003 of 16 December 2002 on the Implementation of the Rules on Competition Laid Down in Articles 81 and 82 of the Treaty*, Official Journal of the European Communities, Vol. 4: 1, p. 4 (2003).

④ See EU, *Council Regulation (EC) No. 139/2004 of 20 January 2004 on the Control of Concentrations Between Undertakings*, Vol. 24: 1, p. 1 (2004).

护商业机密的基础上，允许法官运用裁量权灵活处理证据事项。①

2014 年，欧洲议会(European Parliament)签署了《关于违反欧盟及其成员国竞争法的损害赔偿诉讼若干规则的指令》，其中特别申明，各国在反垄断损害赔偿诉讼中可要求证据开示，但必须遵循比例原则、有效性、对等性和一致性。② 该指令不仅有助于推动各成员国损害赔偿法的统一，而且对维护自由竞争、保护消费者权益意义重大。③ 2020 年 5 月，欧盟普通法院撤销了欧盟委员会(European Commission，EC)驳回英国和黄 3G 公司收购西班牙电话公司的决定，理由是欧盟委员会未提供充分的证据证明此项收购有损于公平竞争。④ 该案深刻折射出反垄断执法机构在调查取证中的重要性，且此种义务不仅及于行政执法，还延伸于民事诉讼。针对经营者集中案件常见的效率抗辩证明难题，欧盟采用高度盖然性证明标准，综合纳入定量与定性相结合的分析方法。⑤ 同时，重视外部专家、第三方评估机构以及反垄断行政执法机构获取的证据，将经营者集中反竞争效果的证明责任分配给原告、效率的证明责任分配给被告，较好地平衡了双方的证明责任。

(二)美国：拓展证据类型并有效利用宽大制度

1978 年，美国率先实施宽大制度，尽管宽大的实施不能根除而只能延后卡特尔，但通过对不法行为人设定减轻责任等激励，促使其主动交代垄断事实，显著提升了反垄断司法与执法效率，强化了反垄断法的实施效果。⑥ 一方面，将宽大制度引入反垄断民事诉讼证明领域，有效利用了自认规则，当被控诉从事不法垄断行为的被告与法官开展自由的沟通、逐步建立彼此信任感后，往往主动交代过错，积极配合执法或司法机关开展调查，而相关机构则可运用自由裁量权，酌情免除或者减轻自认者的责任。从法

---

① See Albert Sánchez-Graells, *Discovery, Confidentiality and Disclosure of Evidence Under the Private Enforcement of EU Antitrust Rules: Instituto de Empresa Business School Working Paper No. WPED 06 - 05*, SSRN (Dec 19, 2006), https://papers.ssrn.com/sol3/papers.cfm? abstract_id = 952504.

② See Anca D. Chirita, *The Disclosure of Evidence Under the "Antitrust Damages" Directive 2014/104/EU*, in Vesna Tomljenović ed., EU Competition and State Aid Rules: Public and Private Enforcement, Springer, 2017, p. 147.

③ 参见林燕萍、俞胜杰：《〈关于违反欧盟及其成员国竞争法的损害赔偿诉讼若干规则的指令〉之评析与借鉴》，载《政治与法律》2016 年第 11 期。

④ See Markus Dertwinkel-Kalt & Christian Wey, *Evidence Production in Merger Control: The Role of Remedies*, Review of Industrial Organization, Vol. 58:2, p. 339(2021).

⑤ 参见应品广：《经营者集中效率抗辩的证明》，载《广东行政学院学报》2011 年第 1 期。

⑥ See Peter T. Dijkstra et al., *Leniency Programs and the Design of Antitrust: Experimental Evidence with Free-Form Communication*, Review of Industrial Organization, Vol. 57:4, p. 934(2020).

经济学视野来看,宽大制度巧妙运用了博弈论中的“囚徒困境”(Prisoner's Dilemma),吸引那些参与横向垄断协议的当事方乃至案外人,积极寻求与反垄断执法机构的合作,对司法机关收集证据不无启示。① 另一方面,因自认而获得宽大处理的企业以“出卖盟友”为代价换取个人责任的减轻或免除,一旦身份信息被曝光,很可能面临利益受损乃至被其他竞争者集体排斥的风险,故必须对自认者采取相应的保密举措,对其所提供的信息、来源及其身份设定相应的保护,以防范宽大制度被滥用。②

为了全面发现与有效打击卡特尔等国际不法垄断现象,宽大制度提高了垄断行为的发现比率、确保了个人在垄断组织的自主选择,对于从源头治理不法垄断行为、合理追究法律责任、提高案件事实的调查效率起到了重要的帮助作用。③ 为更好地实现宽大制度的立法宗旨,需要以宽大制度为中轴,与刑事制裁、行政执法、民事诉讼实现有机协调,同时强化法院与反垄断执法机构在程序和实体方面的互动与合作。④

(三)日本:高度重视行政执法部门获取的证据和裁定

日本反垄断法也采取了公共执行与私人执行相结合的实施方式,二者均围绕日本公平贸易委员会(Japan Fair Trade Commission,JFTC)展开。⑤ 具体到实践中,如果企业的不法垄断行为造成竞争损害,侵权方不仅要停止侵权行为,还要对损害予以赔偿和救济。对于受害者来说,其行使私人诉权的渠道有两种:第一,依据日本《反垄断法》第25条提起索赔;第二,依据日本《民法典》第709条直接提起侵权之诉。就前者而言,经营者因违反关于私人垄断、不当限制交易、不公正交易方法等规定,给私人造成损失的,应对受害者承担损害赔偿责任。就举证义务而言,受害者作为原告需要提供证据证明己方遭受损害、对方实施不法垄断行为、二者存在因果关系。从取证方式来看,日本在实践中已塑造了多元的非正式的证据收集方式,法官在证据收集方面扮演了积极主动的角色,其不仅有权主动保全证据,还可展开交叉盘问、命令当事人出示特定书

---

① See Zhijun Chen & Patrick Rey, *On the Design of Leniency Programs*, The Journal of Law and Economics, Vol. 56:4, p. 917(2013).

② 参见刺森:《我国反垄断宽大制度中的重要信息保护问题研究》,载《法学论坛》2019年第2期。

③ 我国《反垄断法》引入了宽大制度,国家市场监督管理总局于2019年出台《禁止垄断协议暂行规定》,国务院反垄断委员会制定出台《横向垄断协议案件宽大制度适用指南》,进一步明确了宽大制度的实施条件。参见毕金平:《〈反垄断法〉宽大制度之完善建议》,载《竞争法律与政策评论》2020年第6期。

④ 参见柳长浩:《论反垄断法宽大制度的完善》,载王红霞主编:《经济法论丛》2020年第1期(总第35期),社会科学文献出版社·群学出版分社2020年,第80~112页。

⑤ See Simon Vande Walle, *Private Enforcement of Antitrust Law in Japan: An Empirical Analysis*, The Competition Law Review, Vol. 8:1, p. 7(2011).

证。此外,律师协会及案件当事人亦有权向法院申请开展证据调查。① 此外,如受害者提起第一类诉讼,其请求权和救济权仅在 JFTC 就垄断违法行为开展问卷调查、作出报告,并采取了排除措施命令、缴付课征金或者审决裁判后方可行使。表面上,会减少原告的证明义务,但事实上,JFTC 的裁决在民事诉讼中并不具有必然的约束力,其可采性、证明力均由法院认定。严格来讲,此类裁决只能作为法院推定不法行为存在的预决证据,其待证事实仍可通过被告提供的其他证据予以推翻。②

对日本法院来说,在受理原告的损害赔偿诉讼后,其通常会就涉诉不法垄断行为所造成的损失赔偿金额问题征求 JFTC 的意见。经法庭许可,JFTC 有权以"法庭之友"的角色就反垄断法的适用发表观点并提出意见。JFTC 先后于 2019 年和 2021 年发布《电子平台公司反垄断与兼并指南》及《关于电子广告的最终报告》,就互联网信息时代涉及电子数据的反垄断事实调查进行了规制,不仅对于塑造公平且自由的竞争环境颇有裨益,也为反垄断诉讼的取证提供了更灵活的途径。③ 概言之,日本反垄断民事诉讼形成了事实上的行政审决前置模式,JFTC 所确认的反垄断信息,有助于缓解原告的举证压力,有益于平衡双方的证明责任,使反垄断民事纠纷的审理更加妥当。

三、域外反垄断民事诉讼实践中对专家证据与证据开示的运用

(一)专家证人在反垄断民事诉讼中的运用及其认定

根据美国联邦《民事证据规则》,专家证人以其所具有的专业知识为依托参与到诉讼程序中。在反垄断民事诉讼中,需要借助经济学、统计学等各类方法界定相关市场及垄断企业的支配力,如假定垄断者测试(Small but Significant Not-transitory Increase in Price,SSNIP)、勒纳指数等。专家证人不同于辩护人,前者具有独立诉讼地位,并非任何一方利益的维护者。当然,运用经济学方法得出的专家意见只能作为证据,并不能代替法院对法律问题作出界定。④ 但在实践中,法官及当事人在反垄断诉讼中高频运用专家证人,且对证词的技术要求也越来越高。20 世纪 70 年代以来,美国的反垄断司

---

① See Craig P. Wagnild, *Civil Law Discovery in Japan: A Comparison of Japanese and U. S. Methods of Evidence Collection in Civil Litigation*, Asian-Pacific Law & Policy Journal, Vol. 3:1, p. 7 – 15(2002).

② [日]金井贵嗣、川浜升、泉水文雄编:《独占禁止法》,弘文堂 2006 年版,第 490 页。转引自戴龙:《日本反垄断法研究》,中国政法大学出版社 2014 年版,第 71 页。

③ See Jeffrey J. Amato, *Japan's Antitrust Watchdog Prepares to Step Up Enforcement in the Digital Economy*, Winston & Strawn(Feb. 11, 2020), https://www.winston.com/en/competition-corner/japans-antitrust-watchdog-prepares-to-step-up-enforcement-in-the-digital-economy.html.

④ 参见王晓晔:《市场界定在反垄断并购审查中的地位和作用》,载《中外法学》2018 年第 5 期。

法实践出现转向,从重视主观意图和动机变为重视对反竞争效果的司法审查,商业、经济、行业方面的专家证据受到重视。法官一方面,将专家证人定位为司法辅助人;另一方面,对其适格性、可采性适用严格标准,以防范证据的滥用和对法官事实认定权能的冲击。①

在反垄断民事诉讼中引入专家作证,首先必须明确专家的资质。并非所有专业意见都会被法官采信,相关市场模型和方法需经司法审查。尤其是专业人士对于市场的分析和论断,需符合相关性和可信性。② 早在14世纪,英国就存在由专家协助法官办案的实践,③但多限于自然科学领域,反垄断诉讼则需要熟悉反垄断法及市场规则的经济专家、行业人士。故对专家证人的资质要求不宜过于严苛,只要在某一市场领域或特定类型的商务活动中具有专门知识或经验者,均可被聘任为专家证人出庭作证。

在明确专家资质的基础上,应对其证词的可采性设定衡量标准。就性质而言,专家证词属于推断性言论,其确凿性有待推敲。在传统诉讼中,推断性言论被归入传闻证据的范畴,不具可采性。落实到反垄断领域,即使允许法官采信,也必须设定程序约束。为增强证明力,专家不仅需要向法官提交书面报告,在必要时还需接受质询。作为决定证据可采性的"守门员",法官往往会综合当庭陈述、交叉询问等多重环节对专家意见予以约束,也正是经过层层筛查,才使最终采信的专家证词具备可信度。法官对于专家证词的运用予以审核,且通过此种把关,可以对事实给出更加符合常理的阐释。④

(二)证据开示在反垄断民事诉讼中的适用及其限制

从法治实施效果的角度审视,取证和举证直接关系事实认定。证据开示与特免权之间的权衡,反映了双方之间经济实力的博弈。作为反垄断公共执行的重要补充,反垄断私人诉讼往往涉及大量的商业文件、业务记录、公司账户、电子数据等证据材料,而取证难、举证难早已成为反垄断执法过程中的最大难题,传统民事诉讼中的证明责

---

① 参见胡甲庆:《美国专家证据可采性标准在反垄断司法中的适用及其启示》,载《中外法学》2011年第3期。

② See Nicola Giocoli, *Rejected! Antitrust Economists as Expert Witnesses in the Post-Daubert World*, Journal of the History of Economic Thought, Vol. 42:2, p. 203(2020).

③ 参见郑鹏程、刘长云:《论反垄断诉讼中的专家证人资格与专家证据之可采信标准》,载《湖南大学学报(社会科学版)》2016年第4期。

④ See CPI, *US: Judge Limits Expert Witness Testimony in Antitrust Suit*, Competition Policy International (Oct. 25, 2016), https://www. competitionpolicyinternational. com/eu-ec-to-investigate-o2-cz-t-mobile-cz-network-sharing-deal.

任分配规则在适用于反垄断诉讼时出现了“失灵”现象。[①] 为了促使双方早日在庭外达成和解，英美法系国家的反垄断民事诉讼实践中普遍采取了自动与全面的证据开示制度。

在实践中，只要原告或其代理律师认为相关材料可能与待证垄断事实具有关联性，即便只是微弱的间接关联，也在证据搜集的范围之内，被告通常不具备拒绝披露的正当理由。从英国司法实践来看，法官常会援引1882年的“Peruvian Guano案”对文件披露请求与涉案争议的关联性进行判断。从实际效果来看，证据开示制度的有效运用，对于解决反垄断民事诉讼中的证据偏在问题具有积极作用。但是，如果采取宽泛的标准，将使大量文件处于开示之内。利用“兜底式”界定，善辩的律师几乎可以将所有文件归入其中，无可避免地导致程序滥用及“钓鱼取证”，同时导致费用增加和时间延误。[②] 为此，部分国家引入作证特免权规则，同时在反垄断证据开示程序中确立了比例原则。落实到反垄断诉讼场合，特免权特指律师对其为客户服务期间所获知的商业信息及特定文件有权拒绝披露且不应因此而受到惩戒。在相对复杂的商业社会和市场环境下，承担公司治理职能的公司董事及高级管理人员在作出商业决策前，往往会寻求专业律师的法律咨询意见，以保障有关商业行为的合规性。在这一过程中，律师将正当地获得大量的公司商业文件，其中不乏无法对外界公开的保密文件。如果不设置特免权，将使其所服务的公司在反垄断诉讼中遭遇“灾难性”后果，从长远来看，也会使客户与律师之间产生严重隔阂，以致前者有所保留，有意不对后者开诚布公地提供真实、完整、全面的商业文件。

四、我国现行反垄断民事诉讼证据规则及其有待完善之处

（一）最高人民法院关于反垄断证据规则的司法解释

2012年，最高人民法院出台《关于审理因垄断行为引发的民事纠纷案件应用法律若干问题的规定》（法释〔2012〕5号，以下简称《反垄断司法解释》），其中第7条至第13条采取一般与特殊相结合、原则与例外相连接的方式就反垄断民事诉讼的证据规则进行了明确，构建了完整的反垄断诉讼证据制度。

一方面，反垄断诉讼仍然遵循“谁主张谁举证”这一基本前提，原则上应由原告就垄断行为、所受损失、因果关系予以举证。另一方面，结合反垄断法对垄断行为的分类方法，根据案件性质的不同，证据规则有所区别，在符合法律规定的例外情况下可对证

---

① 参见厉潇逸：《反垄断私人诉讼的证据开示制度研究》，载《法学杂志》2016年第8期。

② 参见杨良宜等：《证据法：国际规管与诉讼中的证据攻防》，法律出版社2020年版，第489页。

明责任分配规则予以调试,必要时设置举证责任倒置。就垄断协议纠纷案件而言,原则上应由原告即垄断协议的受害人,就涉案垄断协议具备排除、限制竞争的效果予以举证。但是,当涉案垄断协议可归入《反垄断法》第13条第1款第1项至第5项、第14条第1项或第2项时,原告不再需就垄断协议的反竞争效果予以举证,证明责任发生转移并倒置于被告一方。换言之,此类垄断协议遵从本身违法原则的审查模式,法院可当然地认定协议本身具备违法性,除非被告通过履行证明义务否定该类协议的不法性。相反,当涉案垄断协议可归入《反垄断法》第15条的调整框架时,则遵循合理原则,仍由原告就反竞争效果予以举证。[①] 至于证明责任倒置所适用场合的归类,以法律条款间的适用逻辑作为先决要件,即其默认的前提是业已明确涉案垄断协议应归入第13条、第14条抑或是第15条,但如果原告与被告对于涉案垄断协议适用哪一条款出现分歧,鉴于被告对适用第15条具有程序方面的获益,理应由被告先行证明涉案情况符合第15条的适用而排除第13、14条的适用。换言之,在此类情况下,被告有义务举证涉案垄断协议的达成不会限制相关市场的自由竞争,且消费者得共享此类惠益。

(二)我国反垄断民事诉讼证据规则

首先,对专家证据独立价值的重视程度不足。我国现行《民事诉讼法》、最高人民法院《关于适用〈中华人民共和国民事诉讼法〉的解释》(法释〔2015〕5号,以下简称《民事诉讼法司法解释》)、最高人民法院《关于民事诉讼证据的若干规定》(法释〔2019〕19号,以下简称《证据规定》)均没有赋予专家证词独立地位,而是将其归类为鉴定意见或视同为当事人陈述,这不利于反垄断事实的查明。

其次,对各方取证能力悬殊的情况缺乏有效解决方案。垄断行为的类型较宽泛,基于垄断行为的不同性质,在民事诉讼实践中通常将反垄断行为概括为两类,即当然违法的垄断行为(本身违法原则)与依合理原则分析判断的垄断行为(合理分析原则)。前者不涉及竞争效果的评估,由原告举证;后者不仅需要原告证明垄断行为,还需要被告结合法律的推定反证其对竞争不存在消极影响。鉴于原、被告持有证据的数量不同,在一定程度上使社会公众对《反垄断法》的定位产生一种误解,即该法的目的不是保护"竞争"而是保护"竞争者"。[②]

最后,各类反垄断民事案件的证明标准无序。证明标准的设定不仅直接关系负有

---

① 参见周昀:《反垄断法新论》,中国政法大学出版社2006年版,第120页。

② 参见冯博:《反垄断民事诉讼的法律经济学分析——以最高人民法院第79号指导案例为视角》,载《财经理论与实践》2018年第2期。

证明责任的一方当事人对待证事实应当达到何种证明程度,客观上也影响法官形成内心确信的必要程度。[①] 相较之下,在针对适用本身违法原则的垄断行为提起的民事诉讼中,原告的举证责任更容易完成,只要能够证明相关行为存在即可,无须单独证明其违法性,如核心卡特尔、维持最低转售价格的纵向垄断协议等;在针对后一类垄断行为提起的民事诉讼中,原告不仅需要证明有关行为的存在,还需进一步证明其不法性,尤其是此类垄断行为给相关市场的竞争造成的排除或限制效果等不利影响,而最终此类诉求是否能够得到支持,取决于法院对其合理性及竞争影响的分析。

此外,涉及反垄断调查的行政决定在民事诉讼中的预决力不确定。我国《反垄断法》施行以来,逐步确立起反垄断民事诉讼与专门机构行政执法相结合的"双轨制"模式,与世界趋势相契合。从效果来看,公共实施和私人执行相辅相成,共同承担预防和制止垄断行为,维护消费者利益和社会公共利益的使命。但是,"双轨制"执法模式对诉讼证据规则提出了挑战。具言之,如果同一项反垄断事实同时在法院和行政机关涉诉,平行程序如何协调?行政执法机构在反垄断调查中获得的证据及其作出的结论,是否可在后续的反垄断民事诉讼中加以运用?在适用中止调查程序,或申请适用宽大制度[②]的情况下,当事人向行政机关作出的承诺和自认,法院能否依职权主动予以调取,从而免除或减轻当事人的证明责任?这些问题可归结为两方面:首先,反垄断民事诉讼与行政调查的程序交叉与衔接;其次,行政裁定在民事诉讼中的证据力。缺乏证据开示导致法官查明垄断事实的难度加大。我国《证据规定》规定的证据交换,特指当事人在法院的主持下,于开庭审理前,通过相互交换各自持有的证据,彼此了解并掌握涉案信息。

五、我国反垄断民事诉讼证据规则的完善方向

(一)充分拓展证据类型,明确专家证人的诉讼地位

《反垄断法》施行以来,当事人在反垄断民事诉讼中经常会聘请专家作证,证人作证资格问题、专家证词可采性问题开始受到关注。为此,最高人民法院在 2012 年《反垄断司法解释》中着重就专家证人所作的市场调查及经济分析报告的使用给予明确规

① 按照由高至低排序,证明标准大体可区分为客观真实标准、排除合理怀疑标准、高度盖然性标准、优势证据标准,刑事诉讼的证明标准通常比民事诉讼更高。参见纪格非:《我国刑事判决在民事诉讼中预决力规则的反思与重构》,载《法学杂志》2017 年第 3 期。

② 所谓宽恕制度,即指经营者主动向反垄断执法机构"自首",以换取执法机构减轻或免除处罚。《反垄断法》第 46 条第 2 款规定:"经营者主动向反垄断执法机构报告达成垄断协议的有关情况并提供重要证据的,反垄断执法机构可以酌情减轻或者免除对该经营者的处罚。"

定。为了对反垄断民事案件进行更加公正的审理,法官可以在必要时充分运用专家证据,在未来的证据规则完善中有必要对专家证人制度予以进一步规范,这具体包括两个方面:首先,相比普通的证人,专家证人必须具备相应的资质,且其在民事诉讼中应当属于相对独立的证据类型;其次,专家证词应当契合案件事实并具备充分的可靠性,未来的立法有必要明确判定可靠性的评估标准。

(二)合理分配证明责任,必要时设定举证责任倒置

根据2020年最高人民法院《关于修改〈民事案件案由规定〉的决定》(法〔2020〕346号),反垄断民事诉讼案件被区分为垄断协议纠纷、滥用市场支配地位纠纷、经营者集中纠纷,此类案件被统一归入知识产权与竞争纠纷的总括式分类范畴内。就此类诉讼所遵循的证据规则而言,在多数场合下与普通民事案件并无本质区别,但在部分场合下需要考虑其特殊性。总体来说,反垄断诉讼中的证明责任分配主要包括垄断行为、损害赔偿、因果关系3个层次。① 故而制度设计过程中需要进一步加重被告方的证明责任以凸显实质公平。具言之,当原告初步证明被告具备相关产品市场的支配地位时,推定被告实施相应的垄断行为,以证明责任倒置的方式要求其反证自身没有滥用市场支配地位,包括其就被诉行为享有相应的豁免或对竞争具有促进效果等。

(三)有序统一证明标准,对行为与效果加以区分

鉴于两类垄断行为所产生的影响有别,原告在两类反垄断民事诉讼中所需达到的证明标准也不同:首先,在适用本身违法原则的情况下,原告只要证明相关垄断行为存在的可能性大于不存在的可能性,即相关证据足以使法官相信垄断行为极有可能存在即可,这被称为高度盖然性占优标准;其次,在适用合理分析原则的情况下,原告仅证明垄断行为发生还不足以认定诉讼请求成立,还须另外证明该垄断行为产生了排除或限制竞争的效果,对于竞争效果的证明,只要达到初步证明标准即可。这意味着,被告仍然可以对原告的主张予以反驳。除对垄断行为、竞争效果进行证明外,原告还需要对自身遭受的损害、损失与垄断行为之间的因果关系、竞争影响性等加以证明,则适用优势证明标准。②

---

① 参见赵栋:《反垄断民事证据制度研究》,中国政法大学出版社2014年版,第163页。

② 所谓优势证明标准,也称“盖然性标准”,如果将有关证据是否足以证明待证事实进行归类,将裁判者信赖待证事实存在的可能性程度设定为0~1的范围,则可能性为0.5~0.7的标准即属于优势证明标准,可能性为0.8~0.9可视为高度盖然性标准。德国证据法专家罗森贝克曾通过一个分为0~100%的假想的刻度盘来说明证明的强度,当证明强度超过75%,法官就可以确认事实。参见蔡伟:《盖然性证明标准的适用应以穷尽举证责任为前提》,载《人民法院报》2015年8月6日,第7版。

(四)及时完善取证方式,明确行政证据的预决力

就审理反垄断民事纠纷的法官能否直接采信反垄断执法机构所作调查结论,从而免除当事人证明责任的问题,存在两类观点。观点一主张,鉴于反垄断执法机构已就垄断企业的不法行为在先作出认定,且当事人有权针对此类裁定提起行政复议或行政诉讼,故而根据权利用尽原则,出于节约司法资源、维护反垄断执法权威的考虑,法院应当在民事诉讼中承认行政机关所作决定的效力,无须再要求原告就已被确证的事实另行举证。① 观点二主张,行政救济与司法审判相互独立、互不隶属,二者所保护的法益和追求的目标不同,前者系反垄断法的公共实施,后者则侧重私权保障。鉴于行政决定是由反垄断执法机构作出的,其并不能当然地对法院具有约束力,故当事人仍需履行证明责任。相比之下,前者突出反垄断执法的高效性和统一性,后者则侧重司法审判程序的独立性和事实查明的精确性。两种观点的交锋,背后折射出对《反垄断法》实施的政策考量。一方面,如果不允许法院调取相关"证据",在特定案件中可能导致原本就"举证难"的原告处境雪上加霜。另一方面,宽恕制度和申请中止制度的设置本身就是为了鼓励违法行为人及早主动停止违法行为、减少不良影响,同时可提高执法效率、节约行政资源。如果法院可"轻易"地调取反垄断执法机构在中止或宽恕程序中获得的当事人的违法"证据",则可能会在实践中影响当事人在反垄断调查中适用中止或宽恕制度的积极性,从而影响反垄断执法的效果。但从实务角度考虑,不容否认的是,反垄断执法决定在反垄断民事诉讼中举足轻重。作为行政执法机构制作的公文书证,其对垄断企业不法行为的事实认定和对行为不法性的法律分析具有公信力,故而在未来的立法或司法解释中,有必要明确行政裁定在反垄断民事诉讼中可作为初步证据使用,除非被告提出相反证据证明其未从事相关违法行为,原则上可据此推定有关行为的不法性。

(五)适度引入证据开示,丰富证据收集手段

为缓和因证据偏在所引起的诉讼程序失衡,《民事诉讼法司法解释》与《证据规定》构建了"书证提出命令"这一制度,当书证在对方当事人控制下时,负有证明责任的一方可在举证期限内以书面方式向法院提出申请,如法院经审查确有必要,则将向对方当事人或第三人发出命令,要求其提供相应的书证。与前述英美法系扩张型的证据开示制度不同,该制度主要借鉴和吸收的是大陆法系国家的文书提出命令制度,同时结合我国自身的民事诉讼制度和民事审判实践加以改造,旨在扩展当事人调查收集证据的手段,排除其在证据调查与获取阶段可能遇到的障碍,从而提升当事人的取证能力。

---

① 参见黄尧:《浅析反垄断民事诉讼中执法机关与司法机关的协调》,载《理论界》2012年第2期。

但是,现行规范在适用于反垄断诉讼时,仍然存在若干不足:首先,《证据规定》第 48 条明确了在当事人拒绝遵守"书证提出命令"时,法院可以认定对方当事人所主张的书证内容为真实。然而,对申请人来说,其首先负有初步证明责任,即其必须向法院证实所申请的书证存在,并且由被申请人所持有和控制。如果书证不存在,或者虽然存在但并不在对方控制之下,则此类命令的发布并无意义,反而会使对方承受不公平的程序性制裁。① 遗憾的是,现行规范没有明确申请人应如何履行其初步证明义务,以及其关于对方控制相关书证的主张应达到何种证明标准。其次,《证据规定》第 47 条在明确"书证提出命令"所适用的客体范围的基础上,还对涉密证据提供了特殊保护,即此类证据提交后不得公开质证。而《证据规定》第 47 条提供的保护力度较弱,其侧重保护申请人举证义务的实现,但忽视了反垄断诉讼中被告对于涉密证据所享有的特殊利益。② 从长远来看,如果对"书证提出命令"制度的适用范围缺少有效的约束和限定,很可能在反垄断诉讼中难以发挥预期效果。故而,必须对书证提出命令的申请、审查、效力、实施设定详尽的规范,以法院为中心创设反垄断民事诉讼的证据开示制度,对启动程序、适用条件、开示对象、违反后果予以明晰,从而强化规则的可操作性。③

六、结　语

在当今世界居于百年未有之大变局的背景下,法律制度正深刻影响商业社会的交易活动,国际营商环境正在被重新定义和塑造。证据规则的创新与完善,直接关系反垄断民事诉讼的合理展开,进而影响对市场竞争公平与否的衡量与评估。在以往的反垄断民事诉讼实践中,各方当事人常常存在信息不对称的问题,而证据立法提供的规则供给不足,这导致在证据调查和收集方面,私人主体既有事实上的客观取证障碍,又面临法律制度上的多重约束,很难与垄断企业相抗衡,以致受损者的贸易利益难以得到有效救济。④ 从信息经济学的角度看,反垄断证据的本质是信息,原告或者执法机构取证难、举证难,正是因为双方之间的证据信息不对称。⑤ 在反垄断案件的审理中,与其说诉讼的最终目标是获得裁判结果,毋宁说整个诉讼程序是一个围绕为探明案情真

---

① 参见占善刚:《论民事诉讼中当事人之文书提出义务》,载《求索》2008 年第 3 期。

② 参见张卫平:《当事人文书提出义务的制度构建》,载《法学家》2017 年第 3 期。

③ 参见时建中、袁晓磊:《我国反垄断民事诉讼证据开示制度的构建:理据与路径》,载《法学杂志》2021 年第 1 期。

④ 参见万宗瓒:《论反垄断民事诉讼中证据规则的改进》,载《河北法学》2012 年第 10 期。

⑤ 参见殷继国:《反垄断证据信息不对称的法律规制》,载漆多俊主编:《经济法论丛》2015 年上卷(总第 28 卷),法律出版社 2016 年版,第 73 ~ 88 页。

相而搜集、发现、获取证据的过程。故而,通过立法手段对信息优势方设定强制披露和证据开示义务,从执法层面提升反垄断执法机构的信息收集能力,在司法层面实施举证责任倒置或转移、采用优势证据规则,多措并举地缓和因证据不对称所引发的取证难问题,将成为未来完善中国反垄断民事诉讼证据规则的主要方向。

(责任编辑:莫晓尧)

比例原则在互联网新型不正当竞争行为认定中的适用误区及其矫正*

张　洁**

摘　要：比例原则契合反不正当竞争法利益平衡的制度机理，应成为适用《反不正当竞争法》一般条款认定互联网新型不正当竞争行为的方法。但当下，围绕比例原则的个案适用存在一些争议。其原因在于，运用比例原则时存在一些误区，如采纳适当性审查引致冲突，未对必要性审查作针对性调适，均衡性审查中后果论证不足。对此，应避免单纯移植行政法中的相关理论，重塑比例原则在互联网新型不正当竞争行为认定中的适用方法。其一，明确适当性审查仅具有参考意义，按照二阶比例原则认定互联网新型不正当竞争行为，对行为依次作必要性审查与均衡性审查。其二，依据反不正当竞争法基本理念，明晰必要性审查与均衡性审查的具体要求。

关键词：互联网新型不正当竞争行为；比例原则；适当性；必要性；均衡性

一、问题的提出

进入互联网时代，如何认定互联网新型不正当竞争行为成为我国反不正当竞争法适用面临的关键性难题。为解决这一难题，在吸收、借鉴司法审判与行业治理经验的基础上，我国于2017年修订《反不正当竞争法》时专门增设了“互联网专条”，即该法第

---

* 收稿日期：2021年5月30日。本文是国家社科基金重大项目“互联网经济的法治保障研究”（编号：18ZDA150）、云南省哲学社会科学规划项目“云南省突发传染病疫情信息化防控中的法律难点问题研究”（编号：QN202020）、贵州省2020年度哲学社会科学规划课题“贵州大数据支撑公共卫生智慧应急管理的法律问题研究”（编号：20GZQN05）、2020年重庆市教委科学技术研究计划项目“数据不正当竞争行为法律规制的实证研究”（编号：KJQN202000302）的研究成果。

** 西南政法大学经济法学院博士研究生。

12条。但是,互联网专条一出台即遭遇不少质疑,[①]对其“种类缺乏周延”[②]的批判更凸显互联网专条的局限性。因此,必须承认存在无法适用互联网专条认定互联网新型不正当竞争行为的可能性。根据穷尽规则原则,2017年《反不正当竞争法》一般条款(该法第2条)仍是认定互联网新型不正当竞争行为的重要依据。我国司法实践也证明了这一点。[③]

作为“须填补的标准”,[④]一般条款只有具体化为特定的次级原则、对抽象的价值词进行阐释和重构才能在个案中适用,[⑤]故明确2017年《反不正当竞争法》一般条款的具体适用方法成为认定互联网新型不正当竞争行为的重要步骤。对此,我国司法机构与竞争法学界进行了诸多探索。在历经“公认的商业道德”“非公益必要不干扰原则”“一般侵权模式”“强调消费者利益在行为认定中的作用”等方法以后,[⑥]比例原则因“契合反不正当竞争法(利益平衡)的制度机理,与反不正当竞争法通过公权力的介入弥补市场局限和为市场发挥作用创造条件的制度逻辑相适应”[⑦]而成为当下诸多学者推崇的认定方法。我国司法实践虽暂未广泛适用比例原则,但部分案件事实上直接或间接运用了比例原则。仔细审视比例原则在互联网新型不正当竞争行为认定中的适用情况,却发现同样是适用比例原则分析某一竞争行为,针对不同主体却得出了不同的认定结论。典型如针对视频广告屏蔽行为,我国司法裁判中出现了“同案不同判”的现象,学者观点各异,且竞争法学界与司法机构的认定结论呈对立之势。这反映出适用比例原则认定互联网新型不正当竞争行为尚未形成成熟路径。

本文拟以“视频广告屏蔽案”为例,运用对比分析的方法,从比例原则在视频广告屏蔽案中的适用乱象出发,梳理其中存在的争议点,剖析适用比例原则认定互联网新型不正当竞争行为时存在的误区,在此基础上,重塑比例原则在互联网新型不正当竞争行为认定中的适用方法,以更好地发挥比例原则在反不正当竞争法中的规范功能,

---

① 参见孔祥俊:《论新修订〈反不正当竞争法〉的时代精神》,载《东方法学》2018年第1期。

② 陈兵、徐文:《优化〈反不正当竞争法〉一般条款与互联网专条的司法适用》,载《天津法学》2019年第3期。

③ 参见刁云芸:《商事领域中反不正当竞争法互联网专条的适用困境及出路》,载《法学杂志》2021年第1期。

④ [德]卡尔·拉伦茨:《法学方法论》,陈爱娥译,商务印书馆2003年版,第348~353页。

⑤ 参见谢晓尧:《一般条款的裁判思维与方法——以广告过滤行为的正当性判断为例》,载《知识产权》2018年第4期。

⑥ 叶明、张洁:《反不正当竞争法视角下互联网平台屏蔽行为的违法性认定研究》,载《中国应用法学》2020年第4期。

⑦ 张占江:《论反不正当竞争法的谦抑性》,载《法学》2019年第3期。

提高适用比例原则的正确性与认可度。

二、现状考察：比例原则在互联网新型不正当竞争行为认定中的适用争议

(一)比例原则的适用情况

视频广告屏蔽行为是近年来我国经常发生的一类市场竞争行为。自2014年“优酷诉猎豹不正当竞争纠纷案”开始,其后发生了几十起类似案件。到目前为止,视频广告屏蔽行为基本上均被法院认定构成不正当竞争行为。但耐人寻味的是,在“湖南快乐阳光公司与唯思案”(以下简称“唯思案”)与“腾讯诉世界之窗案”(以下简称“腾讯案”)的一审判决中,一审法院曾一改此前多数法院持有的否定态度,认定这两个案件中的视频广告屏蔽行为不构成不正当竞争行为(尽管二审法院最终予以改判)。

仔细审视“唯思案”①与“腾讯案”②的一审、二审判决书可以发现,不同于其他类案中法院多沿袭“一般侵权模式”认定视频广告屏蔽行为正当与否,在这两个案件中,除“唯思案”的一审法院主要依据商业道德标准认定视频广告屏蔽行为的正当性外,其他法院主要依循利益衡量的理念认定视频广告屏蔽行为正当与否,在具体认定时要么明确提及比例原则,要么事实上反映了比例原则的基本思想。

相较采用“一般侵权模式”认定行为正当与否,我国法院在“唯思案”与“腾讯案”中采用的认定方法已经更契合反不正当竞争法的竞争法品格,因此受到学界赞扬。③但不容忽视的是,即便同样运用比例原则,不同法院却就基本相同的视频广告屏蔽行为作出不同认定结论,即“腾讯案”的一审法院认定视频广告屏蔽行为不构成不正当竞争,而“腾讯案”与“唯思案”的二审法院持相反观点。与此同时,与司法实践中的最终认定结论不同,适用比例原则分析视频广告屏蔽行为的学者多主张视频广告屏蔽行为不构成不正当竞争,对当下的司法裁判结果持否定态度。由此观之,即便同样适用比例原则分析视频广告屏蔽行为,但不同法院、不同学者、学界与司法机构之间却看法各异。这反映出适用比例原则认定互联网新型不正当竞争行为时存在一些问题。

(二)比例原则适用中的争议焦点

关于比例原则位阶秩序的构成,行政法上存在两阶论、三阶论和四阶论的争论。④

---

① 参见广东省广州市黄埔区人民法院民事判决书,(2017)粤0112民初737号;广东省广州市知识产权法院民事判决书,(2018)粤73民终1022号。

② 参见北京市朝阳区人民法院民事判决书,(2017)京0105民初70786号;北京市知识产权法院民事判决书,(2018)京73民终558号。

③ 参见张占江:《反不正当竞争法属性的新定位　一个结构性的视角》,载《中外法学》2020年第1期。

④ 参见蒋红珍:《比例原则位阶秩序的司法适用》,载《法学研究》2020年第4期。

在三阶论中,也存在是否内含目的正当性原则的争议。[①] 目前,行政法学界通说采用含目的正当性原则的三阶比例原则。竞争法学界也基本采纳这一学说,主张适用比例原则认定互联网新型不正当竞争行为时,依循比例原则的3个子原则——适当性原则、必要性原则与均衡性原则对涉案行为进行逐步分析。其中,适当性原则关注手段与目的的联系,要求相关行为有助于达成正当目的(包括部分有助于达成正当目的);必要性原则,又称"最小损害原则",[②]要求在能够同等实现该目的的诸多方式中,选择对其他利益损害最小的一种方式;均衡性原则要求权衡追求目的所要达到的收益与为实现这一目的而对相冲突利益造成的损害之间是否符合比例。在造成的损害与实现的收益相比并不明显失衡时,则认为相关行为符合均衡性原则。[③] 如果相关行为不能同时满足这3个要件,则相关行为具有不正当性,属于不正当竞争行为。此处以"视频广告屏蔽案"为例,观照三阶比例原则的审查内容,梳理三阶比例原则适用过程中存在的主要争议焦点。

1.适当性审查中对于主观状态的分析

作为三阶比例原则的首个子原则,适当性原则要求审查涉案行为是否有助于达成正当目的,判断内容包括涉案行为是否具有正当目的与涉案行为是否能够实现该正当目的。目前,适当性审查中的争议集中于对行为人主观状态的分析,具体表现为:一是行为人的主观状态是否影响行为认定;二是采取何种方式判断行为人的主观状态。

对于前一问题,虽然目前多数法院与学者在分析行为正当性时,考虑了行为人的主观因素,但是也有法院对此予以否认。如"腾讯案"的二审法院指出,"某类行为并未针对特定对象进行针对性设置,并不意味着其必然属于合法行为,反之亦然","用户需求这一因素并不影响经营行为的正当性认定"。据此,该法院并不认可行为人的主观意图会影响对行为的认定。

对于后一问题,学理与司法实践中形成了以"视频广告屏蔽功能的用途"认定与以"视频广告屏蔽功能的设置方式"认定的不同做法。在学理上,学者多以有助于提升用户的观看体验认定视频浏览器运营商具有正当目的,对视频广告屏蔽功能的设置方式未作考虑。[④] 在司法实践中,法院则主要以视频广告屏蔽功能的设置方式认定浏览器

---

① 参见杨登峰:《从合理原则走向统一的比例原则》,载《中国法学》2016年第3期。

② 参见姜明安主编:《行政法与行政诉讼法》(第6版),北京大学出版社、高等教育出版社2015年版,第74页。

③ 参见张占江:《论反不正当竞争法的谦抑性》,载《法学》2019年第3期。

④ 参见兰磊:《比例原则视角下的〈反不正当竞争法〉一般条款解释——以视频网站上广告拦截和快进是否构成不正当竞争为例》,载《东方法学》2015年第3期。

运营商的主观恶意,考量因素包括是否进行宣传、是否包含针对性和指向性、是否由用户选择开启等。如在“腾讯案”中,一审法院认定,浏览器运营商不存在主观过错的原因主要在于浏览器页面没有任何过滤广告的显示与提示、视频广告屏蔽功能的设置不具有针对性、视频广告屏蔽功能默认“仅拦截弹出窗口”、需要用户主动选择方能实现广告过滤功能。

2. 必要性审查中对于最小损害手段的判断

必要性审查意在考察行为人实施涉案行为时,是否在能够同等实现其目的的诸多方式中,选取对其他经营者利益损害最小的方式。其判断要点有二:一是判断不同方式对于目的的实现度,即有效性判断;二是判断不同方式造成的损害大小。

目前,司法实践并未严格按照位阶秩序原理,像竞争法学界一样,依循“适当性审查—必要性审查—均衡性审查”的步骤依次分析视频广告屏蔽行为正当与否,故司法实践并未围绕必要性审查产生争议。但竞争法学界进行必要性审查时,针对“何为最小损害手段”产生了分歧。例如,在“优酷诉猎豹不正当竞争纠纷案”中,就“浏览器内置广告手动快进功能较之于浏览器内置默认关闭屏蔽广告功能是否属于权益损害更小的替代手段”这一问题,不同学者持不同看法。一方主张,同内置默认关闭屏蔽广告功能的方式相比,浏览器内置广告手动快进功能的做法明显更复杂,除非难以忍受,消费者通常不会选择使用该功能,因此其属于能够同等实现正当目的的更小损害手段。[①]另一方则主张,浏览器内置广告手动快进功能的做法虽然对视频网站的损害更小,但却“只能解决视频节目广告体验不佳的问题,不能解决网页广告体验不佳的问题”。换言之,浏览器内置广告手动快进功能的做法虽然损害更小,但对于目标的实现度也更低,因此与浏览器内置默认关闭屏蔽广告功能的做法具有大致相当的必要性。[②]

3. 均衡性审查中对于行为效果的认定

均衡性审查意在判断涉案行为所要达到的收益与所造成的损害之间是否符合比例。其核心内容在于,准确判断涉案行为的行为效果,即涉案行为对各相关主体利益造成的损益结果。但在“视频广告屏蔽案”中,关于这一问题的争议颇大。

一方主张,视频广告屏蔽行为会对视频网站运营商造成根本性损害,进而损害消费者的长期利益。如在司法实践中,“腾讯案”与“唯思案”的二审法院皆以视频广告屏蔽行为会同时损害视频网站运营商的“免费加广告模式”与“会员加无广告”模式(或

---

① 参见史欣媛:《利益衡量方法在屏蔽视频广告行为正当性判定中的适用》,载《中南大学学报(社会科学版)》2017年第1期。

② 参见兰磊:《比例原则视角下的〈反不正当竞争法〉一般条款解释——以视频网站上广告拦截和快进是否构成不正当竞争为例》,载《东方法学》2015年第3期。

称“收费模式”)为由,认为视频广告屏蔽行为可能会导致视频网站丧失生存空间、难以为继,进而对消费者的长远利益产生负面、消极影响。亦有学者赞同视频广告屏蔽行为会破坏视频网站商业模式的完整性,对视频业的发展造成一定冲击。① 在这一基础上,消费者的长期利益会因为无法免费观看视频而受损。与消费者短期内的观看体验提升相比,视频广告屏蔽行为造成的损害明显更广泛而严重。②

另一方则主张,视频广告屏蔽行为并不会对视频网站运营商造成根本性损害,也符合消费者利益。如“腾讯案”的一审法院指出,“免费+广告”并非互联网视频网站唯一或主要的生存模式,视频广告过滤行为只影响视频网站的部分利益,还达不到特定的、影响其生存的程度。同时,视频广告屏蔽行为满足了用户的知情权与选择权,符合消费者利益。很多学者也基于存在多种商业模式、视频网站运营商可以采取多种方式应对、受众并不广泛等理由,主张视频广告屏蔽行为并不会对视频网站运营商造成根本性的损害,反而有助于激发市场竞争,进而促进消费者长期福祉的提升。③

三、比例原则在互联网新型不正当竞争行为认定中的适用误区

(一)采纳适当性审查引致冲突

如前所述,目前竞争法学界多主张采用含目的正当性原则的三阶比例原则认定互联网新型不正当竞争行为。据此,以比例原则认定互联网新型不正当竞争行为,首先需对涉案行为进行适当性审查。然这种做法忽视了采纳适当性原则引发的逻辑冲突,可能导致认定结论有悖于反不正当竞争法基本理念。

在三阶比例原则下,依照位阶秩序原理,若涉案行为未通过适当性审查,可直接认定涉案行为具有不正当性。从理性人角度来看,行为人主动实施行为必然以行为有助于达成目的为前提,故适当性审查的核心内容在于判断行为人是否具有正当目的。因此,前述推论可转化为:如认定行为人不具有正当目的,即可认定涉案行为具有不正当性。然此种“不具有正当目的即可判定行为违法”的逻辑虽然在行政法中成立,却有违反不正当竞争法的基本理念。

比例原则最初源自行政法,目的在于限制公权力对私权利的不当限制。出于公权力与私权利的天然不对等地位,“公权力行为的目的不正当,即使对公民权利实行最轻

---

① 参见周樨平:《竞争法视野中互联网不当干扰行为的判断标准——兼评“非公益必要不干扰原则”》,载《法学》2015 年第 5 期。

② 参见史欣媛:《利益衡量方法在屏蔽视频广告行为正当性判定中的适用》,载《中南大学学报(社会科学版)》2017 年第 1 期。

③ 参见兰楠:《广告过滤行为的正当性评价》,载《华东政法大学学报》2019 年第 2 期。

微的限制也不被允许,只有公权力行为目的正当,才可能允许限制公民权利”。[①] 然而互联网新型不正当竞争行为本质属于私权利之间的侵害行为,不同于公权力对私权利的侵害行为。即便行为人的目的不正当,也不当然意味其行为违法。作为行为规制法,反不正当竞争法关注竞争行为本身的不正当性,侧重根据行为特征及行为对市场竞争秩序的危害性判断、确认行为属性。[②] 即便对主观目的的考量有助于丰富不正当竞争行为的认定因素[③],有助于更好、更全面地认识相关行为,[④]但该因素终究只可作为参考、辅助因素,并不能成为唯一的决定因素。因此,采纳适当性审查作为认定互联网新型不正当竞争行为的首要步骤,事实上违背反不正当竞争法的基本理念,可能得出“因行为人不具有正当目的故构成不正当竞争行为”的不合理结论。

从实用主义角度看,即便认可适当性审查在认定互联网新型不正当竞争行为中的作用,在实践中也可能流于形式。一般认为,对行为人主观意图的判断依赖对客观行为的分析,需要从种种客观表现中推断行为人是否具有正当目的。虽然不排除在某些情况下可以轻易认定行为人的主观意图,[⑤]但在多数情况下依据客观表现认定行为人具有不正当目的的难度很大。如前所述,在实践中多以行为是否增进消费者获利、是否具有针对性作为判断依据。然而,仔细分析可知,二者均不能有效辨别行为人是否具有不正当目的。

其一,消费者利益与公共利益虽然可以作为正当目的,但未增进消费者利益与公共利益也不代表行为人具有不正当目的。仅以有助于消费者利益作为竞争行为的正当目的,忽视了经营者之间的对抗竞争,忽视了经营者的逐利本质,无形中将经营者进行竞争、为自己谋利的正当目的不正当化了,既不符合市场竞争的本质,也不利于塑造、培育正确的竞争文化。同时,市场竞争以抢夺消费者为目标的特点,决定了竞争行为往往有助于消费者利益,否则消费者本身就会使经营者难以在市场中立足。据此,多数经营者皆可以促进消费者利益为由论证自身行为具有正当目的,这导致适当性审查失去了意义。

其二,竞争行为具有针对性亦不代表行为人具有不正当目的。市场竞争具有强烈

---

① 刘权:《目的正当性与比例原则的重构》,载《中国法学》2014 年第 4 期。

② 参见孔祥俊:《论反不正当竞争法修订的若干问题——评〈中华人民共和国反不正当竞争法(修订草案)〉》,载《东方法学》2017 年第 3 期。

③ 参见黄武双、谭宇航:《不正当竞争判断标准研究》,载《知识产权》2020 年第 10 期。

④ 参见丁茂中:《〈反不正当竞争法〉对商业贿赂规定修订的得失》,载《中国市场监管研究》2018 年第 1 期。

⑤ 参见王文敏:《反不正当竞争法中的禁止盗用规则及其适用》,载《现代法学》2021 年第 1 期。

的对抗性。[①] 市场经营者之间的竞争往往是抢他人生意、为自己谋利，本就属于一种“损人利己”的行为。在互联网领域，对消费者注意力的共同追求更决定了平行竞争会越来越少，嵌入式竞争、超越式竞争会越来越频繁。经营者之间的竞争因此多呈现针锋相对的局面。但也是在这种激烈竞争中，竞争本身的积极效用得以发挥。因此，竞争行为的针对性本就属于市场竞争的常态，既具有合理性，也具有积极性。在此情形下，行为人针对特定竞争对手实施竞争行为的事实，仅代表行为人具有抢夺特定竞争对手利益的故意，却不能表明行为人具有不正当地谋取竞争优势的故意，不具有反不正当竞争法意义上的可非难性。

（二）未对必要性审查作针对性调适

适用比例原则认定互联网新型不正当竞争行为的第二个误区在于，未立足于反不正当竞争法，未对必要性审查的具体要求作针对性调适。

如前所述，就“浏览器内置广告手动快进功能较之于浏览器内置默认关闭屏蔽广告功能是否属于权益损害更小的替代手段”这一问题，不同学者持不同看法。导致不同看法的原因，表面上在于双方对于前述两种方式的有效性观点不一。支持者认为，“浏览器内置广告手动快进功能”与“浏览器内置默认关闭屏蔽广告功能”均能同等实现行为目的，具有相同有效性；反对者则认为，“浏览器内置广告手动快进功能”与“浏览器内置默认关闭屏蔽广告功能”对于行为目的的实现度并不相同，具有异同有效性，且前者小于后者。此处暂且不论双方均以“有助于消费者利益”作为正当目的是否恰当，仔细审视可知，导致结论分歧的根本原因在于，双方对于“最小损害手段”的理解不同，进而导致双方对于相同有效性的要求不同。支持“浏览器内置广告手动快进功能”与“浏览器内置默认关闭屏蔽广告功能”两种方式具有相同有效性的观点，实则反映了在能够达致行为目的时，对绝对最小损害手段的追求，对相同有效性作宽泛解释；反对者的观点则内含对相对最小损害手段的追求，对相同有效性作严格要求。导致不同理解的原因乃是对互联网新型不正当竞争行为进行必要性审查时，未契合反不正当竞争法的基本性质，未对必要性审查的具体要求进行调适。

具言之，在行政法上，出于兼顾保护公民权利与促进公共利益之需，必要性原则实为相对最小损害原则，追求相对最小损害手段。因此，行政法上进行必要性审查时，需要在相同有效性下对各种异同有效性的手段进行损害比较，通过比较不同手段的有效性程度与损害程度，选择相对损害最小的手段。[②] 且此处的相同有效性采“绝对相同有

① 参见孔祥俊：《论反不正当竞争的基本范式》，载《法学家》2018 年第 1 期。

② 参见刘权：《论必要性原则的客观化》，载《中国法学》2016 年第 5 期。

效性”之义。[①] 但适用比例原则认定互联网新型不正当竞争行为时，却不能当然接受此种要求。原因在于，行政法以“绝对相同有效性”为前提判断最小损害手段的内在逻辑是，允许为了公共利益在一定程度上限制私人利益，体现出公益优先之思想。但在市场竞争中，一方面，市场竞争关涉的双方经营者处于平等地位，双方利益具有同质性，不存在一方利益优于另一方利益的情况；另一方面，消费者利益也不必然高于经营者利益。

从立法史来看，反不正当竞争法制定之初系为保护直接参与市场竞争的经营者利益。后伴随全球消费者运动的崛起、消费者意识的觉醒，加之注意力经济的发展促使作为“产消者”的消费者地位提升，反不正当竞争法越发关注消费者利益。但这并不意味着反不正当竞争法对经营者利益的关注应当“劣后”。作为竞争法的重要组成部分，反不正当竞争法调整的始终是市场经营者之间的竞争行为，通过制止不正当竞争行为实现经营者利益的均衡始终，是反不正当竞争法的重要立法目标。无论反不正当竞争法关注的利益群体如何改变，都不应迷失最初的立法目标。

从法律分工来看，不同法律的功能定位不同，所欲保护与所能保护的特定法益不同。这决定了反不正当竞争法虽然需要关照消费者利益，却不应忽略经营者利益。具言之，虽然同样具有消费者保护功能，但消费者权益保护法与反不正当竞争法的功能定位并不相同。作为权利保护法，消费者权益保护法系通过赋权方式保护消费者个体利益，“消费者利益”系该法的唯一目标。故在消费者权益保护法中，多对经营者施加义务负担，并不赋予经营者更多的权利。但作为市场规制法，反不正当竞争法意在通过规制不正当竞争行为，维护市场竞争秩序。在此过程中，实现对经营者利益、消费者利益与公共利益的保护。维护市场竞争秩序的功能定位，决定了不应对经营者利益与消费者利益厚此薄彼。

鉴于此，对互联网新型不正当竞争行为进行必要性审查时，不宜采用行政法上的相对最小损害原则，追求“绝对相同有效性”。未明确这一问题，在不同的理解下对互联网新型不正当竞争行为进行必要性审查，自然导致结论分歧。

(三)均衡性审查中后果论证不足

适用比例原则认定互联网新型不正当竞争行为的第三个误区在于，进行均衡性审查时未能进行充分的后果论证，导致对于行为效果的判断存在不同见解，并直接导致对于涉案行为正当与否的最终认定结论不同。

具言之，在依照均衡性原则考察视频广告屏蔽行为的行为效果时，无论是司法机

---

① 参见蒋红珍:《论必要性原则适用的困境及其出路》,载《现代法学》2006年第6期。

构还是学者，事实上都运用了后果考量裁判思维，表现出对于司法裁判后果考量（或后果取向）的明显关注，更确切地说，是对于社会后果的明显关注。[①] 这体现为法官或论者在分析视频广告屏蔽行为的行为效果时，通常考虑了法律裁判的可能影响后果，即认可视频广告屏蔽行为将导致的可能后果。如“腾讯案”的二审法院明确指出：“在考虑广告过滤功能对视频网站或上诉人利益的影响时，不能仅考虑本案的现实情况，而应考虑该功能被认定具有正当性后可能产生的后续影响。”[②]学者在分析视频广告屏蔽行为的行为效果时，也是在“如果视频广告屏蔽行为长期存在”的前提下，判断市场的可能变化，进而得出相关损益结果，而非完全立足于个案的现实情况考量视频广告屏蔽行为在个案中导致的损益后果。这种“逆推式”“倒果为因”的裁判思维在我国司法实践中并不少见，亦具有正当性。反不正当竞争法本身对于利益平衡的追求更与此种后果考量裁判思维具有天然的契合性。市场竞争的动态性亦要求考虑法院裁判介入的影响。然而，引致不同分析结论的原因也内生于此种后果考量裁判思维的运用过程中。其中，根本原因在于社会后果的预测难度之大。社会后果的可预测性一直以来即存有争议。[③] 市场竞争本身的复杂性与动态性更加剧了预测不正当竞争行为认定所致社会后果的难度。某一裁判结论会否真正导致某一结果，答案并不确定。由此导致人们往往基于截然不同的社会后果作出截然不同的认定结论，且彼此之间难以说服。然而必须承认，社会后果的可预测性难题是后果考量裁判思维与生俱来的不足，是适用后果考量裁判思维需要极力关照、解决的问题。在认可后果考量裁判思维运用之正当性的基础上，需承认导致视频广告屏蔽行为效果认定争议的直接原因实则在于，运用后果考量裁判思维时并未进行充分的后果论证。如前文所述，在判断视频广告屏蔽行为的行为效果时，不同法院或学者得出了不同的认定结论。这种争议部分源自一些认定主体在认定行为效果时错误地秉持静态竞争观；[④]部分则是由于司法实践与学理上在运用后果考量裁判思维时，对“假设认定视频广告屏蔽行为合法，相关市场将产生何种可能变化”这一问题作出了不同推测，并基于此对损益后果作出了不同判断。问题在于双方均立足于个别相关因素进行论证，典型如仅考虑国情差异或仅考虑类案判例等，虽然同样依循“认可视频广告行为—市场可能如何变化—可能导致何种结果”的论证逻辑，但多限于在己方视野下观察某些因素对于市场变化的影响，未就其他影响因

① 参见雷磊：《反思司法裁判中的后果考量》，载《法学家》2019 年第 4 期。

② 北京市知识产权法院民事判决书，(2018)京 73 民终 558 号。

③ 参见陈金钊：《法律人思维中的规范隐退》，载《中国法学》2012 年第 1 期。

④ 参见陈耿华：《我国竞争法竞争观的理论反思与制度调适——以屏蔽视频广告案为例》，载《现代法学》2020 年第 6 期。

素的作用进行分析、辨别。由此,争论陷入僵局在所难免,质疑也扑面而来:“前述预期风险真的存在吗? 前述风险是‘确定的认以为真’还是‘不确定的认以为真’?”[①]

四、方法重塑:比例原则在互联网新型不正当竞争行为认定中的适用展开

如前所述,按照含目的正当性原则的三阶比例原则认定互联网新型不正当竞争行为,可能得出“行为人具有不正当目的故涉案行为构成不正当竞争”的不当结论。因此,重塑比例原则在互联网新型不正当竞争行为认定中的适用方法,首先需明确适当性审查仅具有参考意义,按照二阶比例原则认定互联网新型不正当竞争行为,对行为依次作必要性审查与均衡性审查。与此同时,还需依据反不正当竞争法基本理念,明晰必要性审查与均衡性审查的具体要求。

(一)必要性审查的展开

按照二阶比例原则认定互联网新型不正当竞争行为,首先需要依照必要性原则考察行为人实施竞争行为时,是否能够在同等实现其目的的诸多方式中,选取对其他经营者利益损害最小的方式。其判断要点有二:一是有效性判断;二是损害判断。如前所述,对于“最小损害手段”的不同理解导致学者对个案中“何为最小损害手段”的判断产生分歧。因此,需要立足于反不正当竞争法的基本理念,就展开必要性审查作针对性调适,明晰必要性审查的具体要求。

首先,在判断不同手段的有效性时,应当以行为人的客观目标为依据,而非行为人的主观目的。如前文所述,在市场竞争中,行为人实施某一竞争行为的目的不局限于消费者利益、公共利益,也包括谋取竞争优势。如果以此类较宽泛的主观目的作为评价标准,很容易导致对手段有效性的判断流于形式。同时,消费者利益、公共利益等本就属于较具主观性的概念,判断不同手段对于消费者利益、公共利益等的实现度则更具主观性,由此导致对手段有效性判断的可操作性不足。依据行为人的客观目标判断不同手段的有效性,既能够更准确地把握个案中行为人的具体意图,也能够确保手段有效性判断的可操作性。

其次,不同于行政法上追求“绝对相同有效性”,在认定互联网新型不正当竞争行为时,应当降低对“相同有效性”的绝对要求,只要求“接近有效性”或者“相当有效性”。如前所述,行政法上的必要性原则乃相对最小损害原则,行政法中的“相同有效性”采“绝对相同有效性”之义。在反不正当竞争法中却不宜追求“绝对相同有效性”。原因在于,市场竞争关涉的经营者利益之间、经营者利益与消费者利益之间不存在一

---

① 黄军:《视频网站商业模式竞争法保护的反思与完善》,载《时代法学》2019 年第 3 期。

方利益优于另一方利益的情况。各方利益在反不正当竞争法视域下应受同等保护。因此,在反不正当竞争法中,不应允许为了更大程度地实现某一方利益而损害另一方利益,即不允许选取相对损害虽然更小但绝对损害更大的方式进行竞争。据此,在判断不同手段是否具有相同有效性时,只要不同手段均能够实现行为人的客观目标,则应当视其具有相同有效性。

最后,在判断不同手段的有效性时,除判断不同手段对于目标的实现度外,还需关注不同手段的可行性,包括技术上的可行性、经济上的可行性等。虽然均能同等实现客观目标,但不具有技术上和经济上可行性的手段,不能称之与其他手段具有相同有效性。

至于不同手段的损害大小,在行政法上,不同行政措施的损害程度可能可以被清楚地界分。比如,一般认为负担性措施的损害程度低于禁止性措施、指导性措施的损害程度低于强制性措施。① 但在反不正当竞争法中,对于经营者利益的损害程度很难通过判断不同手段造成的具体损害直接得出结论。在判断不同手段的损害大小时,通常需要立足个案情形,借助一些参照指标。例如,在前述“视频广告屏蔽案”中,并不需要仔细衡量不同手段造成的具体损害,可借助“消费者负担”这一参照指标进行判断。之所以如此,系因在此类案件中,视频广告屏蔽行为实则会阻碍消费者与视频网站运营商之间达成交易,即消费者观看广告、视频网站运营商提供视频的交易关系。某种手段对消费者造成的负担越重,则消费者越倾向通过花费观看广告的时间获取观看免费视频的机会,对于视频网站运营商造成的损害越小。需要注意的是,在判断不同手段的损害大小时,只需要行为人在实施涉案行为时并不存在明显损害更小的手段即可认定相关手段具有最小损害性,以免对经营者施加过于严苛的行为要求。

按照以上要求,在判断“浏览器内置广告手动快进功能较之于浏览器内置默认关闭屏蔽广告功能是否属于权益损害更小的替代手段”时,首先,应当以这两种手段是否均能达致视频广告屏蔽这一客观目标为判断依据,而非宽泛的消费者利益,也不应将关注点扩张至对于网页广告的屏蔽问题。其次,在这两种手段均具可行性的情况下,应当承认二者对于“视频广告屏蔽”这一客观目标具有相同有效性。最后,在具有相同有效性的前提下,由于浏览器内置广告手动快进功能造成的消费者负担更大,故其对视频网站运营商造成的损害更低。

(二)均衡性审查的展开

如果互联网新型不正当竞争行为符合必要性原则,则需进一步对其展开均衡性审

① 参见郑春燕:《必要性原则内涵之重构》,载《政法论坛》2004年第6期。

查。均衡性审查意在考察某一竞争行为所要达到的收益与所造成的损害之间是否符合比例,核心内容在于准确判断某一竞争行为的损益结果。在判断互联网新型不正当竞争行为的损益结果是否合乎比例时,应当仅在损害明显大于收益时,认定互联网新型不正当竞争行为不符合均衡性原则,反之则否。这取决于市场机制的决定性作用,有助于确保司法活动的谦抑性,避免市场经营者动辄得咎。当下有关互联网新型不正当竞争行为的认定争议集中在行为后果的判断上,而非如何权衡损益结果是否合乎比例,故只要解决"如何准确判断互联网新型不正当竞争行为的损益后果"这一问题,应能顺利完成均衡性审查。

要准确判断互联网新型不正当竞争行为的损益后果,应遵循以下几点要求。

其一,准确定位消费者利益。2017年《反不正当竞争法》已确立三元叠加的法益保护目标,故进行均衡性审查时,需判断涉案行为对经营者利益、消费者利益与市场竞争秩序的损害与助益。其中,经营者利益既包含具体竞争行为关涉的竞争双方之利益,也包含以具体竞争双方为代表的集体性利益。消费者利益则是指全体消费者作为一个集体所享有的整体性利益、长远利益,并不指代局部的、个体的消费者利益。需要注意的是,目前有观点认为,"要倾斜保护消费者利益,将消费者利益置于比经营者利益更高的位置"。这种观点虽契合反不正当竞争法对消费者利益的关注,却难免有矫枉过正之嫌。如前所述,无论是从立法史还是从法律分工来看,在反不正当竞争法中,消费者利益并不必然高于经营者利益,且二者长期处于"取向趋同、共生共存"的状态。①"皮之不存,毛将焉附。"任何忽视一方利益倾斜保护另一方利益的举措终会导致反不正当竞争法的法益保护目标落空。准确判断互联网新型不正当竞争行为的损益后果,应明晰消费者利益的定位,明确公共利益、经营者利益与消费者利益在均衡性审查中大体处于同等地位。②

其二,遵循动态竞争观认定涉案行为的损益结果。"市场本身是复杂和不可预测的。"③要准确判断互联网新型不正当竞争行为的损益后果,必须把握住市场本身变动不居的根本规律,以动态竞争观作为指导理念。这要求在认定涉案行为对经营者利益、消费者利益与市场竞争秩序的影响时,不应预设市场竞争的发展趋势、框定市场的未来发展状态,而应关注市场竞争的动态性与市场竞争的对抗性,在动态情景中衡量

---

① 陈耿华:《互联网新型不正当竞争行为规制理念的实证考察及比较分析》,载《广东财经大学学报》2017年第5期。

② See Tim W. Dornis, *Trademark and Unfair Competition Conflicts: Historical Comparative, Doctrinal, and Economic Perspective*, Cambridge University Press, 2017, p. 282.

③ 张占江:《论反不正当竞争法的谦抑性》,载《法学》2019年第3期。

相关主体的损益变化。具体而言，在认定涉案行为对经营者利益、消费者利益与市场竞争秩序的影响时，需要充分考量行为人实施涉案行为后，各种可能因素的影响，如技术发展空间的影响、消费者与相关经营者的可能应对反应、法院裁判介入的影响等。

其三，进行充分的后果论证。仅遵循动态竞争观认定涉案行为的损益结果尚不足以确保均衡性审查的准确性与认可度，在进行均衡性审查时还需进行充分的后果论证。如前所述，在判断视频广告屏蔽行为的损益后果时，后果论证不充分会导致不同认定结论的对错难辨、可说服性不强，最终陷入争论僵局。市场竞争本身的动态性、复杂性，却意味着对互联网新型不正当竞争行为的损益后果得出不同结论，大概率会成为常有现象。因此，在进行均衡性审查时需要进行充分的后果论证，以避免纯粹形式逻辑推演的弊病。一方面，在进行后果论证时，应当综合考量多重因素，以尽力确保论证结论的科学性与合理性。具言之，在进行后果预测时，首先，需要全面提出各种可能的后果；其次，需要立足于多重因素论证各种后果发生的可能性，并选择最具可能性的后果。此时既需要参考类案，如在“视频广告屏蔽案”中，很多学者以国外类似判例作为论据，论证视频广告屏蔽行为并不会对视频网站造成毁灭影响；[①]也需要考量不同国情是否会带来不同影响，更重要的是，需要考虑司法判决本身的引导作用。例如，在“视频广告屏蔽案”中，有学者以不同国情为由，如我国用户付费的商业模式不成熟[②]、版权法律保护制度不完善，[③]指出广告屏蔽行为会对视频网站造成毁灭性打击。但如果基于更换广告播放模式的现实可能性（这种可能性不因不同国情而变化），且考虑到司法判决应发挥指引市场竞争朝向更好一面发展的作用，那么应当承认“认可视频广告屏蔽行为反而会促进市场竞争”这一结果更具可能性。另一方面，在进行后果论证时，需要确保程序性商谈机制的落实。哈贝马斯提出，法律判决的正确性标准，从根本上看是判决过程中交往性辩论条件的满足程度，这些条件使公平判断成为可能。[④] 在进行后果预测与评价时，仅仅由法院进行逻辑推理尚不足够，还需确保各方利益主体均能平等参与论证过程，确保所有相关利益主体的“在场性”。在反复论辩过程中、站在不同视角观望，有助于发现事实问题，确保后果论证结论的合理性。

（责任编辑：游紫薇）

---

① 参见龙俊：《论反不正当竞争法中功能主义解释方法的适用》，载《甘肃政法学院学报》2019 年第 5 期。

② 参见田小军、朱萸：《新修订〈反不正当竞争法〉“互联网专条”评述》，载《电子知识产权》2018 年第 1 期。

③ 参见宁度、张昕：《论竞争行为不正当性的“经济性”评判标准》，载《电子知识产权》2017 年第 6 期。

④ 参见［德］哈贝马斯：《在事实与规范之间：关于法律和民主法治国的商谈理论》，童世骏译，三联书店出版社 2014 年版，第 282 页。

商业道德的法解释功能及其制度回应
——以反不正当竞争领域的"原则裁判"现象为切入*

肖　峰** 黄萍萍***

摘　要：人民法院在反不正当竞争纠纷的裁判中，较多地适用《反不正当竞争法》第2条基本原则规定的商业道德，独立裁判或辅助解释该法明定的不正当竞争行为，形成了其他法域罕见的原则裁判现象。在此过程中，商业道德借助法律原则的身份，发挥出填补7类法定不正当竞争行为的规范空白，或就该7类行为规范不能完全涵摄之处发挥辅助、强化的法解释功能。从被控经营者的角度看，该功能的发挥在形式上具有违反"法不禁止即自由"市场经济逻辑之虞，但从市场秩序的整体保护需求分析，商业道德搭载法律原则的形式填补了竞争实践形成的规则漏洞。出于平等保护竞争双方之考量，应认清商业道德的实质内容是：行为人对竞争对手于特定情形下享有的债权法益的注意义务，以此为认知基础，综合通过立法转化、援引其他相关规则、严格解释方法等制度路径，将商业道德的解释功能限定在必要范围内。

关键词：不正当竞争；法律原则；商业道德

为保障公平、自由、效率的竞争秩序，我国《反不正当竞争法》以列举方式明确地规定了7种典型不正当竞争行为。但随着商业模式持续创新，竞争关系结构和内在的法律利益发生了深刻变化；对此，在司法实践中，自"海带配额案"①起，对《反不正当竞争法》规定的7类不正当行为外的类型，最高人民法院较多地适用《反不正当竞争法》第2

---

* 收稿日期：2021年5月31日。本文是国家社科基金研究专项重大项目"社会主义核心价值观融入法治建设机理研究"（编号：17VHJ009）的研究成果。

** 法学博士，湘潭大学法学院副教授。

*** 湘潭大学法学院硕士研究生。

① 参见最高人民法院民事裁定书，(2009)民申字第1065号。

条基本原则规定的"商业道德"为裁判依据,是否违反商业道德成为认定其是否属于不正当竞争行为的评判标准①。这使一些未作出明确规定的新行为类型,也被纳入了《反不正当竞争法》的调整范围。在这些案例中,法院通常采用分析原告具有受保护权益、竞争行为致害且多有恶意、行为有违公认商业道德或诚实信用原则的三步式心证分析,②本质上是采取目的解释方法,以"商业道德"为由,扩大"不正当竞争行为"的解释范围;在被告方看来,此举对法律明定外的竞争行为加以否定,有违背"法不禁止即自由"市场逻辑之嫌,与严格文义解释形成制度张力。这折射出《反不正当竞争法》规定对此类新现象的适用技术需要进一步厘清。鉴于此,本文以反不正当竞争领域"原则裁判"中的焦点为切入,审视商业道德据以适用的法解释边界,提出笔者相应的思考。

一、反不正当竞争领域"原则裁判"现象及其问题导向

为厘清《反不正当竞争法》第 2 条原则条款中"商业道德"的适用情况,笔者现以 41 个典型案例③为样本加以说明。分析这些案例的裁判文书,笔者发现如下特征。

(1)近半比例的不正当竞争纠纷的裁判依据中,法院适用了原则条款,是我国各部门法适用中的特殊现象。笔者在中国裁判文书网以"反不正当竞争" 为关键词进行搜索,2018 年至今共发现 484 份法院裁判文书,其裁判依据中包括第 2 条原则条款的有 220 案,占比 45.45%。如此高比例的原则裁判现象,在其他法域较少出现。鉴于原则通常发挥的是统驭法律规则、补充法律漏洞的作用,前一作用无须直接用于裁判。因此,反不正当竞争领域高频援引原则进行裁判,在许多典型案例中甚至作为唯一的裁判依据,说明不正当竞争纠纷中存在较大的漏洞。在社会现实的迅猛发展与规则稳定性之间,直接适用文义的涵摄式解释方式已不敷使用,现实竞争关系中大量的可保护法益裸露于立法之外。

(2)适用第 2 条原则条款包括独立、联合适用两种方式。在 11 个样本案例中,法院以原则条款为唯一的裁判依据,判定被告在 7 种显名行为外成立不正当竞争行为,此类情形集中于 3 类主要的讼争事项:屏蔽他人视频广告、直播平台相互挖角、搜索引擎设置关键字;此时其适用于显名规则未覆盖的行为领域,发挥填补立法空白的解释

---

① 参见叶明、陈耿华:《反不正当竞争法视野下商业道德认定的困局及破解》,载《西南政法大学学报》2017 年第 5 期。

② 参见陈兵:《互联网新型不正当竞争行为审裁理路实证研究》,载《学术论坛》2019 年第 5 期。

③ 笔者自 2017 年《反不正当竞争法》修改后,在最高人民法院、最高人民检察院发布的指导性案例、不正当竞争或消费者保护领域典型案例中,选定 41 份人民法院裁判文书作为本文的研究样本。

功能。而在另外30个样本案例中,法院联合适用原则条款与商业混淆(第6条)、虚假宣传(第8条)、诋毁商誉(第11条)3个条款,对其规定中不甚明确的部分内容予以补充,发挥规则强化的解释功能,而未见其他条款与原则条款联合适用判案的情况。值得注意的是,《反不正当竞争法》规定商业混淆、诋毁商誉须发生于竞争对手间,而虚假宣传则不是;但当原告以虚假宣传提出主张时,人民法院也会分析原、被告间竞争关系。所以,无论是单独还是联合适用原则条款,在实践中须要求相关行为发生于竞争对手之间。

(3)适用原则条款的具体方式,是以被诉经营者未遵守商业道德为由,判定其具有不正当竞争行为。在30个关于显名不正当竞争行为的案例中,原则条款搭配该3个显名规则条款,以商业道德为由补充案情中明定内容未完全覆盖的内容,实际上发挥了强化文义解释的作用;而在11个单独适用的案例中,原则条款以反不正当竞争立法目的和调整范围的价值假设,在《反不正当竞争法》列举的7种禁止性行为外,开放性地创制了多种立法未明确规定的不正当竞争行为类型。这显然对原告方来说是非常有利的;但对被告方来说,则属于对《反不正当竞争法》未予禁止的竞争自由行为,施加了否定性的法律评价和相应责任。如果严格解释《反不正当竞争法》规定的违法行为形态,则多种行为应在合法之列,基于市场秩序的扩张解释与平等保护竞争自由的严格解释间存在明显的制度张力。

综上,商业道德发挥了填白式、规则强化式解释两种功能,成为人民法院援引用来认定存在不正当竞争关系的法律事实。这种裁判逻辑的背后,实质上肯认了原、被告间因处于同业经营的特殊关系中,承担较其他主体更重的注意义务,虽非法律明定的强制性要求,但却是基于商业规律本身能够预见、如违反则必会伤及同行的道德义务,在竞争权益重要性方面也与《反不正当竞争法》明确规定的7种不正当行为相当。但竞争双方的权益应予平等保护。“评判某一诉争行为的性质是否违背了该行业公认的商业道德时,需对其进行具体化解释”,[①]根据目的解释扩大对原告的保护范围时,也需兼顾被告的竞争自由,这就需要深入“商业道德”背后的利益结构,分析原告竞争利益与被告特别注意义务间的关联性,区分原则条款单独、联合适用场景的不同表现,厘清商业道德的法律含义。

二、商业道德的填白式解释功能

在41个样本案例中,人民法院在直播平台相互挖角、屏蔽他人视频广告、搜索引

---

① 李生龙:《互联网领域公认商业道德研究》,载《法律适用》2015年第9期。

擎设置关键词3类共11个案例中,以违反商业道德为唯一法律依据判定被告违法。此举对严格解释《反不正当竞争法》情况下不予规制的竞争行为,通过填补立法空白增列为给予否定性评价的类型。与显名的7类不正当竞争行为相比,商业道德发挥填白功能,被纳入调整对象的规制事由和构成要件,具有非法定性和不确定性;而与合法竞争行为相比,其在引发竞争利益的不当侵害时具有可责性。实质上,填白功能针对的情形处于合法与明定违法之间的中间状态,其间,竞争法益的构成与保护的正当性因其适用案件的争讼事项不同而有所差别。

(一)直播平台挖角案件中商业道德的填白解释

在《反不正当竞争法》2017年修改后的"电竞主播'跳槽'案"[①]中,原告平台与主播签有独家主播劳务合同(而非"劳动合同"),而被告平台挖角该主播,由于吸引与竞争对手有劳动、劳务关系的主体,不属于7类显名不正当竞争行为。按通常的逻辑,应由主播向原告平台承担违约责任,在实践中也存在大量的主播赔偿金由转入平台代为支付的情形。而在被告平台能预见原告平台与主播存在独家性合同,且因消费者对主播的消费黏性,在转平台能可预见地带来平台消费转向的情形下,转出平台商业利益与转入平台挖角行为存在因果关系,对该行业市场秩序存在明显不利时,《反不正当竞争法》应作何反应殊值一问。该案以主播在两平台上直播视频的著作权纠纷案由立案,但原告的著作权主张落空,造成缺乏联结原、被告关系的法律客体。对此,一审裁判确认被告的行为具有"竞争关系+主观明知+直接使用他人独家签约的知名主播+导致原直播平台用户及流量损失"的特征,是违反商业道德的行为,侵犯了原平台的商业利益。据此,违反商业道德作为在原、被告间产生侵害关系的法律事实,取得了与侵犯著作权这一法定类型客体相同的法律关系建构功能,遗憾的是,在裁判文书中未释明受侵害的具体是何种权益。

在另一例"主播'跳槽'到虎牙案"中,被告虎牙平台提出其未采取诱导行为的抗辩,获得了法院支持。在该案中,法院采用了"竞争关系+主观明知+直接使用他人独家签约的知名主播+诱导行为+导致原直播平台用户及流量损失"的构成要件来判定是否违反商业道德。相比"电竞主播'跳槽'案",该案增加了"被告实施诱导行为"的构成要件,原、被告同属直播行业,被告虽能预见主播转入己方对原告的影响,法院认为其属于被动接受、未采取诱导主播的违约行为,证明被告平台无不正当竞争目的,缺

① 注:"电竞主播'跳槽'案"是媒体上已形成的通俗性提法,实际上,该案中的主播属于独立主播,与平台间是劳务关系而非劳动关系,用"跳槽"一词在法律定性上不甚准确。同时,该案原告平台将主播、第三方两个竞争对手平台作为共同被告,被判定不正当竞争的也主要是该两个平台。是故,本文将其与平台间关系定性为商业关系,排除其具有社会属性的劳动合同关系,后文相关结论也以此为假设,特此说明。

乏主观过错的侵权要件。但是,依据“谁主张谁举证”规则,如将诱导行为作为商业道德的构成要素之一,因这种行为多在被告平台与主播间秘密进行,原告的举证责任难度较大。

两案对商业道德的解释方法的相同点在于:超越了原告平台与主播间的合同相对性,如限于合同当事人间的违约责任,则无法评价作为合同第三人的被告平台行为的责任。以独家直播合同为事实起点,第三方平台明知竞争对手与主播之间存在独家直播合同关系,出于抢夺合同蕴含的市场竞争资源的目的,[①]仍与主播订立类似合同,则原告平台的直播合同债权,也就成为被告平台侵权的对象。此间的劳动、劳务债权虽不是绝对权,但也应属《民法典》侵权责任编所调整的“权益”之列。但是,被告的违法点并非主播转入引起原告流量损失,而在于被告平台主动诱导主播转平台,才构成侵权法意义上的加害行为。

对比有无商业道德介入的解释效果,《反不正当竞争法》原则条款介入后带来的制度增量体现在:合同债权突破当事人间的相对性关系,转变为与合同第三人竞争对手间的客体性权益。法院借以商业道德为解释的基石,将处于同行业的被告平台置于对原告平台合同债权的必要注意义务主体地位之上,即使其负有预见挖角行为减损原告平台商业利益的义务,也使其主动诱导行为扰乱直播市场竞争秩序的不利后果处于应当知道的主观状态,这是其他合同第三人所不能具有的地位。在司法实践中,法官多次采取该种做法,表明这一解释路径并非偶然的适用模式,而是《反不正当竞争法》原则条款特有解释功能的体现,本质上以《反不正当竞争法》上的“竞争利益”为名指向合同履行的期待利益。

特别是对主动诱导折射出的主观恶意作为违背商业道德的构成要件,使违约主体与第三人因存在积极性共同故意,承担连带赔偿责任。如在“电竞主播‘跳槽’案”中,细察法院判决的深层次逻辑:主播违反约束义务,存在违约与侵权的竞合,原告主观选择后者为诉由;被告平台违背同行业者间高度注意义务,并主动诱导、故意侵害其在直播劳务合同下的可预期履行,即以“竞争利益”为名,实为合同债权的被侵权益,鉴于二者的意思联络、共同行为,判令主播与被告平台承担了连带责任;《劳动合同法》第 91 条对劳动债权的保护也有异曲同工之妙。[②] 可见,商业道德成为合同债权被非当事人侵犯的解释中介体,是认定侵权者负有法定义务的法律依据,其所填补的空白是《反不

---

① 参见李扬、蓝小燕:《引诱违约行为的反不正当竞争法评价》,载《知识产权》2018 年第 7 期。

② 参见周宁、杨伟国:《竞业限制是否能约束新型工作方式——以网络主播“跳槽”案为例》,载《中国人力资源开发》2019 年第 4 期。

正当竞争法》所缺乏的对同业经营者高于普通公民间通常注意义务更高的法定义务的明确规定。

（二）“视频广告屏蔽案”中商业道德的填白解释

在“屏蔽视频广告案”中，原告视频网站与广告商订立广告投放契约，而被告浏览器平台通过技术手段屏蔽该广告，按严格解释《反不正当竞争法》规定下的违法行为，其属于合法竞争行为之列。但被告在已知原告商业模式为“免费＋观看广告”的情形下，可预见原告与广告商之间存在投放合同，且因免费过滤片前广告行为会吸引大量用户转向下载使用其浏览器，可预见原告基于广告投放合同享有的经营利益将急剧减少。原告商业利益受损与被告广告屏蔽行为具有因果关系，若放任该行为的发生，原告将丧失重要的广告收入以致无法维系网站的版权交易和技术服务支出，最终行业秩序和用户利益将严重受损。故法院确认被告行为具有“竞争关系＋主观过错＋实施了屏蔽视频广告的行为＋导致广告收益下降、会员收入减少”的特征，违反了商业道德，属于不正当竞争行为。

而在个别“屏蔽视频广告案”中，法院裁判所遵循的认定进路是“视频网站的商业模式合法、应受法律保护＋屏蔽广告的行为对商业模式构成损害”，似乎表明商业模式为反不正当竞争法所保护的客体。但商业模式为自由竞争的产物，如将其纳入商业道德的外延范围，易扰乱市场竞争规则并阻碍模式创新。因此，法院保护商业模式仅为表象，不宜将其纳入反不正当竞争法所保护的客体范围，重要的是其背后存在反不正当竞争法应当保护的正当法益。①

原告视频网站和广告商之间具有广告投放法律关系，被告明知该法律关系的存在，出于吸引用户下载并使用其浏览器的目的，仍实施屏蔽视频广告的行为。该行为侵害了原告的广告投放法律关系，但合同债权背后的可期待利益不属于侵权责任法明确保护的客体，故期望运用一般侵权对其进行规制存在一定的困难。同时，该法律关系不符合《反不正当竞争法》所规定的7种显名不正当竞争行为，如不对商业道德进行法律解释，则该案件事实将不发生反不正当竞争法上的法效果。可见，《反不正当竞争法》原则条款将商业道德介入解释的意图在于保护原告的合同债权，即对同行业竞争对手间的合同债权法益予以保护。

（三）搜索引擎竞价排名类案中商业道德的填白解释

在“搜索引擎竞价排名广告服务类案”中，被告将原告商标或企业名称设置为关

---

① 参见王迁：《论规制视频广告屏蔽行为的正当性——与“接触控制措施”的版权法保护相类比》，载《华东政法大学学报》2020年第3期。

键词,①旨在引流原告潜在的交易相对人至其网站,但其网站内容中显示的仍为自身名称产品而非原告产品。放眼于7类显名的不正当竞争行为,发现其似与混淆行为的亲缘关系最近,但将其与混淆行为相比,发现其与使他人对商品、服务造成混淆或误认这一构成要件并不耦合。而与其他6类不正当竞争行为相对照,发现其相距更远,故其不在7类显名行为之列。被告能预见原告与本拟搜索原告信息的用户存在潜在的交易机会,且因设置行为导致部分用户误入被告网站,而误入后能预见原告商业机会将转增为被告所有。可见,被告设置关键字行为与原告潜在商业利益受损具有因果关系,其将损害原告可能成立的合同法律关系。这样一种可能成立但尚未成立的合同,无法形成一个确定的损害后果,故在民法上很难被评价。据此,法院以被告的行为具有"竞争关系+主观过错+将他人的商标设置为搜索引擎竞价排名关键词+导致他人丧失部分潜在交易机会"的特征,不符合公认的商业道德,构成不正当竞争。

与无商业道德介入相比,介入解释所回应的现实需要为:在可预见竞争对手预期债权存在的情形下,仍出于抢夺商业机会目的而恶意侵害,宜将预期债权上升为竞争对手间的法益予以保护。这样一来,被告负有对竞争对手原告预期债权的注意义务,此种注意义务的法定依据是对商业道德的法律解释。另外,原告的损害后果是由被告行为以及搜索引擎提供的竞价排名行为共同造成的,搜索引擎方是否成立帮助侵权,是否与被告承担连带责任?在司法实践中,只有有证据证明搜索引擎服务提供者知道或者应当知道经营者在购买关键字时实施了不正当竞争行为,法院才会认定其构成共同侵权,需承担连带责任。

对上述3类案例进行总结分析,发现法院认定其违反商业道德所遵循的统一逻辑为"竞争关系+主观过错+7种显名行为外的不正当竞争行为+损害竞争对手的合同债权或预期合同债权",并具有以下3个共性。(1)3类行为均超出7种显名行为的范围。若严格解释《反不正当竞争法》规定的7类不正当竞争行为,则被告实施的3类行为均在合法竞争行为之列,不会触发《反不正当竞争法》下的经营者责任。但这3类行为与原告商业利益受损具有实质上的因果关系,不对其进行规制,会严重损害行业内的竞争规则和市场秩序。故法院对商业道德进行目的解释,将调整范围周延至显名行为外,因规制行为的非法定性,应将其解释功能的正当性基础阐述清晰。(2)3类行为侵害的法益均是竞争对手的合同债权或预期合同债权。由于债的相对性原则,债权受

---

① 在市场实践中,关键词搜索分为隐性和显性使用两种,被判定为不正当竞争的主要是显性使用;而本文主要体现在法律渊源上,此行为未被《反不正当竞争法》直接显名地规定为不正当行为,而直接以原则条款来认定,故本文讨论的"搜索引擎竞价排名"限于显性使用,特此说明。

到合同以外的第三人的损害，一般只能通过合同法予以救济。但在反不正当竞争领域，第三人侵害合同债权的行为较普遍且具有直接的利益属性，法院以商业道德之名将其背后的可期待利益纳入《反不正当竞争法》保护的竞争法益范围。债权不具有社会典型公开性，合同当事人之外的主体一般不知晓合同关系存在的事实，故《民法典》也未在侵权责任编将债权明确为一种侵权对象。而法院以司法裁判确认《反不正当竞争法》保护合同债权这一客体，表明其认为经营者比普通的合同外第三人具有更高的预见能力，能预见竞争对手合法债权的存在。事实亦是如此，不同于普通公众，专业的经营者知悉行业的商业模式、获利链条，具备一种更高的商业预见能力。既然经营者能预见、知悉权利的存在，就需予以足够的尊重而不得轻易损害，①法院正是基于此才以商业道德课以同业经营者更高的注意义务。(3)3类行为具有与7类显名行为同等程度的法益损害性。虽然这3类不正当竞争行为的表现形式各异，但其具有一个共通性，即将竞争对手流量引流至其目标网站。在"互联网用户—流量—金钱"的商业模式下，流量即一切，抢夺他人流量会造成他人商业利益严重受损。故这3类行为所损害的法益都达到了"严重性"的程度，与7类显名行为具有同等性、相当性，《反不正当竞争法》原则条款不至于沦落为兜底的"口袋"条款。

三、商业道德的规范强化解释功能

在另外30个样本案例中，法院联合适用商业道德原则与市场混淆条款(第6条)、虚假宣传条款(第8条)、诋毁商誉条款(第11条)3个显名条款，其中以"商业道德原则+市场混淆条款"的联合适用形式为主。在《反不正当竞争法》第6条规定的市场混淆行为中，其第4项属于兜底条款，可弥补前3项的具体列举不周延导致的漏洞，也可避免本应由其调整的行为向第2条原则条款寻求救济，②但司法实践中为何在认定市场混淆时，仍频繁与原则条款组合适用？这是因为与直接适用市场混淆条款相比，必然存在无法被显名条款所覆盖的案件事实，须借商业道德对未被覆盖的部分予以补充评价。实际上，法院以商业道德对显名规定中不甚确定的内容进行补充，帮助认定涉案行为构成商业混淆、虚假宣传、诋毁商誉之一，发挥规范强化解释功能。

(一)商业混淆行为中商业道德的规范强化解释

通过分析原则条款和商业混淆条款联合适用的25个司法案例，发现其主要分为

① 参见吴一鸣：《论"单纯知情"对双重买卖效力之影响——物上权利之对抗力来源》，载《法律科学(西北政法大学学报)》2010年第2期。

② 参见刘丽娟：《确立反假冒为商标保护的第二支柱——〈反不正当竞争法〉第6条之目的解析》，载《知识产权》2018年第2期。

以下3种类型。

(1)"原则条款+商业混淆条款第1项"的联合适用,原则被冗余适用的特征比较明显。在收集到的11个该类案例中,除不构成不正当竞争、搜索引擎设置关键字两个案例外,其余案例可抽象提取为"竞争关系+擅自使用与他人有一定影响的商品名称、包装、装潢等相同或者近似的标识+导致相关公众对产品来源产生混淆或误认为存在某种联系"。从《反不正当竞争法》第6条第1项的条文表述来看,适用该项规定的构成要件有5个,即"擅自"、"有一定影响的"、"相同或近似的使用"、"商品名称包装装潢等标识"和"引起混淆或误认"。将收集到的案例与上述构成要件进行比对,发现案件事实与上述5个构成要件相吻合,并已被显名条款即第6条第1项所包容评价。如在"黑龙江美术出版社不正当竞争案"①中,北京出版社出版的《我会表达自己》构成一定影响的商品名称,黑龙江出版社擅自使用与其类似的商品名称《我会表达我自己》,导致相关公众对产品来源产生混淆。这本可径直适用《反不正当竞争法》第6条第1项,但法院却选择联合适用"原则+第6条第1项",出现了不必要的原则适用。

(2)"原则条款+商业混淆条款第2项"联合适用,其中原则条款被错误适用。在该类案例中,除不构成不正当竞争和冗余适用原则的案例外,其余案件事实可集中为"竞争关系+擅自使用他人有一定影响的企业字号(该字号同时是注册商标)+导致相关公众对产品来源产生混淆或误认为存在某种联系"。与单独适用第6条第2项的案例相比,不同之处在于其行为同时涉嫌将他人注册商标作为企业中的字号使用,该部分的案件事实被法院交由第2条原则条款予以评价。对于此种行为,我国《商标法》第58条规定:"将他人注册商标、未注册的驰名商标作为企业名称中的字号使用,误导公众,构成不正当竞争行为的,依照《中华人民共和国反不正当竞争法》处理。"虽然《商标法》第58条明确了适用《反不正当竞争法》,但具体适用的条款并未明确,致使司法实践中出现了法律适用的分歧。如对于擅自使用他人有一定影响的企业字号(该字号同时是注册商标)行为,在"三青美盛肥业有限公司孙某春案"②中,法院仅以《反不正当竞争法》第6条第2项为依据,忽略了将他人注册商标作为企业字号的案件事实;在"洛阳伟家餐饮服务案"③中,法院仅以《反不正当竞争法》第6条第4项为依据,将第4项的"其他"解释为将他人注册商标作为非商标性标识使用的情形;④在"安吉尔云米

① 参见河北省高级人民法院民事判决书,(2019)冀民终384号。

② 参见山东省高级人民法院民事判决书,(2020)鲁民终1688号。

③ 参见河南省高级人民法院民事判决书,(2020)豫知民终103号。

④ 参见李士林:《商业标识的反不正当竞争法规整——兼评〈反不正当竞争法〉第6条》,载《法律科学(西北政法大学学报)》2019年第6期。

家电案”[①]中，法院仅以《反不正当竞争法》第6条第1项为依据，忽略了使用他人具有一定影响力的字号的案件事实。对于同一个行为，有的法院选择仅适用第6条，有的法院选择联合适用“原则+第6条”。造成上述分歧的主要原因是，注册商标是否在《反不正当竞争法》第6条的保护范围内，其是禁止商业标识的“混淆条款”还是专门保护未注册商标的条款？[②] 从《反不正当竞争法》第6条的立法本意看，该条是为制止以“搭便车”“傍名牌”手段实施的误导公众的行为，是一个制止混淆性使用商业标识的条款，并未刻意区分注册商标与未注册商标的不同。[③] 故第6条第1项的标识可外延至注册商标，将他人注册商标作为非商标性标识使用的行为亦应被交由第6条第1项所评价，而非以第2条原则条款对其补充认定。

(3)“原则条款+商业混淆条款第4项”联合适用，其中原则的作用在于对第4项之“其他”进行文义强化解释。该类案件涉及的事实较分散，无法对其进行抽象提取，但共性在于均造成了商业混淆的损害后果。以“申某强与西安锦上添花装饰设计不正当竞争纠纷案”[④]为例进行分析，被告申某强擅自使用原告锦上添花公司的设计成果，使公众对其业务能力及服务水平产生混淆和误认，为其增加了本属于原告的商业机会。《反不正当竞争法》第6条前3项涉及的客体是商品标识、主体标识、网站域名，设计成果不属于这3类情形，故其无法规制擅自使用他人设计成果的行为。但该行为实质上造成了混淆和误认的损害后果，与《反不正当竞争法》第6条前3项行为相比也具有法律上的相当性，应被定性为混淆行为。对此，法院联合适用原则条款和商业混淆条款第4项，认定其行为会使相关潜在客户对原、被告产生混淆和误认，构成不正当竞争。《反不正当竞争法》第6条第4项为商业混淆条文的兜底条款，由此可见，法院裁判对“其他”作法律解释以期囊括未被明确列举的混淆行为。

依据体系解释，对商业混淆条款第4项和前3项的构成要件应当作相同理解，需符合“擅自”、“有一定影响的”、“相同或近似的使用”和“引起混淆或误认”的构成要件。具体来说，就是A实施了一个混淆行为，使公众对A和B产生误认或以为存在某种联系，导致本想与B订立合同的交易相对人与A订立了合同。该行为除针对的客体不属于商业混淆条款前3项的范围外，实际上符合前3项的构成要件，本质上与混淆行为无任何差别。将涉案行为与上述4个构成要件相比，发现其与4个构成要件相契合，故将其解释为商业混淆条款第4项中的“其他”，符合体系解释的要求。另外，商业混淆条

① 参见浙江省高级人民法院民事判决书，(2019)浙民终1723号。

② 参见刘维：《论混淆使用注册商标的反不正当竞争规制》，载《知识产权》2020年第7期。

③ 参见郎胜主编：《中华人民共和国商标法释义》，法律出版社2013年版，第112页。

④ 参见陕西省高级人民法院民事判决书，(2019)陕民终713号。

款第4项的立法理由是,有的经营者不愿意通过自身努力提高市场竞争力,而是试图通过"搭便车""傍名牌"的方式不劳而获,即通过仿冒他人主体标识、他人商品标识等,引导他人将自己的商品误认为是他人商品或者与他人存在特定联系,以借用他人、他人商品的影响力、美誉度提高自己或自己商品的市场竞争力。[①] 立法理由中的"等"字表明商业混淆条款第4项的适用范围非常广泛,不是以特定客体类型划定自己的边界,而是以误认这种损害后果确定自己的适用条件,[②]故法院的此种做法亦契合立法理由。

实际上,涉案行为可交由商业混淆条款第4项进行评价,介入商业道德的法律效果,主要在于强化认定此种行为的不正当性。通过商业道德下同行业经营者间的高度注意义务,对侵夺竞争对手潜在交易机会的行为予以否定性评价,且其保护的法益与混淆行为具有一致性。故《反不正当竞争法》原则条款的作用在于,认定涉案行为造成他人预期合法债权受损的法律后果,强化解释商业混淆条款第4项中内容不明确的"其他"。

(二)虚假宣传行为中商业道德的规范强化解释

比较联合适用与单独适用虚假宣传条款,可以发现两者的不同之处在于,联合适用案件中的虚假宣传会使相关公众误解其与第三方交易主体存在某种联系。以"西蒙电子商务中国有限公司西蒙电气中国有限公司纠纷案"[③]为例进行分析,被告西蒙奇通套用原告西蒙电气的广告语"专注开关100年"进行宣传,法院联合适用"原则条款+虚假宣传条款",认定其行为构成不正当竞争。行为人套用他人广告语的行为,不仅构成虚假宣传,而且导致消费者对两种不同经营主体产生混淆和误认。若仅仅适用虚假宣传条款,只能覆盖行为人虚假宣传的案件事实,无法覆盖导致相关公众产生混淆和误认的案件事实。故法院联合适用"原则条款+虚假宣传条款",以商业道德补充评价虚假宣传条款未完全覆盖的内容,发挥强化文义解释的作用。此处套用他人广告语的侵权行为,造成了特定竞争对手潜在商业机会丧失的损害后果,法院借商业道德联结两者之间的因果关系,即涉案的虚假宣传行为违反了商业道德下对竞争对手合同债权的注意义务,导致了竞争对手的合同债权法益受损,故该侵权行为与竞争对手的损失之间具有因果关系。法院就是以同行业者间更高的注意义务为纽带,将其行为与竞争对手损失之间的因果关系联结起来,故原则条款的功能在于

---

① 参见王瑞贺主编:《中华人民共和国反不正当竞争法释义》,法律出版社2018年版,第14页。

② 参见刘丽娟:《确立反假冒为商标保护的第二支柱——〈反不正当竞争法〉第6条之目的解析》,载《知识产权》2018年第2期。

③ 参见安徽省蚌埠市中级人民法院民事判决书,(2018)皖03民终1998号。

确定因果关系。

(三)商业诋毁行为中商业道德的规范强化解释

不同于单独适用商业诋毁条款的案件,这些案件中商业诋毁的目的不仅在于损害他人名誉,更在于引诱相关公众与自己订立合同。以"奇虎科技、奇智软件与腾讯、腾讯计算机案"①为例进行分析,被告通过贬损原告QQ软件来引导用户安装QQ保镖,再通过一键修复将QQ软件沟通界面替换成QQ保镖界面,法院联合适用"原则条款+商业诋毁条款"认定其构成不正当竞争。被告的恶意贬损行为,不仅导致原告QQ软件的商业信誉受损,而且侵夺本属于原告的交易机会。依商业诋毁条款可知,商业诋毁的构成要件有4点:主体要件是经营者;主观要件是故意或过失;行为要件包括编造、传播、编造和传播虚假信息或者误导性信息3种;结果要件是商业信誉或商品声誉受损。将涉案行为与商业诋毁的构成要件相比,发现其只能包容评价商誉受损的案件事实,无法覆盖债权法益受损这一部分。可见,未被覆盖的案件事实被交由原则条款补充评价,从而强化解释商业诋毁条款。与联合适用"原则条款+虚拟宣传条款"的情况类似,法院以商业道德联结诋毁行为与债权法益受损之间的因果关系,使之形成一个完整的侵权构成。

通过分析这3类案件,笔者发现商业道德在其中的作用有二:一是对《反不正当竞争法》条文中内容不明确的部分予以文义强化解释,即市场混淆条款条文解决的只是一个形式上的不正当竞争行为,原则的作用在于对明确列举的法定情形之外的"其他"行为进行实质判断和补充;二是确定侵权行为和损害后果之间的因果关系,发挥规则强化解释的作用。总体来说,商业道德意味着对竞争对手合法债权的注意义务,既包括预期可获得的债权,也包括已经成立的债权。将需要原则条款参与的3类法定不正当竞争行为与无原则条款参与的4类法定不正当竞争行为相比,发现它们的不同之处在于,无原则条款参与的4类行为下受损的权益有明确的法律规定,或是物权,或是人格权,或是商业秘密。而需要原则条款参与的,受损的权益并不是市场主体在民法上享有的典型权益,而是合同债权这样一种相对权,甚至可能是一种预期债权。毕竟合同尚未成立,这样的商业机会是否可以成为法律所保护的客体无从得知?在"海带配额案"中,最高人民法院认为,在正常情况下能够合理预期获得的商业机会,可以成为法律特别是反不正当竞争法所保护的法益。但基于商业机会的开放性和不确定性,只有当竞争对手不遵循诚实信用原则和违反公认的商业道德攫取他人可以合理预期获

① 参见最高人民法院民事判决书,(2013)民三终字第5号。

得的商业机会时,才为反不正当竞争法所禁止。① 也就是说,对于商业机会的保护,只能通过特别法即反不正当竞争法以商业道德的理由进行保护,否则无法对其进行法律处理。

四、完善路径:正当竞争利益,跨部门法的一致化表达

诚如上述,原则条款在司法实践中的两种适用方式,体现了《反不正当竞争法》的7类行为规定不能完全覆盖社会现实,但通过原则条款的介入又能大体上获得公正的解决。但并不能因此而放任其溢出法律保护边界,②个案解释的方案在形成市场主体稳定预期方面,效果不如类型化、固定化地将相应需求转化为法定权利或相关权益。欲对此作出回应,必须认清商业道德的本质,明确其以怎样的法益输入,弥补了法律明确规定的何种不明。

通过分析原则条款单独适用情形,可以发现损害发生的共同模式是由被告与共同的相对人实施,这里的相对人可以是劳动者、消费者、其他经营者或者交易方,通过这种关系变向损害相对人与原告之间的合同债权。而在原则条款联合适用情形中,尽管不涉及共同相对人,但也都是损害原告与交易方的合同债权。综合来看,商业道德的介入一定是为了保护一种合同债权,包括已经成立的合同或者可能成立的合同。若侵害的是已经成立的合同的债权,剥夺的是别人的期待利益;若侵害的是可能成立的合同,损害的是他人的商业机会。可见,对商业道德介入的需求,源自对第三人侵犯合同权益的救济,适用商业道德指向保护竞争对手间的合法债权法益。

究其根本,法院以侵权责任法的思维适用原则条款,即以竞争行为是否造成经营者损害后果来判断竞争行为的合法性。③ 具体而言:首先,商业道德是一种对竞争对手于特定情形下享有的债权法益的注意义务,违反了该义务就属于违法行为,这就解决了行为人法定义务的来源问题;其次,只有确定的损害后果才能在民法上被评价,所以商业道德要解决的另一个问题是被害人作为已有债权、或有债权的确定性;最后,通过商业道德下蕴含的注意义务,使违法行为和损害后果之间具有法律上的因果关系。

由于各种反竞争行为都是特殊的反侵权行为,两者在一定程度上是特殊和一般的关系,所以在对不正当竞争进行适用时可参考侵权法适用的基本思路。④ 质言之,作为

---

① 参见最高人民法院《知识产权案件年度报告(2010)》,载中国法院网,https://www.chinacourt.org/article/detail/2011/04/id/448147.shtml。

② 参见张钦坤、刘娜:《浅析屏蔽视频网站广告行为的违法性》,载《中国版权》2015年第4期。

③ 参见黄庆余:《反不正当竞争法在互联网领域的私法化》,载《商业研究》2019年第3期。

④ 参见毕文轩:《互联网不正当竞争行为规制的类型化分析》,载《广西社会科学》2020年第6期。

经济法的不正当竞争采取民事侵权归责时,协调两个部门法既应认可商业道德功能的正当性,也应将其限定在必要解释的范围内。

第一,应充实知识产权领域的反不正当条款,包括商标、专利、著作权法中的衔接条款都要完善。一方面,当主播"跳槽"、屏蔽视频广告、搜索引擎竞价排名服务行为在行业中普遍发生时,可对其进行立法转化,增加相应的类型化条款。另一方面,《反不正当竞争法》原则条款主要是在混淆、虚假宣传、商业诋毁 3 个领域辅助适用,而在另外 4 种法定不正当竞争行为中则不需要,表明另外 4 种行为的规定是周全的。对于这 3 种行为,法律存在一定的空间漏洞,可对其中明显的漏洞进行立法填补。另外,由于商标、专利、著作权法中准用性规则援引的法律规则模糊,导致法院适用时存在分歧,出现"同案不同判"的现象。故对于其中一些涉及不正当竞争的行为,可明确其具体援引的法律条文,统一法院司法适用依据。如对于《商标法》中第 58 条的衔接条款,可明确其适用《反不正当竞争法》的市场混淆条款,以防止原则的错误适用。

第二,在侵权、合同债权规定中,要朝着竞争利益方面进行一定调整,为《反不正当竞争法》的适用留足空间。由前文分析的案例可知,债权性利益不再局限于只是债权债务人双方之间的法律关系,而是涉及了更多的义务主体,此时再固守债权相对性对于债权的保护并不周延。[①]《民法典》侵权责任编虽改变了原《侵权责任法》明确列举被侵权益类型的做法,但根据《民法典》对权益的规定,结合第 1165 条第 1 款规定,"行为人因过错侵害他人民事权益造成损害的,应当承担侵权责任",债权当然属于民事权益,所以将债权归入原《侵权责任法》第 2 条"等"之下,与《民法典》侵权责任编也相契合。故在侵权责任法中,应当为侵权客体留足一定法律解释的空间,不应直接将债权排除在外。

第三,商业道德原则仍然要有一定的适用空间,但要通过严格解释方法进行限定。首先,原则适用限于相关市场的竞争对手间的特别注意义务,主体范围不过度延伸到非竞争对手。债权一般不具有绝对权的对世性和公示性,若不限定保护的主体范围,则会课以第三人对非对外公示权利义务关系的注意义务。实际上,无论是原则的独立适用、强化解释,还是 7 类法定不正当竞争行为的法条规定,都要求双方必须具有竞争关系。因为同行业的专业经营者比一般人具有更高的商业预见能力,能合理预见竞争对手合法债权的存在,可课以更高的注意义务。其次,法院判决书要注重释法说理,明确法律条文不周全之处,并强化解释商业道德的填白内容。总体上是对同行业者提出更高的注意义务,再以侵权责任的构成衡量一个竞争行为是否有责任。最后,对《反不

① 参见史鹏飞:《债权侵害判例研究》,载《东南大学学报(哲学社会科学版)》2018 年第 S2 期。

正当竞争法》原则条款适用进行程序控制,通过指导性案例、典型案例等手段,防止原则的冗余适用。在单独适用原则条款时,要严格控制适用的范围、方法、程序,如案例必须经过审委会等。在混合适用时,必须先把 7 类规则的涵摄范围阐释清楚,确定其不能被 7 类规则评价再进行原则地适度适用。同时,可增强 7 类规则中兜底条款的适用,而不是一味地向商业道德逃逸,如市场混淆条款第 4 项的兜底条款。

综上所述,商业道德背后的权利本质是一种特别注意义务,是对竞争对手已经成立的合同或者可能成立的合同的一种注意义务。当同行业的专业经营者知悉或者应当知悉竞争对手债权的存在时,应当基于该行业内的商业经验和商业道德尊重对手的合同债权,而不是通过不正当竞争行为进行肆意侵害。在司法实践中,法院是将《反不正当竞争法》原则条款作为规则予以适用的,赋予其一定的适用前提、行为模式和法律后果。适用的前提就是违反商业道德,即违反同行业者之间的特别注意义务,行为模式就是侵害竞争对手的债权,法律后果就是承担反不正当竞争法上的特别侵权责任。

(责任编辑:莫晓尧)

电商平台隐匿“差评”行为及其规制*

叶　明** 邱威棋***

摘　要:在电商交易中,以“好评、中评、差评”为表现的已购消费者评价发挥了重要的识别功能,缓解了电商交易信息不对称,提高了消费者的选择效率。然而,一些电商平台悄然实施隐匿差评行为,在评价规则中淡化“差评”,在消费者评价中取消“差评”,在评价展示中抹去“差评”,妨碍了消费者权利的行使,导致了电商平台信用评价机制的失灵。因市场自愈缺乏效率且平台自治具有局限性,故对电商平台隐匿“差评”行为进行法律规制确有必要。在对该行为进行法律规制时,通过革新规制模式即从监管到共治,匹配规制工具即以信息工具为主、以其他规制工具为辅,进而提出具体规制措施:构建分别侧重消费者权利、经营者义务、市场秩序的“赋权消费者—压实平台义务—维护信用评价秩序”三维法律规制闭环体系。

关键词:“差评”;隐匿“差评”;信用评价制度;电商平台

一、问题的提出

交易资金安全与商品信息不对称是电子商务面临的两大问题。电商平台通过平台信用担保机制保障交易资金安全,通过商品评价机制缓解信息不对称现象。电商平台商品评价机制包含评价规则、消费者评价、评价计算、评价展示各环节,作为该机制运行结果的评价展示环节是将已购消费者对商品的评价公开展示在商品页面中。电商平台成立至今,以淘宝网为代表的一些电商平台一直采用“好评、中评、差评”评价标

---

* 收稿日期:2021 年 6 月 16 日。本文是国家社科基金重大招标项目“互联网经济的法治保障研究”(编号:18ZDA150)和国家社科基金一般项目“互联网领域反不正当竞争执法疑难问题研究”(编号:20BFX147)的研究成果。

** 法学博士,西南政法大学经济法学院教授、博士研究生导师。

*** 西南政法大学经济法学院博士研究生。

准并将评价归类进行展示,这种"好坏分明"的评价标准与展示方式极具识别效果,可使消费者快速查看商品的全部"差评",更加全面了解商品信息,提高决策效率。

然而,在电商行业快速发展,"差评"威慑力逐步加大的背景下,一些电商平台开始实施各种手段悄然隐匿"差评"。电商平台隐匿"差评"行为(以下简称隐匿"差评"行为),是指电商平台采用各种手段,不将商品或服务的所有不利评价归入明确的"差评"分类进行展示的行为。这些电商平台不再使用"差评"分类标准与展示标签,不再将商品或服务的所有不利评价归入"差评"分类进行展示,使消费者无法通过点击"差评"分类标签看到该商品的全部"差评",妨碍了消费者全面充分行使权利,导致了电商市场信用评价制度的失灵。对此行为,依靠市场机制自愈和平台自治皆无法形成及时且有效的规制,而采用法律规制时也面临进路选择与具体应用的困难。

学界对电商交易中出现的"差评"已有关注,聚焦"差评"在电商发展不同阶段引发的不同典型现象,展现了从对消费者"差评权"保护①到对"恶意差评"规制,②再到将利用评价机制所为的不法行为总结为虚假信用评价问题③的回应型研究,产生了对消费者网络评价权专门性研究的学术成果。④ 目前,已有学者开始关注电商评价机制中的隐匿"差评"现象,⑤但针对隐匿"差评"行为的专门性研究还暂显缺失。⑥ 鉴于此,本文首先对隐匿"差评"行为进行界定,而后论证对其进行法律规制的原因,最后提出法律规制应选用的模式和工具以及具体的规制措施。

二、电商平台隐匿"差评"行为的界定

(一)典型的行为主体:电商平台经营者

一条评价信息要展现在电商平台上,需要先由消费者依照平台的评价规则对已购商品进行评价,其后由平台进行统合计算,最后由平台展示在商品评价页面上。要产

---

① 张枫逸:《差评有风险,呼唤制度性保护》,载《法制日报》2016年7月16日,第7版。

② 王涵:《网络恶意差评行为引关注　立法规制有待跟进》,载《民主与法制时报》2019年6月2日,第6版。

③ 参见周昌发:《论网络交易中虚假信用评价的法律规制》,载《江汉论坛》2020年第5期。

④ 消费者网络评价权的相关研究,参见应飞虎:《消费者评价制度研究》,载《政法论丛》2018年第1期;许恋天:《消费者网络评价权的配置法理与立法表达》,载《法制与社会发展》2021年第3期;李超:《论消费者评价权》,载《河北法学》2021年第5期。

⑤ 薛军:《电商评价机制岂能隐匿差评?》,载《现代物流报》2020年11月4日,A02版;张国栋:《消费者评价保护机制不能稀释》,载《人民法院报》2021年7月21日,第2版。

⑥ 笔者在中国知网以"差评"为主题进行搜索,对搜索结果限定学科为经济法,共查询到96篇文献,其中没有对电商平台隐匿差评行为进行专门研究的文献。搜索日期为2021年8月14日。

生隐匿“差评”之效果，需由平台经营者在上述一个或多个环节作出行为方可实现。由此可见，隐匿差评行为的典型行为主体是电商平台经营者。具体而言，对于评价机制中的消费者，虽评价是由其作出，但消费者对评价标准的设立以及如何展示评价信息等事项并无控制力，消费者仅能自主决定是否进行评价。同时，观察各大电商平台的评价规则和评价机制的实际运行情况，各大电商平台并未给予平台内经营者修改、删除抑或是隐藏消费者所作评价的权限，平台内经营者在客观上无法隐藏“差评”。

但是，应该注意到，存在平台经营者与平台内经营者达成共谋后由电商平台经营者实施隐匿差评行为的可能。由此，对行为主体的认识应更进一步厘清：首先，电商平台经营者是平台的实际控制者，无论是否存在与其他经营者的共谋，只有电商平台经营者具有客观能力进行隐匿“差评”行为。其次，隐匿差评行为的实施皆在且只在电商平台，无论是否存在与其他经营者的共谋，行为的发生地或作用范围是电商平台。所以，可以认为，电商平台经营者是典型主体，其他经营者有可能通过共谋参与到该行为中，或提供资金、技术等帮助，这些行为人也属于该行为的行为主体。但是，隐匿差评行为的实施地是电商平台，其不利影响也在电商平台或通过电商平台扩散，且平台经营者不仅是平台的控制者与责任主体，而且是客观上有能力实施该行为的唯一主体，所以规制应聚焦电商平台经营者的行为。而对于其他行为主体，可通过“共同侵权”追究私法责任，亦可通过《反不正当竞争法》的“帮助虚假或引人误解的商业宣传行为”条款进行规制。

（二）复杂的行为方式：从淡化规则到取消标准再到不展示“差评”分类的“三部曲”

1. 在评价规则中淡化“差评”

电商平台评价规则是电商平台制定的关于消费者评价机制设立与运行的规范体系的总称。评价规则是规定消费者评价活动的平台“基本法”，是平台和消费者进行评价行为的“操作手册”。评价规则的内容通常包含评价的标准、计算逻辑、违规处理等各方面规范。评价规则是由电商平台主导制定的，虽然某些电商平台提出了“规则征求意见机制”，但其仍然无法改变电商平台经营者制定评价规则的主导地位。如天猫商城的“规则众议院”，在该机制下，平台经营者对平台规则的制定或修改会以投票的方式征求其他市场主体的意见，但其规则制定或修改的文本起草、投票设置、结果公示范围与方式都由电商平台主导，被征求意见主体的意见可表达程度较低，投票结果信息公开范围狭窄。①

---

① 在天猫商城的“规则众议院”中，平台内经营者和消费者可对平台规则的制定或修改进行投票，但其投票只设置支持和可再评估两个选项，且可再评估选项中投票人只能输入不超过140字的建议。投票结果公示只显示支持与否，未显示一共多少人参与投票、票数分布、不同意的意见等全面投票信息。

实施隐匿差评行为的电商平台通常会在其评价规则中淡化“差评”。淡化“差评”体现在两个方面:其一,取消“好、中、差”3档评价标准。淘宝网的评价规则中清楚写明了“好、中、差”3档评价标准以及对应的卖家信用积分逻辑。[①] 与此不同,实施隐匿差评行为的电商平台在其评价规则中不采用“好、中、差”3档评价标准。其二,不明确评价标准具体内容。实施隐匿差评行为的电商平台在其评价规则中不仅取消了“好、中、差”3档评价标准,而且也不明确其具体采用何种评价标准。以天猫商城为例,其评价规则中没有明确商品评价采用何种标准,[②]但其在消费者评价页面就采用了使消费者理解与识别更模糊的“星星数量”作为商品的评价标准。

2. 在消费者评价中取消“差评”

产生评价是将评价进行展示的前提,也即只有消费者作出了评价,电商平台才能将评价进行展示。在沿用“好、中、差”3档评价标准的电商平台中,消费者评价页面会为消费者提供“好、中、差”3档评价标准对商品进行评价,在产生了“好评、中评、差评”后,评价展示页面会将所有评价分别归入“好评”“中评”“差评”3类标签进行展示。

实施隐匿差评行为的电商平台通常会在消费者评价环节取消“差评”标准。这时,当消费者对已购商品进行评价时,平台不提供“好、中、差”3档评价标准,消费者只能对商品进行一到五星的选择加之对商品进行描述。消费者在对商品进行描述时页面也许[③]会出现电商平台预先设置的标签,如“整体评价、材料特征、上身效果”等标签,消费者可点击该类标签,对标签指定的问题进行回答。取消了“差评”标准后,消费者对商品进行评价时就无法使用明确的定性标准即“差”去评价商品,而只能用自己的语言去描述对商品的认识。

3. 在评价展示中抹去“差评”

评价展示是消费者评价机制中最重要的环节。评价如何展示直接关乎评价信息是否能够真实、准确地传导,评价机制是否能够真正发挥抑制信息不对称的作用。实施隐匿差评行为的电商平台会在商品的评价信息展示页面抹去“差评”分类,即不将所有不利评价归入明确的“差评”分类进行展示。实施隐匿差评行为的电商平台通常会在其评价规则中淡化“差评”,而后在消费者评价中取消“差评”标准。这些平台虽取消

---

① 参见《淘宝网评价规范》,载淘宝网2015年3月31日,https://rule.taobao.com/detail-2352.htm?spm=a2177.7231193.0.0.7e8e17eaDZzkEW&tag=self。

② 参见《天猫评价管理规范》,载天猫商城网2019年6月12日,https://rule.tmall.com/tdetail-11000225.htm?spm=a223k.10052707.0.0.1168496dzv0veZ&tag=self。

③ 笔者对天猫商城两家店铺的两个商品进行评价时发现:一个商品的消费者评价页面会显示预先设置的标签,另一个商品的消费者评价页面则无此标签。

“差评”标准,但消费者的评价中依然会存在对商品作出的不利评价信息,而这些平台不会将所有商品的不利评价归入明确的“差评”分类进行展示,评价信息展示页面不再显示“差评”分类,消费者无法通过点击某一分类标签查看到商品所有不利评价。

三、电商平台隐匿差评行为法律规制的诱因

(一)电商平台隐匿差评行为存在明显不利影响

1. 隐匿“差评”行为侵害消费者相关权利

(1)通过控制“差评”产生和抹去“差评”分类展示侵害消费者知情权

一方面,隐匿差评行为通过控制“差评”产生而操控消费者知情权范围。隐匿“差评”行为在消费者评价环节就制造了一个限制和一个误导。一个限制,是指消费者无法通过“差评”选项将商品情况定性为“差”,而只能描述出自己所认为的不好情况。一个误导,是指消费者在对商品进行描述时,评价页面也许会出现平台预设好的标签,这些标签可引导消费者按标签的提问范围来进行回答。通过如此的源头控制,平台展示出的商品不利评价不仅没有了明确的“差评”标准,而且商品的不利描述也能被引导至平台预设的标签范围内。由此,消费者所看到的商品不利信息正是平台通过取消标准和引导评价而巧妙地借已购消费者之手为商品“描绘”的评价信息,隐匿“差评”行为实质上操控了消费者知情权范围。

另一方面,隐匿“差评”行为通过抹去“差评”分类展示影响了消费者信息获取效率。在电商平台不将所有不利评价归入明确的“差评”分类进行展示的情况下,消费者要获取某一商品全部不利评价只能通过浏览完商品每一条评价的具体内容来完成,需要付出巨大的时间成本。当评价信息成千上万条时,这样的信息筛选工作明显成为消费者的过重负担。抹去“差评”分类展示严重影响了消费者信息获取效率,更是将阻碍消费者快速获取商品全部不利信息的责任变为消费者因自身“懒惰”而形成的自我不能与自担其责。

(2)通过取消“差评”标准限制消费者网络评价权行使

在电商场域,所有消费者都能够查看商品的评价信息,已购消费者能够对已购商品作出评价。消费者网络评价权是一项先历经电商领域多年实践,其后“以法律义务反射的间接入法形式”所呈现的新兴消费者权利。① 部分电商平台在消费者评价环节取消“差评”标准是对消费者网络评价权的实质限制。这使已购消费者无法使用明确的定性标准“差”去评价商品,无法通过客观标准将自己的感受清楚地向其他消费者传

① 参见许恋天:《消费者网络评价权的配置法理与立法表达》,载《法制与社会发展》2021年第3期。

播,也使评价信息抑制网络交易信息不对称的功能失灵,更使消费者作出的不利评价对经营者的"威慑力"大幅降低,消费者评价行为制衡经营者不诚信经营行为的作用失效。

2. 隐匿"差评"行为导致电商市场信用评价机制失灵

(1)隐匿"差评"行为导致信用评价制度设立初衷无法实现

早在电商平台兴起之初,电商平台经营者为应对网络交易商品信息披露不足、交易双方不信任、不诚信商家不易追责等情况,就设立了以"好评、中评、差评"进行分类展示的评价机制。在电商平台设立并运行了信用评价制度多年后,《电子商务法》设立了电商平台应建立健全信用评价制度的法定义务,构建了涵盖评价规则制定、评价规则公示、提供评价途径、不删评价、法律责任为主要内容的信用评价制度。① 自此,电商平台信用评价制度从单一平台的问题解决方案转变成为所有电商平台的法定义务,无论是彼时的问题解决方案还是此时的法定义务,设立电商平台信用评价制度的初衷就在于解决互联网交易的信息不对称,实现对平台交易主体的信用惩戒。

隐匿"差评"行为通过取消"差评"标准而利用消费者"描述"本身自带的不确定性混淆了整个评价信息池,加重了潜在消费者对信息的筛选成本,破坏了评价信息本应起到的缓解信息不对称的作用。同时,隐匿"差评"行为使评价机制的信用惩戒作用明显降低。当消费者在网上发布对商品的负面评论时,实际是通过公众舆论提出潜在的索赔,寻求某种非正式的补偿。② 隐匿差评后,曾经让商家忌惮的"差评"不复存在。显而易见,隐匿"差评"行为会使信用评价制度设立的初衷无法实现。

(2)隐匿"差评"行为导致信用评价机制的社会信赖度降低

法定义务的缺失使如何展示评价信息成为电商平台的"自治事项"。电商行业呈现了不同平台使用不同评价展示方式,同一平台在不同业务板块使用不同评价展示方式的现状(见表1)。虽然单一电商平台实施隐匿"差评"行为所产生的不利后果只及于其自己的平台,但是当隐匿"差评"行为这样的错误示范逐步传播至整个市场的电商平台时,"次品"规则就会驱逐"良品"规则。平台隐匿"差评"可使商品销量因"差评"所受的影响降低,在商品质量与服务水平不作改变的情况下,平台内商家和平台在短期内会获得更多利益或保持利益不发生波动。显然,在衡量利益与掂量自身市场实力后,部分平台会实施隐匿"差评"行为并"配套"在其评价规则中淡化"差评"。当市场

---

① 《电子商务法》第32条、第33条、第39条、第81条。

② See Wayne R. Barnes, *The Good, the Bad, and the Ugly of Online Reviews: The Trouble with Trolls and a Role for Contract Law after the Consumer Review Fairness Act*, Georgia Law Review, Vol. 53:2, p. 549 – 612 (2019).

上众多平台的信用评价制度都认可并采用隐匿“差评”行为时，这仿佛就成为一种行业习惯或共识。在这个“劣币驱逐良币”的过程中，消费者对信用评价制度的信赖度逐步降低。

表1　主要电商平台采用的评价展示方式与相关信息统计 *

不同电商平台	平台公布的评价规则中是否含有“差评”项目	商品（服务）评价展示页面是否采用“差评”归类展示	电商平台首页是否展示“评价规则”内容或链接标识	备注
淘宝网	有	采用	无	—
天猫商城	无	不采用	无	—
美团网	无	采用	无	—
京东商城	有	采用	无	—
拼多多	无	不采用	无	—
滴滴出行	无	不采用	无	业务类型特殊
携程	无	部分业务板块采用	无	—
唯品会	无	不采用	无	—
苏宁易购	有	采用	无	—
车好多	无	不采用	无	业务类型特殊
每日优鲜	无	不采用	无	—

* 表1是以《2020胡润中国10强电商》公布的中国前十电商为对象进行相关调研后作出的统计表。对阿里巴巴旗下的淘宝网与天猫商城分开进行了统计。参见《阿里称霸！胡润电商榜！胡润发布2020中国电商十强》，载搜狐网2020年7月14日，https://www.sohu.com/a/407633427_120773640?_trans_=000014_bdss_dkygcbz。

（二）电商平台隐匿“差评”行为法律规制的合理性

1.市场自愈缺乏效率需要“国家干预”

当市场中出现不诚信行为时，并不是只有依靠法律规制才能将其消除，市场竞争也会逐渐淘汰不诚信主体从而消灭不诚信行为。但是，依靠市场竞争实现自愈的时间成本极高，如若任由电商平台和平台内商家在是否诚信对待消费者的“考场”中对决，通过消费者的选择将实施隐匿“差评”行为的电商平台所抛弃，让整个电商市场的评价机制恢复到诚实信用状态，这个过程是极其漫长的。同时，在市场从无序到有序的自然重塑过程中,各方市场参与者都会负担各自的经济效益损失,最终造成的是社会整体经济效益的巨大损失。正如卢代富教授所指出的:“国家干预经济的真谛在于校正市场的自然逻辑。”①当市场自愈使良好规则回归的速度过慢且损耗过大时,就需要法律规制进行“国家干预”,以产生及时、有效地恢复市场诚信评价机制的效果。

2.平台自治具有局限性需要法律规制

平台自治这种非公权力介入的自治给平台内市场树立了规则,保障并繁荣了电商交易。但不容忽视的是,电商平台具有双重身份特征。② 一方面,电商平台是市场竞争者。它与众多其他电商平台在市场中展开竞争。另一方面,电商平台是市场监管者。电商平台经营者可监管、调控平台的内部市场。面对激烈的市场竞争,双重身份使电商平台具有通过调节内部市场满足外部市场竞争的可能性,这不仅使平台自治的公正性得以降低,也使单一平台良好规则的引领作用甚微。

首先,评价规则制定与实施受到逐利性的影响。在法定义务缺失的情况下,选择何种评价展示方式、制定何种评价规则以及如何实施自然由平台自行决定。隐匿“差评”行为在短期内对电商平台和平台内商家皆有利,对内能满足平台内商家不诚信的逐利性需求,对外能帮助平台在市场竞争中抢占更大份额。平台行使“自治权限”制定评价规则,选择能使自己获利更多的隐匿“差评”行为自是既“合法”又经济的“最佳选择”。在此情况下,寄希望于仅依靠电商平台自治清除隐匿“差评”行为缺乏可期待性。

其次,单一平台的良好规则引领作用甚微。由表1可知,隐匿差评行为并不是所有电商平台都采用的行为。淘宝、京东从创立至今就一直将“好评、中评、差评”进行分类展示,发挥了优异的识别功能,获得了消费者的认可。但单一平台的良好规则不具有法律强制性,并不能成为各平台都遵守的准则,更何况,每一个电商平台都具有双重身份,当其能够选择一种对自己具有更大利益的评价机制时,还期望其能够自愿学习并遵从其他平台的良好规则是不现实的。

四、电商平台隐匿“差评”行为的法律规制

(一)革新规制模式:从监管到共治

回顾电商平台进化发展历程,其商业模式一直随着市场需求、技术创新的不断变

① 卢代富:《经济法中的国家干预解读》,载《现代法学》2019年第4期。

② 参见时建中、马栋:《双重身份视角下平台自治与反垄断监管的界限》,载《竞争政策研究》2020年第4期。

化而发展；反观平台监管的政策，从“包容审慎监管”原则[①]的提出与应用，到国务院办公厅《关于促进平台经济规范健康发展的指导意见》中提出的以“加强监管部门协同、区域协同和央地协同”为主要内容的“协同监管机制”，不难发现，政府监管主导模式始终是平台规制的主调。技术进步和平台经济的发展会不断产生新问题，从单一政府监管走向多主体协同共治，是增强规制效果的手段，更是平台规制模式的革新。

1. 巨量级工作量需要平台参与共治

一方面，超级平台[②]的崛起与随之而来的巨量级工作量使协同共治具有了可能性。网络效应使电商平台价值大小与用户规模大小、产品兼容情况成正比关系，[③]这让平台总是具有不断增加商户与客户的欲望。随着呈现“平台—数据—算法”三维经济结构的[④]超级平台不断发展，伴随海量的参与者与庞大的交易规模而来的是繁重的市场管理任务，再加之新技术、新业态下不断涌现的新问题，巨量级的市场管理工作量使多主体协同共治具有可能性。另一方面，平台经营者虽着“经营者”之表却行“监管者”之实，平台的自治能力为协同共治提供了可行性。平台对问题了解更多且作出反应更快，当治理机制作用不佳时，平台能更快地调整治理机制。[⑤] 平台依靠技术和长期经营形成的可行规则与监管经验，能更细致地调节平台经济与维护平台内秩序，也能更迅速地保护消费者权利。

2. 互联网技术使消费者能够便捷参与共治

互联网技术可以为消费者便捷参与平台治理提供了条件，使消费者从传统“维权”主体迈向治理主体成为可能。例如，上文提及的天猫“规则众议院”，其运行虽在公开性和公正性上有所欠缺，但不失为消费者参与治理的一种尝试。又如，“闲鱼 app”中的“小法庭”功能，消费者可申请担任他人纠纷的“法官”，参与网络购物纠纷的处理。

由此，政府监管、平台自治、消费者参与，三者可形成协同共治模式，提升平台规制的质量和效率。

---

① 参见《李克强详解为何对新业态实施“包容审慎”监管?》，载中国政府网 2018 年 9 月 12 日，http://www.gov.cn/xinwen/2018-09/12/content_5321209.htm? _zbs_baidu_bk。

② 参见陈兵：《因应超级平台对反垄断法规制的挑战》，载《法学》2020 年第 2 期。

③ 参见叶明：《互联网经济对反垄断法的挑战及对策》，法律出版社 2019 年版，第 20 页。

④ 参见杨东、臧俊恒：《数字平台的反垄断规制》，载《武汉大学学报（哲学社会科学版）》2021 年第 2 期。

⑤ See David S. Evans, *Governing Bad Behavior by Users of Multi-Sided Platforms*, Berkeley Technology Law Journal, Vol. 27:2, p. 1201-1250(2012).

(二)匹配规制工具:信息工具为主,其他规制工具为辅

“作为公权规制的一种形式,信息工具是运用信息解决问题的规制方式。”①隐匿“差评”行为阻碍评价信息的完整披露,其本质是制造或加剧信息不对称。信息工具通过给予信息弱势者一定数量的准确信息以消解信息不对称,平衡交易双方的力量。因信息工具不直接干预具体交易本身,而又对解决信息问题极具针对性,②所以可将信息工具作为规制隐匿“差评”行为的主要规制工具。

然而,评价信息属于复杂信息,而同时消费者又具有认知偏差,这就需要运用其他规制工具进行补充。一方面,不同消费者基于自身认识对商品性能的评价本就具有差异性,在平台取消了“差评”标准后,消费者作出的商品评价信息所表现的含义更加具有模糊性与非标准性。同时,平台交易量巨大直接导致评价信息过度。这样的信息复杂程度对信息工具功能的发挥形成了挑战。另一方面,促销的紧张氛围、折扣组合的复杂计算等网购场景会加剧消费者的认知偏差,降低其对风险的识别能力。所以,在规制隐匿“差评”行为时,可将信息工具作为主要规制工具,将诸如网购冷静期制度、示范性规则、政府行政指导与平台企业依法合规承诺③等其他非信息规制工具作为辅助规制工具,以便更好地发挥规制效果。

(三)具体规制措施:构建“赋权消费者—压实平台义务—维护信用评价秩序”三维法律规制闭环体系

1. 适配网络消费者评价相关权利:知情权解释与评价权填充

(1)应明确评价信息属于消费者知情权范围

《消费者权益保护法》对知情权范围采用概括加列举的方式进行规定。分析该法对知情权范围的列举内容,④可知该法立法时的考量背景主要是传统交易市场。所以,自然会出现司法审判对网络交易中具体信息是否属于知情权范围的认定偏差,导致消费者面临维权困难。⑤ 知情权范围应随交易场域的不同而发生变化,不同交易场域中消费者应知的信息应有所不同。从法条文义解释的角度看,评价信息为网络消费者应

---

① 应飞虎:《消费者立法中的信息工具》,载《现代法学》2019年第2期。

② 参见应飞虎:《消费者立法中的信息工具》,载《现代法学》2019年第2期。

③ 参见《互联网平台企业向社会公开〈依法合规经营承诺〉(第一批)》,载国家市场监督管理总局官网2021年4月14日,http://www.samr.gov.cn/xw/zj/202104/t20210413_327811.html。

④ 参见《消费者权益保护法》第8条。

⑤ 参见许晓晨:《网购消费者诉求知情权超范畴法院判决驳回诉讼请求》,载北京法院网2017年3月10日,http://bjgy.chinacourt.gov.cn/article/detail/2017/03/id/2576456.shtml。

知悉的信息。文义解释原则上要求按照通常的理解进行解释,[①]《消费者权益保护法》第8条第2款的表述为:“消费者有权根据商品或者服务的不同情况,要求经营者提供商品的……有关情况。”这说明消费者应知悉的信息要“视情况”而定,电商交易中已购消费者的评价弥补了经营者对商品描述的不足且对于消费者全面了解商品来说极其重要,属于消费者应了解的重要信息,应纳入消费者知情权的范围。

(2)网络消费者评价权应填充关键内容:评价标准

我国现行立法仅以规定平台义务的形式勾勒出网络消费者评价权的轮廓,[②]对于网络消费者评价权的具体权利内容,有学者从定义权利并规范权利行使的角度展开,如定义消费者评价权“是消费者在交易后对经营者进行评价或评级的权利”,消费者行使评价权时应“诚实、公正、客观评价”并应“禁止利用评价权获取利益”。[③] 也有学者将网络消费者评价权划分为“自由评价权”与“完整呈现权”两大原则性权利。[④]

作为新兴权利,需要完善的内容自是很多,评价标准的设立尤为紧迫。虽有评价权,但若标准不明,评价信息就起不到识别与区分作用,无法为消费者决策提供可行参考。由此,应在网络消费者评价权中填充关键内容:评价标准中应具有“差评”标准。可通过监管部门的部门规章、规范性文件等方式明确网络消费者有权对已购商品作出“差评”。权利的赋予能够给予消费者独立的请求权,但赋权的同时也应防范恶意差评风险。可尝试建立以平台为载体的公共参与评审机制。如平台在对恶意差评进行认定与处罚时,可通过引入“公众评审”程序,[⑤]增强处理工作的公开与公正,提高被处理人的接受程度。

2. 压实平台义务:设立提供评价义务和信息披露义务的特定规则

作出评价是将评价信息依法披露的前提,所以应结合评价信息的特性,对平台提供评价义务设立特定规则,保障信息的真实与准确,其后再对信息披露义务设立特定规则,实现信息披露的作用。

(1)设立评价机制禁止性规范与评价规则示范性条款

提供评价途径义务是《电子商务法》对平台经营者设定的法定义务,[⑥]目前,由于

---

① 参见王利民:《法律解释学》(第2版),中国人民大学出版社2016年版,第133页。

② 参见《电子商务法》第39条。

③ 应飞虎:《消费者评价制度研究》,载《政法论丛》2018年第1期。

④ 参见李超:《论消费者评价权》,载《河北法学》2021年第5期。

⑤ 如二手物品交易平台“闲鱼app”的“小法庭”功能:当交易双方发生争议后,平台随机邀请数名其他用户,依照交易双方各自提交的证明材料对争议事实进行评审。

⑥ 参见《电子商务法》第39条、第81条。

该义务仅为原则性规定,法律并未对评价标准、评价展示等评价机制具体问题进行明确规定,故各电商平台皆将评价机制作为各自的“自治事项”。同时,各平台评价标准不一、程序不同,也导致电商市场评价信息披露形式和内容不统一。由此,一方面,可对电商平台设立评价机制禁止性规范,对评价机制的关键问题进行干预。具体而言:第一,禁止平台设立并运行没有明确区分标准的评价标准;第二,禁止平台设立并运行不含“差评”标准的评价标准;第三,禁止平台引导、诱导消费者进行评价。另一方面,监管机关或行业协会可通过发布评价规则示范性条款对平台的评价机制运行进行引导。评价规则示范性条款能够体现未依靠国家强制力但能产生社会实效的“软法”①效果,能够实现非信息工具对信息规制的补充作用。对评价规则设立示范性条款,可将重点放在评价规则制定与修改的公众参与程序、评价标准、恶意差评的识别与处罚、“刷单炒信”的识别与处罚等突出问题上。通过发布评价规则示范性条款,并配合相应激励机制,能够在不过多抑制平台创新管理的基础上实现各平台评价规则的统一化和规范化。

(2)设立评价信息披露义务的特定规则

《电子商务法》对电子商务经营者设立了“全面、真实、准确、及时”的信息披露要求,②不同信息的来源、样态、数量等特征的不同决定了要采取相适应的披露方法才能更好地满足披露要求。对于履行上述信息披露义务,电商平台亦需结合具体信息确定具体规则。由此,可针对评价信息的特征与突出问题,设立评价信息披露内容与形式的特定规则,以满足信息披露要求,发挥信息披露作用。

第一,“全面、真实、准确、及时”披露评价信息的认定标准。其一,所谓“全面”,即应披露所有评价信息。这要求平台将所有评价进行展示,而不能选择性展示。平台也不能未经消费者允许将评价进行自动折叠。其二,所谓“真实”,即披露的评价信息须是未受诱导、引导而形成的。电商平台披露的评价信息应为已购消费者独立自主作出的评价信息。若评价信息是经电商平台提示、诱导而形成的或是经平台内经营者以利诱、强迫而形成的,则不能成为平台披露的评价信息。其三,所谓“准确”,即要求披露的评价信息应为具有明确评价标准的评论信息。披露的评价信息应为依据区别明显、认知明确、好坏分明的评价标准所作出的评价。只有“好评”没有“差评”或没有评价标准的评价信息皆不符合披露要求。其四,所谓“及时”,即要求平台在消费者作出评价

---

① 罗豪才、宋功德:《认真对待软法——公域软法的一般理论及其中国实践》,载《中国法学》2006年第2期。

② 参见《电子商务法》第17条。

后即时显示在商品评价页面中。平台不得利用技术手段拖延评价的开始展示时间。同时，消费者自主删除的评价应即时在评价页面删除，消费者追加的评价也应即时在评价页面显示。

第二，评价信息披露形式应至少采用“好、中、差”分类展示形式。在确定评价信息的披露方式时，应考量到电商经济是典型的“注意力经济”，“电子商务企业间的竞争主要在于想出巧妙的方法来吸引人们的注意力”。[①] 无论商品价格高低，消费者选择购买商品时都极其看重带有“第三方评估”属性的已购消费者评价。在浩瀚如烟的评价信息中，平台就算及时地披露了全面、真实、准确的评价信息，但如果没有将信息进行合理分类，那么消费者也无法高效地了解全部“差评”信息。所以，电商平台在披露评价信息时应至少采用“好、中、差”分类展示形式，保障消费者可通过“好、中、差”这项最基本的分类快速查找到其所需要的信息。在具备了这一展示形式的基础上，平台可以新增更多的披露方式，以满足个性化需求。

第三，设立评价信息披露义务的法律责任，建立配套制度。首先，设立评价信息披露义务的法律责任应是当务之急。作为义务主体，电商平台若未能按披露要求进行披露，自然应当承担法律责任，没有相应法律责任的约束，此义务自是难以落实的。其次，相关配套制度的跟进对于评价信息披露义务的有效履行也具有重要作用。信息披露的监管程序与措施、投诉举报机制、信息披露的豁免制度等相关制度的逐步跟进能使评价信息披露义务有效履行，也能使以义务履行为核心的电子商务经营者信息披露义务逐渐发展为规范化、全面化的制度。

3. 维护电商市场信用评价秩序：认定隐匿“差评”行为属于引人误解的商业宣传

(1) 使用反不正当竞争法对隐匿“差评”行为进行规制的作用

其一，通过行为规制恢复电商市场信用评价秩序。实施隐匿“差评”行为的电商平台以其在评价机制上的不诚信行为，明显破坏了电商信用评价制度所构建的公正评价、评价公示、鼓励守信、制裁失信的市场信用评价秩序。反不正当竞争法旨在通过禁止不正当竞争行为修复被破坏的市场竞争环境。[②] 所以，应适用反不正当竞争法规制这类不正当竞争行为，以恢复秩序。其二，反不正当竞争法的行为规制可与其他规制力量形成配合，组成规制“闭环”，增强规制效果。对于隐匿“差评”行为的法律规制，消费者以知情权或评价权受损的私人诉讼是一组基于赋予权利而产生的规制力量，对电

---

① David S. Evans, *Attention Rivalry Among Online Platforms*, Journal of Competition Law and Economics, Vol. 9:2, p. 313 – 358 (2013).

② 参见孙晋、李胜利：《竞争法原论》(第2版)，法律出版社2020年版，第8页。

商平台设立评价信息披露义务特定规则是一组基于设立信息义务而产生的规制力量，而使用反不正当竞争法对该行为进行规制可与上述两种规制力量共同组成规制“闭环”。同时，隐匿“差评”行为也符合虚假或引人误解的商业宣传的构成要件。《反不正当竞争法》第8条涵盖了对商品的“用户评价”作虚假或者引人误解的商业宣传的规制，而且，无论是《网络交易监督管理办法》的征求意见稿还是最终发布版本都将采用误导性展示等方式展示商品评价的行为纳入虚假宣传行为的规制范围。①

(2)行为规制的具体认定方法

《反不正当竞争法》第8条要求经营者不得对用户评价作虚假或者引人误解的商业宣传，欺骗、误导消费者。很明显，无论是虚假的还是引人误解的商业宣传都是应被规制的。因为隐匿“差评”行为在评价信息的产生与展示环节都进行了不诚信行为，那么该行为究竟应认定为虚假的还是引人误解的商业宣传是需要解决的问题。具体分析如下。

其一，关于“虚假的或者引人误解的商业宣传”的认定。首先，电商平台实施隐匿“差评”行为所展示出来的评价信息是否虚假，决定其行为是否构成虚假的商业宣传。形成虚假信息的两种典型方式是“捏造虚构事实”和“歪曲真实事实”。② 隐匿“差评”行为产生和展示的评价信息非常特殊。由于取消了客观的“差评”标准，消费者无法对商品以“差”作为定性，而只能用自己的语言、逻辑去描述商品，加之平台引导标签会使消费者按引导问题进行回答，在这种情况下产生的评价信息虽由消费者自己作出，但其评价信息由于缺乏客观的定性标准而会存在片面性、模糊性。但应该注意，这样的评价信息虽具片面性与模糊性，但其与“捏造虚构事实”和“歪曲真实事实”还尚有一定的距离，消费者在没有客观标准的情况下以自己的认识和语言作出的评价与虚假信息并不能对等。其次，电商平台采用各种手段不将商品或服务的所有不利评价归入明确的“差评”分类进行展示的行为是否为引人误解的商业宣传，在于判断如此的评价展示是否能起到引人误解之效果。在判定商业宣传行为是否引人误解时，应以宣传行为针对对象的理解为准。③ 实施隐匿“差评”行为的电商平台在评价展示环节既不向消费者展示清楚的“好、中、差”评价分类，也不将所有不利评价进行汇总并交给消费者“查验”，而是使用一些来源不明的分类标签展示评价信息，这样的展示行为会使消费者误

---

① 参见《网络交易监督管理办法(征求意见稿)》第12条(2020年10月20日国家市场监督管理总局发布)、《网络交易监督管理办法》第14条(2021年3月15日国家市场监督管理总局发布)。

② 孔祥俊:《反不正当竞争法新原理(分论)》，法律出版社2019年版，第242页;江帆主编:《竞争法》，法律出版社2019年版，第135页。

③ 参见王先林:《竞争法学》(第3版)，中国人民大学出版社2018年版，第137页。

认为某种商品没有“差评”或“差评”很少。显然,这样的展示行为属于引人误解的宣传行为。

其二,关于“欺骗、误导消费者之效果”的认定。虚假的或者引人误解的商业宣传的行为效果是造成了欺骗、误导消费者的客观后果或可能性。[①] 隐匿“差评”行为通过使消费者不能清楚知悉具体商品的全部不利评价,导致消费者无法了解评价信息的全貌,更无法通过评价信息去了解商品的全貌,最终造成误导消费者对商品的认识之效果。所以,综合形式与效果,可将隐匿“差评”行为认定为引人误解的商业宣传。

此外,还应注意到可能存在的“帮助其他经营者进行虚假或者引人误解的商业宣传”中帮助主体的认定。识别帮助主体,客观上在于识别帮助人是否实施了帮助行为。隐匿“差评”行为的行为方式与该条款主要针对的“刷单炒信”并不一样,在识别帮助行为时应考量多种因素,以避免将正当商业合作认定为帮助行为。若平台内经营者或其他经营者为电商平台经营者实施隐匿“差评”行为提供资金、设备、技术等实体性帮助,或提供舆论支持、信息支持、商业斡旋等帮助,则应考量帮助行为所起到的作用、帮助人主观状态、被帮助人虚假宣传行为是否成就等因素来综合判断帮助行为是否成立。

五、结　语

游离在平台自治与国家干预之间的隐匿差评行为出现的时间不短,造成的不利影响不小,但消费者维权困难且行政监管未完整覆盖。究其原因,在于对该行为的认识不够清楚,是否应由法律规制不够确定,如何进行法律规制不够明确。对隐匿“差评”行为进行界定是为了明确该行为“是什么”。讨论法律规制的合理性是对“为什么要进行法律规制”的解答。通过提出法律规制的规制模式、规制工具以及具体规制措施等对策,试图回答“怎么进行法律规制”,以求为消费者维权找到请求权基础,为监管机关执法找到路径方法,以期能够有效抑制电商平台隐匿“差评”行为,使公正评价、评价公示、鼓励守信、制裁失信的电商市场信用评价秩序得以回归。

（责任编辑:莫晓尧）

---

① 参见江帆主编:《竞争法》,法律出版社 2019 年版,第 135 页。

【财税金融法】

论税法通则立法的必要性、争议和时机[*]

李 刚[**]

摘 要:税法通则作为弥补我国现行税法体系的缺失以及实现税法现代化的标志性法律,一部通则性税收法律的立法有其必要性。税法通则两次立法起草和二十余年的研究过程呈现的若干重大立法争议,在时过境迁的现时,有些仍然必须取得共识,如法典名称结合其定位与效力应确定为税法通则;有些可以通过提取最大公约数的方法加以解决,如应确立税收法定、税收公平和税收效率为该法的三大基本原则,并增加社会政策原则;有些可以通过立法技术的灵活运用以增进共识,如仅规定税收立法特殊之处而不对其作全面规定等;有些则已然失去了争论的意义,如不应规定设置相对独立的税务警察和税务法院等。在依法治国方略的指引下,税收实体法法律层级得以整体提升,新一轮税制改革促成税制体系基本成熟并定型,应把握住这一难得的立法时机,重启税法通则的立法进程。

关键词:税收基本法;税法通则;立法必要性;立法争议;立法时机

税法通则,又称税收基本法、税收通则法,由于其集中规定了一国税法的宗旨、基本原则、基本税收权利和义务以及整体税制等一般性问题,并可统筹整合税法体系内各效力等级规范文件相互之间的内部关系,以及协调处理与其他非税法规范文件之间的外部关系,在税法体系内具有类似"宪法"的"母法"地位,因此其不仅可被视为贯彻落实税收法定原则、建立完备规范的税法体系、推进依法治税和实现税收

---

* 收稿日期:2021 年 6 月 11 日。本文是国家社科基金重大项目"推动构建更加公正合理的国际税收治理体系"(编号:20ZDA104)的阶段性成果。

** 法学博士,厦门大学法学院副教授。

现代化的标志,也可被视为国家治理体系和治理能力现代化在税法领域基本实现的里程碑。

然而,税法通则曾先后进入第八届、第九届和第十届全国人大常委会的立法规划,时至今日陷入停滞,这就需要我们对其立法起草和研究过程中存在的重大争议加以辨析,从而在尽可能厘清误区、解决争议并统一认知的基础上继续推动其立法进程。

一、税法通则的立法规划与起草研究历史

我国税法通则的立法规划与起草历史,与相应的研究过程相伴相随,迄今大体经历了如下 5 个阶段:①

一是 1990 ~ 1993 年提出与酝酿阶段。当时的国家税务局税种改革司于 1990 年正式提出制定税收基本法的设想。同时,有学者开始研究该法制定的意义、主要内容和应注意的问题。②

二是 1994 ~ 1998 年批准与研究的初步发展阶段。1994 年,第八届全国人大常委会制定的五年立法规划中,涉税项目仅有“税法(及若干单行税法)”和“个人所得税法(修改)”两项;③但据学者对全国人大常委会相关工作人员的访谈介绍,称其中包含了税收基本法。④ 1996 年 3 月 ~ 1997 年 12 月,由财政部、国家税务总局牵头,组织起草工作,形成了《税收基本法(草案)》的讨论第一稿到第六稿,随后被长期搁置。1998 年 12 月,税收基本法再次被列入第九届全国人大常委会的五年立法规划。⑤

与上述立法规划相适应,这一阶段体现了学界对税收基本法的集中研究:在形式方面,不仅发表了数十篇专题论文,还出版了第一本专著;⑥在内容方面,立法的必要

---

① 前 4 个阶段的划分,参见汤贡亮:《关于继续积极推进〈税收基本法〉立法的建议》,载《经济研究参考》2012 年第 62 期。

② 参见姜其温、张成志:《关于我国税收基本法立法问题的思考》,载《财政研究》1993 年第 9 期;邱昌驹、杨斌:《对优化我国税制结构的思考》,载《财会月刊》1993 年第 12 期。

③ 《八届全国人大常委会立法规划(共 152 件)》,载《人大工作通讯》1994 年第 5 期。

④ 参见刘剑文主编:《中国税收立法基本问题》,中国税务出版社 2006 年版,第 164 页。

⑤ 《九届立法规划》并未公布,该信息系根据如下文件获得:《全国人大财政经济委员会关于第九届全国人大第二次会议主席团交付审议的代表提出的议案审议结果的报告》(1999 年 10 月 31 日第九届全国人大常委会第十二次会议通过),载中国人大网 2000 年 12 月 7 日,http://www.npc.gov.cn/wxzl/wxzl/2000-12/07/content_7204.htm。根据该报告,曾先后列入第八届和第九届立法规划的税收基本法当时其实称为税法,但立法机关、起草机关和学界又都称为税收基本法。

⑥ 参见涂龙力、王鸿貌主编:《税收基本法研究》,东北财经大学出版社 1998 年版。

性、体例模式和内容体系等成为大部分论文必谈的要素，此外，还开始涉及税收基本法的调整对象①、税收基本法中总则②和税收司法体系的立法③、域外税收基本法立法经验的借鉴④等更具体的问题。

值得一提的是，该阶段出现了关于税收基本法还是税收通则法或税法通则的名称及其定位，以及税收基本法应否规定税收立法权，应否规定税务警察、税务法院和税务检察院的争论。

三是 1999 ~ 2003 年立法规划延续与研究的相对停滞阶段。2003 年 12 月 18 日，税收基本法第三次进入立法规划，被列入第十届全国人大常委会五年立法规划的第二类，即“研究起草、成熟时安排审议的法律草案”范围。

在这一阶段，尽管集中研究的热潮暂时退去，但仍有学者在继续关注。如有学者提出，税收基本法的缺位是税收法治最大的障碍；⑤还有学者探讨了税收基本法的特征、制定意义、立法要求和难点。⑥

四是 2004 ~ 2008 年全面发展和繁荣阶段。2004 年 3 月 23 日，由全国人大财经委、全国人大常委会预算工委牵头组织，会同财政部和国家税务总局共同组成的起草工作小组成立，正式启动起草工作。2006 年 9 月，全国人大财经委委托刘剑文教授组建《税收基本法（税收通则法）》（专家稿）起草小组，集中国内共 27 名财税法专家起草专家稿，笔者有幸参与其中；11 月，完成第一稿草案；2007 年 2 月，完成两稿草案。⑦

同时，有关研究成果也不断涌现，并呈现向纵深发展的态势。例如，开始专题讨论

---

① 参见陈学东：《浅论税收基本法的调整对象》，载《扬州大学税务学院学报》1997 年第 4 期。

② 参见林雄：《起草税收基本法总则的若干问题》，载《税务研究》1996 年第 4 期。

③ 参见郭勇平：《关于我国税收基本法中税收司法体系的立法思考》，载《扬州大学税务学院学报》1998 年第 1 期。

④ 参见张松、王怡：《从国际比较看我国建立税收基本法的必要性及可行性》，载《税务与经济（长春税务学院学报）》1996 年第 4 期；张松：《税收基本法的国际比较与选择》，载《涉外税务》1996 年第 11 期；徐志、陈申生、叶剑纲：《韩国国税基本法的内容和借鉴》，载《税务研究》1997 年第 4 期。

⑤ 参见王德礼：《税收基本法缺位是税收法治的最大障碍》，载《经济问题探索》2001 年第 11 期。

⑥ 参见徐志：《我国税收基本法之研究》，载《浙江大学学报（人文社会科学版）》1999 年第 1 期。

⑦ 中国财税法网相关信息，载 http://www.cftl.cn/ArticleInfo.aspx? Aid = 41825&LevelId = 002001002，最后访问日期：2019 年 12 月 20 日。

税法通则的价值①、基本原则②、执行编③和税务代理制度的条文设计④等;又如,对域外经验的介绍由原先的综合概括介绍转向对多个国家的具体介绍,⑤甚至还有学者组织翻译了《克罗地亚共和国税收基本法》全文。⑥ 还值得一提的是,在税法通则的名称与定位上首次出现了不同观点的直接交锋,⑦但不可否认的是,与第二阶段大部分学者主张采用税收基本法的名称不同,这一阶段主张税收通则法或税法通则名称的学者越来越多。

五是 2009 年至 2021 年再次陷入停滞阶段。或许是连续列入三届全国人大常委会立法规划却均受挫的现实,一方面,使立法机关更加谨慎地对待税法通则的立法问题,因此此后数届全国人大常委会的立法规划中未见其踪迹;另一方面,也在一定程度上影响了学界研究的积极性。尽管这一阶段出现了第二本专著,⑧但更多的是对以往研究成果的整理汇总。2020 年 8 月 13 日,在中国知网(China National Knowledge Infrastructure,CNKI)的"学术期刊"全文数据库中分别以税收基本法、税收通则法、税法通则作为"篇名"检索词加以检索,2009 ~ 2010 年和 2017 年至今没有一篇专题论文,2011 ~ 2016 年也仅有 9 篇。

由以上历史回顾,可以总结出我国税法通则的立法规划及其研究在形式方面的几个特征:一是研究受立法规划驱动,学界的两次集中大规模研究均是因该法进入立法规划而引起的,一旦未果,则研究也就随之停滞;二是重复性研究现象较明显,大部分研究成果均会论及该法的立法必要性、体例模式和内容体系三大要素;三是在研究上

---

① 参见王世涛:《论〈税收基本法〉的价值定位》,载《税务研究》2004 年第 11 期;熊英:《税收基本法的"母法"地位质疑——兼论税收基本法的价值》,载《法学杂志》2005 年第 1 期;李惠奇:《税收基本法价值刍议》,载《广东财经职业学院学报》2008 年第 2 期。

② 参见易利杰、黄运:《试析〈税收基本法〉立法中应重点确立的税收基本原则》,载《税务与经济》2007 年第 3 期。

③ 参见翁武耀:《税收通则法执行编立法基本问题探讨》,载《研究生法学》2007 年第 4 期。

④ 参见李清伟:《税务代理制度建构与税收通则法条文设计》,载《财经研究》2008 年第 6 期。

⑤ 参见刘剑文、汤洁茵:《蒙古税收基本法明确规定税务机关管理权限》,载《中国税务报》2006 年 11 月 15 日;刘剑文、汤洁茵:《日本〈国税通则法〉的主要内容及其对我国的借鉴意义》,载《涉外税务》2006 年第 12 期;刘剑文、汤洁茵:《试析〈德国税法通则〉对我国当前立法的借鉴意义》,载《河北法学》2007 年第 4 期。

⑥ 参见《克罗地亚共和国税收基本法》,杨小强等译,载《税收译丛》2006 年第 5、6 期。

⑦ 参见施正文、徐孟洲:《税法通则立法基本问题探讨》,载《税务研究》2005 年第 4 期;涂龙力、涂京联:《税收基本法立法若干基本问题研究——兼与施正文、徐孟洲同志商榷》,载《税务研究》2005 年第 8 期。

⑧ 参见王鸿貌、向东:《税收基本法立法问题研究》,中国税务出版社 2009 年版。

呈现纵深方向发展的微弱态势,但尚未全面展开;四是在研究过程中既有分歧也有共识,而且随着时间的推移,共识增多、分歧减少。

以下则针对经由文献综述和参与草案起草经历而提炼出的税法通则的立法必要性、立法争议和立法时机三个关键问题分述之。

二、税法通则立法必要性的澄清

从大部分有关文献可以看出,学者概括的少则两点、多则五点的立法必要性理由,大体可以分为3类:第一类是具有一般性意义的理由,如弥补我国税法体系缺失或是健全完善我国税法体系的需要,坚持税收法定主义、推行依法治税或者促进税收法治的需要等;第二类多为前一类理由的具体化,如强化税收管理体制的需要,统一税务执法和司法或者提高我国税务执法和司法水平的需要等;第三类则带有明显的历史阶段性,如贯彻党的十四大精神、促进社会主义市场经济发展的需要,实行或者推行与完善"分税制"的需要,巩固和发展"分税制"改革成果的需要,加入世界贸易组织(World Trade Organization,WTO)后对外开放形势发展的迫切要求等。

笔者认为,作为规定国家税收领域最基本问题的税法通则,对所有的税法领域应当都具有规范和指导意义,因此,上述第二类理由已经涵盖在第一类理由当中,无须单项列举,否则难免有挂一漏万的偏误。至于第三类理由,虽然在各历史阶段的当时具有重要意义,但未必经得起时间的考验。而且把诸如实行"分税制"等理由都附加于税法通则的身上,其实混淆了其与税制改革之间的关系,税法通则本不应是税制改革的结果,而应是对税制改革的约束,即确保税制改革在法治轨道上以法治的形态进行。因此,只能从一般意义上来讨论税法通则的立法必要性问题。

笔者认为,税法通则的立法必要性及其意义,可以从形式和实质两个方面重新观察。

1. 从形式方面看,税法通则的立法是弥补税法体系缺失的需要

学界通常将世界各国或地区税法体系的构成模式分为三大类:一是综合法典模式,即"宪法+税法典"模式,采用的国家较少,如美国、法国和巴西;二是通则化模式,即"宪法+税法通则+各单行税法"模式,采用的国家较多,如德国、荷兰、西班牙、俄罗斯、日本、韩国、印度尼西亚、蒙古等;三是分散模式,即"宪法+各单行税法"模式,如我国。进而通过比较的方法,认为我国不可能采取综合法典模式,而目前的分散模式又存在较多欠缺,在我国现行立法体制框架下,只能选择较理想且代表税法法典化发展

趋势的通则化模式。①

笔者基本赞同上述观点,但必须指出3个值得进一步明确的问题。

第一,对我国现行的分散模式,即"宪法+各单行税法"的概括还不全面。以某一单行法律规范是否专门针对税收问题为标准,可以从最广义上将我国税法体系分为专门针对税收问题的税法规范和涉及税收问题的其他法律规范,前者如《企业所得税法》和《税收征管法》等各单行税法,后者如《宪法》第56条、《立法法》第8条和《刑法》第二编第三章第六节"危害税收征管罪"第201条至第212条等。因此,我国现行的分散模式其实应为"宪法性法律中的涉税条款+各单行税法+非单行税法的其他法律中的涉税条款"。

第二,分散模式并非完全不可取。一个奇怪现象是,学界在描述税法体系构成的三大模式时,对前两种模式即综合法典模式和通则化模式,总能列举出若干代表性的国家,但对分散模式却毫无例外地一概仅以我国为例,似乎我国现行的分散模式就是最典型的代表,并经由比较之后得出分散模式不如通则化模式的结论。笔者认为,这种比较方法存在逻辑上的不足,应当首先在分散模式类别范围内将我国与其他采取分散模式的国家或地区加以比较,探讨在分散模式下,我国现行税法体系究竟有无改进或完善的可能;如果得出否定的结论,再进一步考虑是否应当转向通则化模式的问题。

分散模式虽然分散,但如果对税收基本问题的覆盖面足够广,并且各分散的法律规范能够以"法律"的形式组成一个效力关系清晰、结构合理、规范全面的广义税法体系,也不失为一种可行的模式,不见得就比通则化模式的法治水平低。从这一基本认识前提出发,就会发现学界通常所说的我国税法体系的缺失,固然是指与通则化模式相比税法通则的缺失,但其实是指规定税收基本问题的规则(以下简称基本税收规则)缺失。而由于我国立法体制和立法实践的约束,短期内无法在分散模式的框架中解决规则的缺失问题。例如,不大可能通过修订《宪法》的方式来明确税收法定主义乃至税收领域的基本问题;财政收支划分法等非单行税法的其他法律的制定似乎还遥遥无期;尽管《税收征收管理法》修订在即,但其主要作为一部税收程序法的形式局限性决定了不可能把税收领域的所有基本问题都予以囊括等。因此,才促使我们转而考虑选择通则化模式。

第三,即便选择通则化模式,对税法通则内容体系的确定也必须基于我国的现实

---

① 参见张松、王怡:《从国际比较看我国建立税收基本法的必要性及可行性》,载《税务与经济(长春税务学院学报)》1996年第4期;施正文:《中国税法通则的制定:问题与构想》,载《中央财经大学学报》2004年第2期;涂龙力、解爱国:《论税收法治的现代化》,载《税务研究》2005年第4期。

国情,而不能照搬哪怕是最"先进"的外国立法例。例如,同时作为综合法典模式与英美法系税法典代表的美国联邦《税法典》(Internal Revenue Code,IRC),和同时作为通则化模式与大陆法系税法典代表的德国《租税通则》都规定了税收犯罪问题:前者如其第75章A分章的标题就是"犯罪",①专门规定了各种税收犯罪的构成及法定刑;②后者如其第8章第1节"刑罚规定"和第3节"刑罚程序"。③ 二者在税收犯罪方面采取的立法模式属于附属刑法模式,而我国则属于刑法典模式,有关税收犯罪的问题均由《刑法》加以规定,不可能规定在税法通则中。

2. 从实质方面看,税法通则的立法是实现依法治税乃至税法现代化的需要

由上文论述可知,税法通则在形式上的立法必要性与其说是税法体系的缺失,不如说是基本税收规则的缺失。在当前难以在分散模式下加以弥补的前提下,只能转向以单行的税法通则担负起统领基本税收规则重任的通则化模式。之所以称其为形式上的必要性,是因为即便制定了税法通则,但如果对基本税收规则覆盖不全或者语焉不详,重走传统立法惯用的宣言式立法语言模式,片面强调立法语言的概括性和原则性,以至于使该法不具有可操作性和可执行性,那么,充其量也不过是对现行税法体系的"形式美化",而无法起到其应有作用。

所以,从实质方面看,只有通过税法通则的法律形式,对基本税收规则予以全面、明确、具体的规定,切实发挥其作为衔接宪法性法律与各单行税法之间的"桥梁"、作为统领各单行税法的"母法"以及作为协调各单行税法与非单行税法的其他法律之间的"枢纽"的综合作用,才能使税法通则真正成为税法现代化的标志性法律。

三、税法通则立法争议的辨析

提炼并努力解决在税法通则立法起草和研究过程中存在的重大争议,是推动立法进程的必要之举。这些重大争议虽然主要以学者间不同观点的方式予以展现,但其实也反映了参与立法起草的立法机关和行政机关之间的博弈。必须指出的是,这些重大立法争议,均是学界在少则八九年多则二十多年以前,针对当时的立法体制和税法体系现状等而产生的。时过境迁,争议针对的焦点问题已然发生了程度不一的变化。为此,下文区分不同情形分类说明。

---

① 《外国税收征管法律译本》组译:《外国税收征管法律译本》,中国税务出版社2012年版,第1337~1341页。

② 参见刘荣:《中美税收犯罪比较研究》,法律出版社2014年版,前言第4页。

③ 陈敏译著:《德国租税通则》,台北,台湾地区司法主管机构2013年版,第613~630、644~671页。

(一)法典名称、定位与效力的确定:税法通则还是税收基本法——必须求得共识的分歧

法典的名称是立法之始,正本清源才能顺理成章。由前文可知,税法通则的名称经历了由税法、税收基本法到税收基本法(税收通则法)的变化,亦有称为税法通则。其中,税法的名称使用于20世纪末期以前,“只是在一开始人们意识到要建立一部统一的税收法律来解决现实税收立法存在的问题时,一种比较笼统和模糊的称谓”;①从20世纪末期开始出现的名称之争,主要集中在税收基本法和税法通则之间。

税法通则的名称不仅是从形式上展现给世人的第一印象,而且学界还将其与该法的定位和效力问题联系起来。因此,有学者称:“定位问题是当前我国税法通则立法的第一位问题,是需要首先解决的大问题。”②本文亦将之作为必须求得共识的主要分歧,为此,梳理两方主要观点如下:第一,主张税收基本法名称者,以下简称“基本法说”,其理由主要包括该名称符合国际惯例和传统习惯,表明该法是仅次于宪法的基本法律,是税法体系中的“母法”,具有最高的法律地位和法律效力,是一切其他税收法律、法规、规章的上位法等。③ 第二,主张税法通则名称者,以下简称“通则法说”,其针对“基本法说”提出的反驳理由包括:一是税收基本法在效力等级上容易产生歧义;二是税收基本法影响了该法的内容设计;三是税收基本法不利于国家法律体系的协调统一;四是税收基本法的称谓不符合国内外的立法习惯。④

从上述观点可知,分歧虽然以名称之争为外在形式,但实质上是定位与效力之争,因此,可以将争论焦点简化为如下两大方面。

1. 从法律效力角度看,是将税法通则定位于仅次于《宪法》而高于其他法律的“基本法律”地位(可形象地称为“夹心层”地位),还是定位于仅次于宪法而高于行政法规等的“法律”的地位

一部法律的名称与其定位和效力确实相关。问题在于,如果命名为《××基本

---

① 汤贡亮、刘爽:《税收基本法研究回顾与展望》,载《税务研究》2008年第1期。

② 施正文:《关于税法通则的定位》,载《涉外税务》2006年第4期。

③ 参见林晓:《关于建立税收基本法的基本构想》,载《当代财经》1994年第7期;张松:《我国税收基本法立法研究》,载《税务与经济(长春税务学院学报)》1996年第6期;王鸿貌:《刍议税收基本法立法的几个基本问题》,载《河北法学》2005年第3期;涂龙力、涂京联:《税收基本法立法若干基本问题研究——兼与施正文、徐孟洲同志商榷》,载《税务研究》2005年第8期;王鸿貌、向东:《税收基本法立法问题研究》,中国税务出版社2009年版,第112页。

④ 参见施正文:《中国税法通则立法的问题与构想》,载《法律科学(西北政法学院学报)》2006年第5期;刘国华:《论税收基本法立法的若干问题研究》,载《财贸经济》2006年第4期。

法》,是否就如同“基本法说”所主张的具有“夹心层”地位?对此,可以从理论和实践两个方面来观察。

(1)从立法理论方面看,有宪法学者通过对“基本性的法律”、“基本法律”和“基本法”3个意义基本相同的词汇的语义解释,认为“基本法律”是指由全国人大制定的仅次于《宪法》而高于其他法律的,对国家政治、经济和社会生活某个领域重大和全局性事项作出规范的法律,是介于《宪法》和“非基本法律”之间的法律层次,其效力低于《宪法》而又高于全国人大常委会制定的“非基本法律”;在公民的基本权利和义务方面,应当由“基本法律”予以规范的领域就包括有关中国公民纳税制度的领域。[①] 从这个角度看,规定国家税收领域最基本问题的税法通则应当属于“基本法律”。该文通过对有关法律的实证分析进一步指出,“基本法律”虽然在立法体制下要求必须由全国人大通过,但全国人大通过的法律并非都是“基本法律”,如《中外合资企业法》和原《外商投资企业和外国企业所得税法》等;全国人大通过的有些法律虽然并未命名为《××基本法》,但从其地位和作用来看,应当属于“基本法律”的层次,如原《民法通则》和《刑法》。[②] 由此可以获得的启发是,税法通则的法律效力等级地位并不一定取决于其名称,而是取决于其通过机关和所规定的内容。如果该法由全国人大通过,且其内容包含了税收领域的宪法性问题,即便未名为税收基本法,也应当属于“基本法律”;如果该法以税收基本法之名由全国人大常委会通过,其内容即便包含了税收领域的宪法性问题,也不能列为“基本法律”范畴。换言之,从理论分析的层面看,税法通则能否取得“基本法律”的定位和效力,必须同时具备全国人大通过的形式要件和规定税收领域宪法性问题的实质要件,二者缺一不可。

但上述学者还指出,其有关“基本法律”问题的结论仅是理论意义上的探讨,“立法机关经过研究,认为我国的各项改革现在还没有完全到位,全国人大和它的常委会立法权限的划分,还需要一个探索和认识的过程,所以一时难以在法律中对‘基本法律’是什么以及它的范围作出进一步明确的界定”。[③] 因此,必须根据我国现行立法体制并结合立法实践进一步分析。

(2)从立法实践方面看,根据《立法法》第5章“适用与备案审查”的有关规定,我国目前法的效力等级的基本体系为:宪法、法律、行政法规、地方性法规、部门规章和地方政府规章。其中,在“法律”这一层级,并无“基本法律”与“非基本法律”的效力等级

① 参见韩大元、刘松山:《宪法文本中“基本法律”的实证分析》,载《法学》2003年第4期。

② 参见韩大元、刘松山:《宪法文本中“基本法律”的实证分析》,载《法学》2003年第4期。

③ 韩大元、刘松山:《宪法文本中“基本法律”的实证分析》,载《法学》2003年第4期。

划分。因此,可以得到的明确结论是,不同法律之间在效力等级方面是相同的,[①]既不存在"通则法说"所称《税收征收管理法》是税法通则的下位法的现象,[②]也不存在"基本法说"所称税收基本法是其他一切税收法律的上位法的可能。[③] 如果将税法通则作为"夹心层"法律,那么就意味着该法的效力等级高于《民法典》《公司法》等民商事法律以及《行政复议法》《行政诉讼法》等其他所有法律,那么当该法的规定与其他部门法律的规定不一致时,就理应适用该法的规定,这就会极大地破坏其他领域法律规则的有效性和安定性,进而对整体法律规范体系的统一性与协调性造成负面影响。

立法实践中明确采用"基本法"名称的仅有《香港特别行政区基本法》和《澳门特别行政区基本法》(以下统称港澳基本法),似乎给人以确实存在处于"夹心层"地位的"基本法律"的印象。笔者认为,港澳基本法是香港、澳门特别行政区回归后,导致我国由原来的统一法域转变为统一主权下多个法域共存的必然结果,而且有其特定的适用范围和地位:从适用范围而言,仅适用于特定法域,不及于其他法域,尤其是内地;从地位而言,港澳基本法属于宪法性法律范畴,[④]相当于香港特别行政区、澳门特别行政区适用的"准宪法"。所以,港澳基本法虽然具有仅次于宪法的地位,但并非高于内地所适用的法律,即并非处于"夹心层"地位,也不会破坏内地整体法律规范体系的统一性与协调性。因为法的效力等级体系只有在一个统一法域内部范围内才有意义,而香港特别行政区、澳门特别行政区经由港澳基本法得以适用与内地法律规范体系完全不同的法律规则,其与内地的法律冲突属于区际法律冲突,采用区际私法方法解决。此外,在我国内地尚无专门针对某一领域的问题制定处于"夹心层"地位的所谓"基本法"的先例。

2. 从税法体系当中的地位和法律适用看,税法通则是否具有"母法"地位,从而其他税收法律不得与之抵触,并且在法律适用上优先于其他税收法律,如《税收征收管理法》

"母法"一词,并非法律用语,而是基于某部法律在相应法律体系当中的地位和作用给予的理论描述。所以,称税法通则为税法体系中的"母法",不是因为该法本不应具有的"夹心层"地位(已如前述),而是因为该法规定的是税法领域的基本问题和共通事项,对各单行税法均具有普遍的指导意义。因此,采用税法通则的名称,将其定位于

---

① 参见熊英:《税收基本法的"母法"地位质疑——兼论税收基本法的价值》,载《法学杂志》2005年第1期。

② 参见施正文、徐孟洲:《税法通则立法基本问题探讨》,载《税务研究》2005年第4期。

③ 参见涂龙力、涂京联:《税收基本法立法若干基本问题研究——兼与施正文、徐孟洲同志商榷》,载《税务研究》2005年第8期。

④ 参见马岭:《宪法性法律的性质界定》,载《法律科学(西北政法学院学报)》2005年第1期。

法律的位阶,不仅不会影响该法税法体系的"母法"地位,而且可以避免命名为税收基本法和定位于"夹心层"法律地位所造成的破坏法的效力等级关系的问题。无论是处理税法通则与其他非税法的单行法律之间,还是处理税法体系内该法与其他税收法律之间的法条竞合关系,均可采取《立法法》第 92 条和第 94 条第 1 款所规定的特别法与一般法、新法与旧法如何适用的方法;必要时,还可在税法通则中制定与我国现行《税收征收管理法》第 92 条①、日本《国税通则法》第 4 条②类似的条款,来处理与其他法律间的关系。

综上所述,税法通则的名称与其定位和效力虽然相关,但并非前者决定后者的关系,从我国现行立法体制及其延伸而来的法的效力等级和立法实践出发,采取税法通则的名称更合法和合理。

(二)应确立的基本原则包括哪些——提取最大公约数得以解决的分歧

税法通则应确立哪些基本原则方面的分歧,其实是不同观点主张者使用具体概念时的语义差度或者概括层次不同所造成的,完全可以通过提取各种观点最大公约数的方法加以解决。

对于上述分歧,可作如下概括:(1)从数量上看,少则 3 项原则,③多则 10 项原则;④(2)从类别上看,分为税收基本原则和税法基本原则,⑤就后者而言,又分为基本原则和适用原则(以下简称原则二分法),⑥或者分为一般性原则、实体程序共通原则和程序性原则(以下简称原则三分法)。⑦ 笔者认为,税法通则中税法基本原则的确立可以遵循如下思路。

一方面,上述各种观点其实有很大的共性,之所以看似形态各异,无非是因为不同学者观察的角度和类别划分标准不同。例如,原则二分法中的所谓一般性原则对应的

---

① 《税收征收管理法》第 92 条规定:"本法施行前颁布的税收法律与本法有不同规定的,适用本法规定。"

② 日本《国税通则法》第 4 条规定:"对于本法规定的事项,在其他国税相关法律方面有特别规定者,则依其规定。"参见《外国税收征管法律译本》组译:《外国税收征管法律译本》,中国税务出版社 2012 年版,第 1798 页。

③ 参见涂龙力、涂京联:《重新准确界定税收范畴的理论与现实意义——兼论税收基本法的构建》,载《税务研究》2004 年第 12 期。

④ 参见涂龙力、王鸿貌主编:《税收基本法研究》,东北财经大学出版社 1998 年版,第 41 页。

⑤ 参见徐志:《我国税收基本法之研究》,载《浙江大学学报(人文社会科学版)》1999 年第 1 期。

⑥ 参见李登喜:《关于制定〈税收基本法〉的思考》,载《法学杂志》2006 年第 5 期;李玉红、郭驰:《税收基本法的国际比较及经验启示》,载《涉外税务》2006 年第 12 期。

⑦ 参见施正文:《中国税法通则的制定:问题与构想》,载《中央财经大学学报》2004 年第 2 期;付志宇:《关于我国税收基本法立法问题的思考》,载《甘肃社会科学》2007 年第 5 期。

是原则二分法中的基本原则,原则三分法中的所谓实体程序共通原则和程序性原则大体对应原则二分法中的适用原则。诚如有学者所言:“在很多意见对立的场合,争论的原因和焦点往往是由概念、范畴的歧义引起的。”“如果参与讨论的双方善于运用语义分析方法,找出同一词语、概念、命题的语义差度,确认要回答的是什么问题,不是什么问题以及这个(些)问题是否真的存在,有些争论是可以避免或得到澄清与解决的。”①

另一方面,上述各种观点的最大公约数就是税收法定原则、税收公平原则和税收效率原则。例如,原则二分法中的基本原则和原则三分法中的一般性原则均是指这3项基本原则。这3项基本原则也为税法学界所认同,因此完全可以作为一般性的共识将该3项基本原则规定在税法通则的总则当中。此外,考虑到近年来新增的环境保护税和已由税务机关统一征收的社会保险费等新情况,还应将二者所奉行的社会政策原则纳入税法通则应予确立的基本原则范围中。

(三)应否和如何规定税收立法问题及与《税收征收管理法》之间的关系——逐渐增进共识的分歧

有的分歧由于现实条件的变化,双方取得共识的可能性增大,完全可以通过立法技术的灵活运用加以解决,如以下二者。

1. 应否和如何规定税收立法的问题

“肯定说”认为,应当专章规定税收立法问题,其主要理由在于我国现行税法体系效力等级混乱,税种法体系以行政法规为主,并且充斥大量以“通知”“办法”“函”“批复”为名的行政规则,而2000年《立法法》的规定还有所欠缺,不足以为纠正上述问题提供充分的法律依据。笔者大体赞同前述理由所描述的事实,但并不认可其必须专章规定才能解决问题的结论,原因在于:一是我国的立法体制应当主要体现在《宪法》和《立法法》等宪法性法律当中,其他所有领域的立法均应服从于国家整体的立法体制,而不能另行一套。二是造成我国现行税法体系上述问题固然有2000年《立法法》第8条、第9条有关税收法定主义的规定还留有空间(2015年《立法法》修订之后其实仍然如此),以及1985年全国人民代表大会《关于授权国务院在经济体制改革和对外开放方面可以制定暂行的规定或者条例的决定》空白授权的缘由,但即便是《宪法》和《立法法》已经明确的基本立法规则,在税务行政立法实践中也未能得到很好的遵守,所以才会出现大量的下位法无视上位法权威、随意更改上位法规定,或者违反《立法法》第12条(2000年《立法法》第10条)有关授权立法的规定、空白授权或转授权的现象。② 三

① 张文显:《法哲学范畴研究》(修订版),中国政法大学出版社2001年版,第19页。

② 参见李刚:《现代税法学要论》,厦门大学出版社2014年版,第103~111页。

是修订后的《立法法》第 10 条和第 12 条对 2000 年《立法法》第 10 条有关授权立法规则作了完善,将会对现行税收立法实践中授权立法的失范情形起到一定的纠偏作用。①四是如后文有关立法时机部分所述,在大力倡导依法治国和落实税收法定原则的背景下,《宪法》和《立法法》有关立法体制的规定将会逐步落实,税种法法律层级的整体提升有望实现,税收行政立法也将愈加规范。②

综上所述,税收通则法中不应专章对税收立法问题作出全面规定,但并非完全不予规定。基于税收在立法方面的特殊性,例如,中央、地方税收立法权事项以及对地方立法的原则性程序限制等,可以考虑在税法通则的有关章节中分别予以规定;③还如,可以在其"总则"部分,根据《立法法》第 8 条至第 12 条对税收授权立法问题予以细化规定。

2. 与《税收征收管理法》之间的关系

有关主张可以分为交叉论、并行论和取代论 3 种。所谓并行论,主要是指税法通则不涉及税收程序方面的问题,减少其与《税收征收管理法》立法上的交叉;④所谓取代论,是指税法通则取代《税收征收管理法》。⑤ 无论是从我国当前税法体系现状还是其发展趋势来看,上述两种观点均不具有可行性。值得进一步分析的是交叉论,代表性的观点认为,应当以现行《税收征收管理法》为基础起草税法通则,将前者中有关"总则"和"法律责任"两章,以及有关税务管理、税款征收和税务检查基本制度的规定均放

① 例如,考察 2016 年《环境保护税法》第 6 条、第 9 条、第 12 条,2017 年《船舶吨税法》第 9 条,2018 年《个人所得税法》第 4 条、第 5 条、第 6 条、第 18 条,2018 年《耕地占用税法》第 4 条、第 5 条、第 7 条、第 12 条,2018 年《车辆购置税法》第 9 条,2019 年《资源税法》第 2 条、第 3 条、第 6 条、第 7 条、第 14 条等近年来制定或者修订的税收法律条文,可以发现,其在授权立法方面相比原法有明显变化:或者是在授权国务院立法的同时增加须报全国人大常委会备案的规定,或者是将原授权主体为省级政府改为省级政府提出并报同级人大常委会决定;尤其是《资源税法》第 14 条在授予国务院制定水资源税试点实施办法以立法权的同时,还规定了 5 年的授权时限,开税收法律立法之先河。

② 一个可以佐证的事例是,国家税务总局 2005 年 12 月印发了《税收规范性文件制定管理办法(试行)》(国税发〔2005〕201 号),2010 年 2 月公布了《税收规范性文件制定管理办法》(总局令第 20 号),2017 年 5 月修订公布了《税收规范性文件制定管理办法》(总局令第 41 号),2019 年 11 月修订公布了《税务规范性文件制定管理办法》(总局令第 50 号)。由数次修订的具体内容可以看出,国家税务总局近年来对制定税务规范性文件的规范日趋严格。

③ 参见刘剑文、熊伟:《也谈税收基本法的制定》,载《税务研究》1997 年第 5 期。

④ 参见熊英:《税收基本法的"母法"地位质疑——兼论税收基本法的价值》,载《法学杂志》2005 年第 1 期。

⑤ 参见申鹏:《税收基本法立法的困境与选择》,载《国际税收》2013 年第 10 期。

到税法通则当中,待税法通则制定之后,《税收征收管理法》作相应的修订,缩小和纯化为以税收基础管理制度、税务税收征收程序和强制执行程序为主要内容,同时作为税法通则的专门法、特别法和操作法。①

笔者认为,交叉论是处理税法通则与《税收征收管理法》之间关系较理想的模式。然而,《税收征收管理法》的大幅修订可望在即,此次修订不仅增加了许多税收征管程序方面的基础性规定,同时细化了原有的较概括性的规定。因此,拟议中的税法通则可对大幅修订之后的《税收征收管理法》所规定的具体制度从原则的层面加以提炼式地规定,既弥补了《税收征收管理法》作为程序法的形式局限性所造成的不足,又避免了简单地重复性规定其已有规则;待两法并立运行一段相当长的期间后,再根据实践所反映的问题,采取对两法同时修订的联动式立法,进一步厘清两法在整个税法体系中各自的地位和作用。

(四)应否规定有关税务司法的内容——不再具有争论意义的分歧

笔者认为,税法通则应否规定包括相对独立的税务警察、税务法院、税务检察院在内的税收司法保障体系方面的分歧,随着现实条件的变化,已经失去了争论的意义。

就分歧双方的观点来看,均各有其理,甚至一时之间难分伯仲。但浏览“肯定说”一方的文献就可发现,其也并非铁板一块,而是各有见解:有主张应规定税务警察、不应规定税务法院和税务检察院者;②有主张应规定税务警察和税务法院,③或者暂不规定,待时机成熟后再规定者;④当然也有主张三者均应规定的。⑤ 其中,以主张应规定税务警察和税务法院为大多数意见,而其实质是希望设置相对独立的税务警察和税务法院。

综观“肯定说”列举的理由,着重强调的是要加强对国家税收收入的保障,加大对层出不穷的税务违法犯罪案件的打击力度,而在税务机关执法职责和手段有限的同时,公安机关和法院也缺乏掌握税收和税法知识的专业人才。

---

① 参见施正文:《中国税法通则的制定:问题与构想》,载《中央财经大学学报》2004年第2期。

② 参见郭勇平:《关于我国税收基本法中税收司法体系的立法思考》,载《扬州大学税务学院学报》1998年第1期;涂龙力、王鸿貌主编:《税收基本法研究》,东北财经大学出版社1998年版,第214~221页。

③ 参见涂龙力、王鸿貌主编:《税收基本法研究》,东北财经大学出版社1998年版,第60~63、110~112页;刘国华:《论税收基本法立法的若干问题研究》,载《财贸经济》2006年第4期;李登喜:《关于制定〈税收基本法〉的思考》,载《法学杂志》2006年第5期。

④ 参见张松:《关于设立我国税收基本法的构想》,载《财贸经济》1996年第6期。

⑤ 参见林晓:《关于建立税收基本法的基本构想》,载《当代财经》1994年第7期;涂龙力、解爱国:《论税收法治的现代化》,载《税务研究》2005年第4期。

笔者认为，首先，在税收征管实践当中，具有自力执行权的税务机关已然处于强势地位（《税收征收管理法》大幅修订之后更是如此），再加上一支“拿枪”的队伍则呈“如虎添翼”之势，不仅纳税人权利可能会岌岌可危，而且也与当前强调约束和限制权力的现代法治语境格格不入。面对税务机关执法职责和手段有限的问题，可以通过加强公安机关对税务机关协助的方法来解决。例如，2015 年 1 月国务院法制办官网公布的《税收征收管理法修订草案（征求意见稿）》第 68 条第 2 款、第 71 条第 2 款和第 92 条第 2 款，就分别规定了税务机关在实施强制执行措施、限制出境措施和调查税收违法案件时，公安机关的协助义务。

其次，即便以“法律”的形式来规定税务警察和税务法院，以我国的部门立法本位主义和原则性概括性立法语言的立法传统来看，可能会造成不同法律之间的冲突，进而影响司法体制的统一性。

再次，所谓缺乏专业人才，完全可以通过选任适格人才的方式加以解决，而非只有建立税务警察和税务法院才是唯一途径；否则，照此推理，我国各专业类型的警察和法院就会数不胜数。

最后，无论是税务警察还是税务法院，“肯定说”论者所针对的都是税收违法犯罪现象。而税收违法犯罪在一定期间内泛滥成灾，在某种程度上可以说是税制及其管理本身存在的漏洞所造成的。例如，我国税收犯罪领域最猖獗的有关增值税专用发票（以下简称专票）犯罪，是因为我国以往对商品和劳务分别课征增值税和营业税、增值税抵扣链条不够完整和封闭，同时在增值税制施行的初期主要采用手工开具专票的方法等税制管理方面的漏洞给予了犯罪分子可乘之机。随着“营改增”的完成、增值税法的即将制定和“金税工程”的全面铺开，以及包括区块链在内的大数据技术手段的运用，通过制度建设和技术升级堵塞税制管理上的漏洞，我们可以在一定程度上有效防范有关专票的违法犯罪行为。2011 年 2 月 25 日颁布的《刑法修正案（八）》废除了有关专票犯罪的最高刑死刑，从而结束了我国自 1995 年以来因为发票犯罪可能被判死刑的历史，①可以作为佐证。又如，从 2002 年“泉州市松苑锦涤实业有限公司等犯虚开增值税专用发票案二审判决”［福建高院（2001）闽刑终 391 号］，②到有学者提出专票犯罪应当以“偷骗税款目的”作为其构成要件，而不能仅凭形式上的虚开行为就

---

① 在我国，（增值税专用）发票犯罪的最高刑定为死刑首见于 1995 年 10 月 30 日第八届全国人大常委会通过的全国人民代表大会常务委员会《关于惩治虚开、伪造和非法出售增值税专用发票犯罪的决定》，该决定将虚开专票等罪名的最高刑规定为死刑；1997 年《刑法》修订时，吸收了该决定的有关内容。

② 参见牛克乾：《虚开增值税专用发票罪与非罪之认定》，载《人民司法》2008 年第 22 期。

予以定罪;[①]这一观点近年来终于得到了司法实务界的谨慎回应。[②] 再如,2019年11月27日公布的《增值税法(征求意见稿)》中"增值税专用发票"一词甚至已不见踪迹,预示了将来《刑法》中有关专票犯罪条款或许会被废除或者修改。

因此,笔者认为,在税制改革和税法体系发展趋势下,税法通则不应规定税务警察、税务法院[③]和税务检察院的内容。

与上述立法争议相比,在税法通则体系篇章结构方面的所谓分歧,相比之下便微不足道了。无论是分九章[④]、十章[⑤]还是十一章,[⑥]只要能够达致自身逻辑主线的清晰和自洽、法典内部体系的完满和与外部体系的协调,都不应成为问题。

四、税法通则立法时机的把握

在前文立法必要性论证的基础上,所谓立法时机,其实就是立法的可行性问题。笔者认为,税法通则的立法时机趋向成熟。其主要理由包括如下3个方面。

1. 正在进行的新一轮财税体制改革后将形成基本成熟定型的税制体系,为税法通则的立法提供了必要前提

税法通则作为一国税法体系中的母法,势必要规定该国税制体系的主要内容。尽管税制体系的主要内容究竟包括哪些以及规定到何种程度,学者见仁见智,但至少要以"基本成熟定型"作为其最低要求。税法通则虽先后3次列入全国人大常委会的立

---

① 参见陈兴良:《不以骗取税款为目的的虚开发票行为之定性研究——非法定目的犯的一种个案研究》,载《法商研究》2004年第3期;康瑛:《虚开增值税专用发票罪是否属于目的犯》,载《法学杂志》2005年第6期。

② 参见"张某强虚开增值税专用发票案"[最高人民法院(2016)最高法刑核51732773号刑事裁定书];《最高人民法院刑法研究室〈关于如何认定以"挂靠"有关公司名义实施经营活动并让有关公司为自己虚开增值税专用发票行为的性质〉征求意见的复函》(法研〔2015〕58号);姚龙兵:《如何解读虚开增值税专用发票罪的"虚开"》,载《人民法院报》2016年11月16日,第6版。

③ 需要说明的是,本文并不反对在法院当中设置独立的税务法庭,集中审理涉税行政诉讼和刑事诉讼案件。

④ 参见杜萌昆:《关于对制定税收基本法问题的研究》,载《税务研究》1995年第12期;张松:《建立我国税收基本法的若干思考》,载《税务研究》1996年第2期;刘剑文、熊伟:《也谈税收基本法的制定》,载《税务研究》1997年第5期;施正文:《中国税法通则立法的问题与构想》,载《法律科学(西北政法学院学报)》2006年第5期。

⑤ 参见王鸿貌:《刍议税收基本法立法的几个基本问题》,载《河北法学》2005年第3期。

⑥ 参见华国庆:《制定我国税收基本法刍议》,载《安徽大学学报》1998年第3期;付志宇:《关于我国税收基本法立法问题的思考》,载《甘肃社会科学》2007年第5期。

法规划，但均未能完成。以2013年党的十八届三中全会通过的《中共中央关于全面深化改革若干重大问题的决定》和2014年中共中央政治局审议通过的《深化财税体制改革总体方案》（以下简称《财税改革总体方案》）等围绕深化财税体制改革所作出的系统部署以及正在实施的一系列财税体制改革为内容的“新一轮财税体制改革”，①将会对我国现行税种法进行合并、废止或新增的重大调整，确定直接税与间接税并重的双主体税制结构，重构地方税体系，并使“分税制”财政体制向本来的意义回归。② 正如《财税改革总体方案》所指出的，“新一轮财税体制改革2016年基本完成重点工作和任务，2020年基本建立现代财政制度”。因此，可以预计，到“十四五”早中期，即2020～2023年，我国的税制体系将基本成熟并定型，为税法通则的立法提供了必要的税制基础。

2. 在依法治国方略的引导下，税收法定原则逐步得到落实，税收实体法法律层级整体提升，消除了税法通则的立法障碍

作为税法体系中“准宪法”的税法通则，必须要规定税法的首要基本原则——税收法定主义。在以往我国税收实体法体系以税种法行政法规为主、仅有少数税收法律的形势下，应否规定税收法定主义以及如何规定，几乎成为横亘在税法通则立法面前的一道难题。笔者数年前曾经列举了解决这一难题的4种可能方案，并认为第四种方案，即税收实体法法律层级的整体性提升与税法通则的立法同时进行最理想，但受当时立法体制和立法传统的约束，也是最不具有可行性的方案。③ 然而，现时条件已经发生了天翻地覆的变化。随着2013～2015年，前述中央文件和《中共中央关于全面推进依法治国若干重大问题的决定》《贯彻落实税收法定原则的实施意见》相继出台，以及《立法法》作出的重大修订，尤其是2016年以来我国税收实体法由行政法规提升为法律的进程明显提速，④第四种方案的实施条件愈加成熟。

因此，如果能够借助新一轮税制改革的契机，按照“落实税收法定原则”的路线图和时间表循序完成我国现行税收实体法法律层级的整体提升，那么应当适时再启税法通则的立法程序，作为新一轮税制改革和落实税收法定原则乃至实现税收治理体系和

---

① 参见高培勇：《财税体制改革与国家治理现代化》，社会科学文献出版社2014年版，“前言”第2～3页。

② 参见高培勇：《财税体制改革与国家治理现代化》，社会科学文献出版社2014年版，第220～229页。

③ 参见李刚：《现代税法学要论》，厦门大学出版社2014年版，第117～118页。

④ 党的十八届三中全会和四中全会以前，我国税收实体法当中仅有《个人所得税法》等3部法律。2016～2021年，已经先后制定了《环境保护税法》《船舶吨税法》《烟叶税法》《耕地占用税法》《车辆购置税法》《资源税法》《契税法》《城市维护建设税法》《印花税法》9部税收法律；《土地增值税法》《增值税法》《消费税法》等3部税收法律草案也已完成或者正在公开征求意见，有望今后陆续通过。

治理能力现代化的压轴大戏。

3. 1996～1997年和2004～2007年两次立法起草准备工作的开展，为税法通则的立法提供了可行的法律草案初步基础

作为一国税法体系中最重要的法律，税法通则不仅可以集中体现该国在税收立法、执法、司法和守法等法治建设方面所取得的主要成就，还可充分展示该国在税法理论研究和税收立法技术方面的较高水平。例如，大陆法系最具代表性的税收通则法典——德国《租税通则》，自1963年3月13日由联邦众议院决议通过，准备重新修正时起，经无数专家学者长达十数年的共同努力，于1976年5月16日得以公布通盘修正的新法。[①] 我国税法通则已先后开展了两次立法起草工作，具有了初步的法律草案基础，如果能够尽快重启立法起草进程，集中理论界和实务界的优秀人才，凝聚共识、集体攻关，并适时跟进税制改革和落实税收法定原则的进程，相信未来可以形成一个较成熟的法律草案。

此外，受民事立法经循原《民法通则》到原《合同法》《物权法》等各民法分则单行法律相继立法又加上原《民法总则》，最后到《民法典》大功告成的立法路径启发，近来我国财税法学界开始呼吁制定税法总则。[②] 笔者认为，税法通则和税法总则二者分别对应于税法体系构成的通则化模式和综合法典模式。如果先行制定税法总则，意味着将来还要制定覆盖各单行税收实体法律和税收程序法律的税法分则，最终形成税法典。虽然这一设想高瞻远瞩，其描绘的立法前景也是宏伟壮观的，但在当前，学界好不容易在采取通则化模式立法体例方面取得共识，同时税收实体法法律层级整体提升尚未完成，而且即便提升为法律者也因为过于追求立法效率而采用简单的“税制平移”的立法思路导致的原有问题并未得到妥善解决，[③]此时按综合法典模式启动税法总则的立法进程似乎有些言之过早，[④]不如稳扎稳打、继续聚焦税法通则的立法问题更加务实。

（责任编辑：王珂）

① 陈敏译著：《德国租税通则》，台北，台湾地区司法主管机构2013年版，第1页。

② 参见刘剑文、刘静：《“十三五”时期税收法治建设的成就、问题与展望》，载《国际税收》2020年第12期；施正文：《税法总则立法的基本问题探讨——兼论〈税法典〉编纂》，载《税务研究》2021年第2期。

③ 参见刘剑文、郭维真：《准确理解税收法定进程中的“税制平移”》，载《中国社会科学报》2019年5月15日，第5版；翟继光：《论我国新时代税收制度的基本特征》，载《税务研究》2020年第2期。

④ 参见陈敏：《税法总论》，台北，自刊2019年版，第118页。

并购重组增值税制度的重新解读与规则完善*

——基于对持续经营业务转让的理解

马逸璇** 王桦宇***

摘　要：我国企业并购重组增值税规则规制的行为是持续经营业务转让，其本质为单独的业务单位平移而附带资产转让的行为，不具有销售货物或服务的增值税目的，不属于增值税的征税范围，其性质也非税收优惠，财税主管部门制定并购重组增值税规则旨在避免不合理征税。然而，现行规则设计存在技术性偏失：规则判断形式化；将劳动力保护纳入税务规则适用前提违反比例原则；增值税最核心的抵扣制度设计不够周延。考察英国、澳大利亚等国家持续经营业务转让的增值税规则，把握持续经营业务转让的核心，规范持续经营业务转让的构成要件及抵扣制度，对完善我国企业并购重组中的增值税制度具有重要意义。

关键词：并购重组；增值税；持续经营业务转让；抵扣

企业并购重组发挥其经济和管理优势需有相应的投融资、财税等法律法规配套制度。在税法层面，企业并购重组涉及所得税、增值税、土地增值税、契税等税种。为鼓励和规范我国企业并购重组交易，财政部、国家税务总局在过去陆续发布和更新税收规范性文件。然而，既有研究以并购重组所得税为关注重点，对其他税种有所忽略。同时，对于财税主管部门发布的规范性文件，各界通常将部分径直界定为税收优惠，如并购重组增值税制度，但某一税收制度是否属于税收优惠不可一概而论。本文拟从并

---

* 收稿日期：2020 年 11 月 15 日。

** 中国人民大学法学院博士研究生。

*** 法学博士，上海交通大学凯原法学院副教授。

购重组增值税制度着手,以增值税和并购重组的机理为核心,考究我国并购重组的增值税制度,为深入认识与完善并购重组税收制度提供一个新视角。

一、我国并购重组增值税制度的历史演变与内容概览

以 2010 年为节点,我国并购重组增值税规范演变经历了个案答复期和普遍性规则适用期的过程。在结束个案答复期并经历"营改增"后,我国并购重组增值税制度主要规则演变为:企业在进行资产重组过程中将全部或部分实物资产以及相关联的债权、负债和劳动力一并转让给其他单位和个人,其中涉及的货物、不动产和土地使用权转让不征收增值税。

(一)个案答复期(2010 年以前)

企业并购重组增值税制度在国家税务总局以普遍性规范予以说明之前,系由 3 个答复组成的。具体包括对江西省国家税务局的国家税务总局《关于转让企业全部产权不征收增值税问题的批复》(国税函〔2002〕420 号)、对大连市国家税务局的国家税务总局《关于纳税人资产重组有关增值税政策问题的批复》(国税函〔2009〕585 号)以及国家税务总局《关于中国直播卫星有限公司转让全部产权有关增值税问题的通知》(国税函〔2010〕350 号)。

这些批复涉及的是在转让企业资产及其相关权利义务和劳动力的情形下相关货物转让的增值税处理方式。从答复内容来看,国家税务总局对并购重组的态度存在不一致之处。在国税函〔2002〕420 号文件中,国家税务总局将前述情形下货物的转让排除在征税范围外,不予征收增值税;而在国税函〔2009〕585 号文件中又以其在转让同时保留了公司资格为理由,将其排除在国税函〔2002〕420 号的适用范围外,征收增值税。

(二)普遍性规则适用期(2010 年以后)

由于个案的政策答复内容矛盾,且个案答复广泛适用于企业并购重组交易不具有确定性,在 2010 年以后,国家税务总局以多个非个案形式的公告逐步明晰规则。目前,并购重组增值税规则由 4 个规范性文件组成,包括国家税务总局《关于纳税人资产重组有关增值税问题的公告》(国家税务总局公告 2011 年第 13 号)、国家税务总局《关于纳税人资产重组增值税留抵税额处理有关问题的公告》(国家税务总局公告 2012 年第 55 号)、国家税务总局《关于纳税人资产重组有关增值税问题的公告》(国家税务总局公告 2013 年第 66 号)以及《营业税改征增值税试点有关事项的规定》(财税〔2016〕36 号,以下简称财税〔2016〕36 号文)。

但是,国家税务总局发布 2011 年第 13 号公告后不久,财税部门还发布了个案通知——财政部、国家税务总局《关于中国邮政集团公司邮政速递物流业务重组改制有

关税收问题的通知》(财税〔2011〕116 号)。该通知规定,对因中国邮政集团公司邮政速递物流业务重组改制所涉及的增值税、营业税,予以免征。

从前述批复和通知来看,财政部和国家税务总局在企业并购重组增值税处理规则上没有设定统一的标准和口径,存在"不予征收"、"予以征收"以及"予以免征"3 种处理方式。前两种处理不属于税收优惠,"予以免征"则属于税收优惠。同时,国家税务总局在文件的制定或答复中,将前述规则以"税收优惠"进行指称。① 可见,财政部与国家税务总局并未就相同情况下的增值税处理方式贯彻一致的态度。在实务中,也存在不少将前述政策认定为税收优惠的观点。各界对此认识不统一,究其原因,在于并购重组交易行为的本质与增值税的关系未被厘清。接下来,本文将就前述规范背后的法理基础进行考究,从而明确规范的性质。

二、持续经营业务转让——并购重组增值税制度的基础与核心

持续经营业务转让(A Transfer of a Business as a Going Concern,TOGC)是域外国家并购重组增值税制度的基础与核心。采用 TOGC 增值税规则的国家非常多,包括欧盟、英国、澳大利亚、新西兰、新加坡等。在这些国家或地区看来,持续经营业务转让在法律上与一般的资产转让不同,其法律概念为经营业务的转移,业务具有独立性,买方购买后可将其作为独立业务经营。如前述,我国并购重组增值税制度所规制的行为是企业在资产重组过程中将全部或部分实物资产以及相关联的债权、负债和劳动力一并转让给其他单位和个人的行为,这同样与一般的资产转让行为不同。我国并购重组增值税制度与 TOGC 增值税制度内在机理具有一致性,因此本文将依托持续经营业务转让的概念与内容对并购重组增值税制度进行分析。

(一)持续经营业务转让不符合增值税征税范围

增值税是对货物进行流转或者提供劳务过程中实现的增值额课征的税收。② 由于货物和劳务在分工流转中体现增值的特点以及税收征管便利的要求,增值税对货物和

---

① 例如,国家税务总局办公厅在 2017 年《对十二届全国人大五次会议第 7352 号建议的答复》中将财税〔2016〕36 号文纳入税收优惠范畴。参见国家税务总局办公厅:《对十二届全国人大五次会议第 7352 号建议的答复》,载中国国家税务总局官网 2017 年 12 月 22 日,http://www.chinatax.gov.cn/chinatax/n810214/n2015391/c2979342/content.html。

② 参见全国人大常委会预算工作委员会编:《增值税法律制度比较研究》,中国民主法制出版社 2010 年版,第 2 页。

劳务贸易中产生的增值额实行多环节、多次征收但不重复课征的方法。[①] 理论上,可以从单一生产单位和生产流通全过程两个角度理解增值额:前者是指某一企业在一定时期内销售货物或提供劳务实现商品销售额或经营收入额扣除为其付出的物质成本,约为企业劳动所创造的价值;后者是指商品生产、流通各个环节的增值额之和。[②] 但无论从何种角度进行理解,增值额都紧紧围绕货物或劳务自身价值的增加。

企业并购重组增值税规则的适用前提是企业在资产重组过程中,通过合并、分立、出售、置换等方式,将全部或部分实物资产及其相关联债权、负债和劳动力一并转让给其他企业,其与通常流转环节中的资产转让存在较大差异。单独的实物资产转让构成增值税法中的货物销售行为,属于增值税应税行为。

在资产重组中,就资产的状态而言,包括资产的购入、出售或置换。其中,在实物资产出售的同时,将其相关联债权、负债和劳动力一并转让给其他企业,实际上构成的是业务转移,其目的不只是资产剥离,而是整个业务单元的剥离,特点在于业务单元在被移转后仍能进行运作。[③] 因此,此时的实物资产转让,或是期间涉及的不动产及土地使用权转让行为均非以资产增值为目的,与以加工消费等增值为目的的纯粹资产转让行为有所不同。既然在这种情况下的实物资产、不动产或土地使用权转让没有体现增值税的典型"增值"特点,则可认为不属于增值税的征税范围。

(二)并购重组增值税制度不必然为税收优惠

相较资产转让情形下买方通常需要负担高昂的进项税支出成本,企业并购重组下的增值税制度能让符合条件的部分企业享受无须缴纳增值税的特殊待遇。买方企业少支付税金也能缓解买方企业的现金流压力,这似乎构成了税收优惠。但若从税收优惠的性质来看,其实不然。

在学理上,税收优惠,是指在纳税能力相同的情形下,相对一般纳税人比较有利的税收负担。[④] 除基础意义上的财政目的外,税法规范还可能具有一定的社会目的,涵盖并泛指包括基于经济、(狭义)社会、健康等一切非财政收入目的,借以引导人们行为或

---

① 参见全国人大常委会预算工作委员会编:《增值税法律制度比较研究》,中国民主法制出版社2010年版,第3页。

② 参见徐孟洲:《税法》,中国人民大学出版社2009年版,第104~105页。

③ See Leonardo F. M. Castro, *Taxation on Transfer of Going Concern (TOGC) in Brazil Essential Requirements for Tax Exemptions on the Sale of Whole Business Unit*, International Tax Journal, Vol. 40:6, p. 24 (2014).

④ 参见黄茂荣:《税法总论(税捐法论关系)》(第3册),台北,植根法学业书编辑室2008年版,第341页。

产业发展方向。[①] 这类税法规范可能通过加重人民税收负担，也可能减免人民的税收负担来引导人们的行为。其中，后者是具有实质意义的税收优惠规范。

税收优惠以纳税义务合法成立为前提，[②]而纳税义务的合法成立以法律规定的税收构成要件满足为前提。只有符合法定的税收构成要件，才可以征税，才具有可税性。[③] 并购重组增值税制度所规制的交易行为为资产重组中持续经营业务转让的行为，该等交易模式因缺乏增值税"典型"目的而未被纳入增值税的征税范围。既然该等交易行为不被纳入增值税的征税范围，也就不满足增值税纳税义务的构成要件，也就不涉及基于增值税纳税义务成立的增值税税收优惠。

（三）应提升并购重组增值税制度的立法位阶

税收法定原则是税法的基本原则，或称税法的最高法律原则。[④] 税收法定原则要求课税要件法定，其中"法"的范畴是指狭义上的法律。在增值税领域，典型意义上的增值税规则在位阶相对较高的《增值税暂行条例》以及未来的增值税法中被明确。然而，并购重组增值税规则这一增值税原理的例外却未遵从税收法定原则，在《增值税暂行条例》和《增值税法（征求意见稿）》中的规定不甚明确。为此，财税主管部门颁布税收规范性文件，对并购重组增值税原理进行了制度文本上的适度补全。但是，税收规范性文件的法律位阶较低，仍不符合税收法定的法律层级性要求，未来有必要提升该规则的法律位阶，例如，在《增值税法（征求意见稿）》的第 12 条非应税交易的列举中新增"持续经营业务转让"。

三、我国并购重组增值税制度设计的技术性问题

如前所述，我国并购重组增值税制度规制的核心行为是持续经营业务转让。该业务与增值税制度的关联在于，构成持续经营业务移转的行为因不具有增值税目的而不属于增值税的增税范围。因此，制度应围绕持续经营业务转让的实质及其与增值税的关联设计。然而，我国在并购重组增值税制度探索过程中并未明确以此为建构核心，制度设计也产生了一些技术性问题。

---

① 参见柯格钟：《谈税捐优惠作为鼓励产业发展之手段》，载《全国律师》2011 年第 10 期。

② 参见李俊明：《税收优惠制度的价值与法理分析》，载刘剑文主编：《财税法论丛》第 13 卷，法律出版社 2013 年版，第 358 页。

③ 参见张守文：《财税法学》（第 6 版），中国人民大学出版社 2018 年版，第 129 页。

④ 参见［日］中川一郎：《税法学体系总论》，第 83 页，载《当代公法理论》，台北，月旦出版股份有限公司 1993 年版，第 607 页。转引自张守文：《论税收法定主义》，载《法学研究》1996 年第 6 期。

(一)持续经营业务转让规则重形式、轻实质

一方面,持续经营业务转让的判断未能有效提炼其实质。并购重组增值税规则仅描述了持续经营业务转让通常的外在情形,如债权债务转让,但缺乏核心原理的界定或兜底,仅罗列外在形式的方式并不周延,易导致对企业持续经营业务转让的判断流于形式。另一方面,持续经营业务转让的增值税处理规则同样没有周延至增值税目前的几大征税范围,即并购重组增值税制度未与我国"营改增"制度的改革进度匹配,导致既有并购重组增值税制度的不征税范围未将无形资产囊括在内。例如,安徽省国家税务局曾认为,无形资产转让未被囊括在规范中,并购重组时需缴纳增值税。①

在目前偏形式化和非周延规定的情况下,本文可轻易抛出诸多与并购重组增值税规则适用相关的疑问。部分劳动力附随业务单元移转是否满足形式前提?在多次转让的规则下,既有规则仅规定货物多次转让不征收增值税,不动产、土地使用权、无形资产等被多次转让,是否适用相同的税务处理?若严格依照既有规则,这些疑问不易解决,而把握持续经营业务转让规则的核心原理则能妥善处理。

(二)劳动力保护纳入规则适用前提违反比例原则

并购重组增值税规则的出发点包括劳动者保护。这一点可在《对十二届全国人大五次会议第7352号建议的答复》中窥探一二。国家税务总局为此特别说明劳动力一并转让的理由系"避免企业在资产重组中损害劳动者的合法权益"。但本文试图以比例原则为衡量手段,分析说明将劳动者保护作为不征增值税的前提不具有合理性。比例原则是公法上的核心原则,早已突破宪法和行政法,在其他领域得到广泛应用,②税法领域也不例外,其体现的对正当性、平等性的追求,以及较强的可操作性,使其成为税收制度检验的重要武器。

首先,持续经营业务转移的增值税规则核心始终在于该等行为不属于增值税征税范围。我国目前没有对持续经营业务转让情形下劳动者权益保护进行明确立法。司法对劳动合同是否应随业务单元移转而移转的态度不统一,不同学者对于此情形下劳

---

① 2020年8月,针对纳税人咨询在资产重组中涉及无形资产转让是否可以不征收增值税的问题,安徽省税务局答复称,财税〔2016〕36号文只是规定了资产重组,符合条件只有不动产、土地使用权不征收增值税,无形资产不在列举范围内,需要缴纳增值税。

② 参见熊伟:《法治视野下清理规范税收优惠政策研究》,载《中国法学》2014年第6期。

动合同继承持有不同观点。[①] 其次,不同法律有其各自的立法目的和调整范围,劳动者权益保护是劳动法的调整范围,且至多由商法或公司法在确定立法价值取向时将其纳入考量因素。进言之,要想实现企业并购重组中的劳动者保护,由劳动法或公司法进行规制更具有协调性。[②] 劳动法或公司法可以通过一系列措施保护劳动者的各项权益,并保证劳动者保护的普遍性;而税法仅在企业并购重组的持续经营业务转让类型中进行企业劳动者保护,不仅途径有限,适用空间同样受限。因此,在具有其他更妥适途径的情况下,通过税收规则保护劳动者不具有必要性。最后,利用并购重组增值税规则保护劳动者权益,可能会导致税收不公。未满足劳动者保护要求但实现了持续经营业务转移的企业可能因此在增值税处理上遭遇不公平对待,企业被迫缴纳实质上不应缴纳的增值税。

(三)抵扣制度设计不够周延

抵扣是增值税法的灵魂,[③]是增值税区别于其他税种的伟大创制,是无可争议、最具原创性以及整个增值税制的基石。[④] 抵扣制度之所以如此重要,是因为其能够起到实现增值税中性原则的作用。

然而,并购重组增值税的抵扣制度设计却不够周延。在目前有效的规范性文件中,除国家税务总局《关于纳税人资产重组增值税留抵税额处理有关问题的公告》(国家税务总局公告2012年第55号)有所规定外,再无其他抵扣规定。然而,这唯一的抵扣规则也存在些许问题。该规则所指涉的仅仅是并购重组类型中的合并,且吸收合并类型下还存在不被税务机关认可的风险。[⑤] 至于企业通过分立、出售、置换等方式进行并购重组,原纳税人并未注销的,尚未抵扣的进项税额如何处理并不明确。

---

① 参见李辉品:《公司重组中劳动合同继承难题与破解——以142份判决书为样本的实证分析》,载贺荣主编:《司法体制改革与民商事法律适用问题研究——全国法院第二十六届学术讨论会论文集》,人民法院出版社2015年版,第1301~1303页;刘小勇:《国外营业转让规制及其在我国的引入——日本及美国法对我国的启示》,载《山东大学学报(哲学社会科学版)》2010年第2期。

② 例如,有学者认为,可以通过完善劳动合同承继规则,赋予雇员选择自由权来解决企业并购中的劳资争议。参见叶姗:《企业并购中雇员的工作选择权》,载《法商研究》2017年第1期。

③ 参见张成松:《增值税抵扣权:一种独立权利形态的证成与展开》,载《大连理工大学学报(社会科学版)》2020年第4期。

④ 参见王宗涛:《增值税抵扣权与发票制度:形式课税原则之改进》,载《税务研究》2019年第7期。

⑤ 参见赵国庆、马大为:《资产重组,增值税留抵税额可结转抵扣》,载《中国税务报》2013年1月21日,第6版。

四、完善并购重组增值税制度

针对前文分析并购重组增值税制度设计上的技术性失误，为避免实务适用的困扰，本文主张细致化持续经营业务转让的判断规则。

(一)完善持续经营业务转让的认定规则

1.英国的认定规则

英国持续经营业务转让的认定需要满足如下5项条件：第一，转让的资产必须是源于持续经营前提下的业务转让；第二，买方购买资产后从事的经营活动必须与卖方利用该资产从事的经营活动一致；第三，卖方为增值税纳税人，买方为增值税纳税人或在受让资产后注册成为增值税纳税人；第四，若转让部分经营业务，则该部分经营业务能独立运营；第五，业务转让后不会有一系列的后续转让行为。[①] 前述判断规则在运用过程中过于笼统，判断规则在英国随着案例发生得到了进一步发展。例如，资产转让是否构成持续经营业务转让，英国税务与海关总署总检察长在“Zita Modes案”中认为，资产转让与持续经营业务转让之间没有固定区分，而应将各项实物资产与非实物资产组合来看，若资产组合后能进行特定的经营活动，且未组合的资产无法单独进行经营活动，则这些资产属于符合持续经营业务转让条件的资产。[②]

同时，对于构成持续经营业务转让所涉及的系列资产，英国没有如我国一般列明必然的情形，即“全部或部分实物资产以及相关联的债权、负债和劳动力一并转让给其他单位和个人”，而是认为任何特定资产类型的转让都无法直接、单独地用于持续经营业务转让的认定。例如，经营业务所需的设备转让通常可能构成持续经营业务转让，但若未进行设备转让，如买方自己已经拥有类似设备，则设备外其他实物和非实物资产转让也可能构成持续经营业务转让。又如，持续经营业务转让意味着劳动合同的附随转让，但卖方裁员及买方重新雇用劳动力仍有可能构成持续经营业务转让。

持续经营要求转让的业务在转让前后都处于经营状态。业务在转让前处于经营状态，并不要求处于稳定或扩张的经营状态，即便由于财务困难等原因缩减经营规模，除非出现了诸如“全体裁员”等表示转让前经营终止的迹象，否则仍然可视其为转让前持续经营。判例进一步确认，即便转让方正处于财务困难[③]或者破产清算[④]的程序中，

---

① 参见赵国庆、温彩霞：《借鉴英国增值税“TOGC”规则　完善我国资产重组增值税制度》，载《税务研究》2012年第12期。

② See Zita Modes Sarl v. Administration de l’Enregistrement et des Domaines [2003] C – 497/01.

③ See Amor Interiors Ltd. v. Revenue & Customs [2015] UKFTT 358(TC).

④ See Customs and Excise Commissioners v. Dearwood Ltd. [1986] STC 327.

其转让的业务仍有可能是持续经营的。而关于业务在转让后处于经营状态,判例认为,转让后出现因房地产处于装修或设备维修更新而暂停经营业务的现象并不违反转让后持续经营的要求,只要存在其他证据,如买方受让了房地产、设备、业务合同等表明买方具有持续经营的意向。[①] 同时,英国的持续经营转让排除了连续的后续转让行为。

2. 澳大利亚的认定规则

澳大利亚《商品与服务税法》将持续经营业务转让商品与服务税规则适用的前提明确为如下5点:卖方向买方转让经营所需的所有资产;直至卖方转让资产日,卖方仍使用该资产用于业务经营;转让存在对价;买方已注册为或将注册为商品与服务税纳税人;买方与卖方已签署持续经营业务的书面协议。[②]

相较英国,澳大利亚就构成持续经营转让业务的资产进行了更细致的分析。转让的资产对于业务持续经营具有必要性,对必要性的判断依赖业务活动的性质。基于必要性的提出,可能存在卖方向买方转让实物或非实物资产对业务活动持续经营的直接作用不大的情况。例如,A公司向B公司转让保险经纪业务,转让资产包括客户清单、房屋、办公家具、机动车辆等,由于其业务主要发生于办公楼内,因此机动车辆并不是保险经纪业务持续经营必须转让的资产。对于持续经营所必要的全部资产的理解,澳大利亚税务办公室认为,资产的必要性取决于企业的性质,并通常将两大因素纳入考虑:其一,企业持续经营所必需的资产,包括房屋和土地、厂房和设备、存货和无形资产(如商誉、合同、许可证和配额);其二,由与企业类型有关的商业或经济活动所组成的企业运营内容,如持续进行的广告和促销。[③] 澳大利亚制定规则时曾援引新西兰的游艇租赁业务转让案件。该案审理法官认为,游艇租赁业务的卖方出售游艇和设备而不进行商誉或远期预订的转让并不构成持续经营业务转让。[④]

在澳大利亚,买卖双方签署书面的持续经营业务转让协议是享受"零税率"税收待遇的必备前提。即便买卖双方的持续经营业务转让行为符合法律的其他规定,若未达成书面协议,也无法享受该税收待遇。

对于持续经营业务的连续转让行为,与英国的判断规则不同,澳大利亚区分了两类连续转让行为。其一,如果连续两次或多次转让同一企业的持续经营所需的所有资

---

① See Harber [1996] BVC 4050.

② 澳大利亚1999年《商品和服务税法》第38~325条。

③ See Australian Tax Office: *Goods and Services Tax Ruling*, *GSTR* 2002/5, Australian Tax Office (Jul. 15, 2015), https://www.ato.gov.au/law/view.htm?docid=GST/GSTR20025/NAT/ATO/00001.

④ See Allen Yacht Charters Ltd. v. CIR (1994) 16 NZTC 11,270.

产,则最初的“持续经营的转让”之后的每次转让原则上都不被认为是“持续经营业务转让”。其二,买方在受让持续经营业务的资产后没有实际经营就旋即转让给其他企业,则买方的行为不构成“持续经营业务转让”;但若随后连续转让中的每一买方均实际经营了业务,使业务处于持续经营业务的过程中,则每一买方的行为都符合“持续经营业务转让”的要求。

3. 我国认定规则的完善途径

持续经营业务的核心是业务的经营持续性,因此相关的构成要件应包括:(1)转让的资产与经营业务之间的关系,转让的资产能实现单独业务的经营;(2)资产转让前后,业务均处于持续经营的状态;(3)资产转让前后,业务经营具有一致性。此外,由于持续经营业务关涉增值税的税务处理,因此,构成要件还包括(4)买卖双方的增值税纳税人性质。笔者认为,基于前文分析的形式化规定的问题,英国、澳大利亚明确持续经营业务的核心和构成要件可以参考。同时,影响各个构成要件的认定因素亦可加以罗列,辅助税务机关作出判断和帮助增值税纳税人了解,但认定因素不具有确定功能,仅具有解释说明功能。

(二)完善税务处理和抵扣规则

我国在制度设计中,要妥善处理经营业务所涉相关资产转让缺乏增值税目的而又切实产生了转让交易行为时,如何保证增值税链条的连续性。从理论上来看,持续经营业务转让不属于增值税征税范围,在技术处理上,零税率可以很好地实现增值税链条的完整性和保持增值税的中立性。

若卖方企业在转让后并未注销,即与买方进行以资产置换或资产销售为手段的持续经营业务转让交易,卖方有权就初始资产购入产生的进项税进行抵扣。若卖方企业在转让后注销,涉及卖方就购置资产所产生的进项税未抵部分如何处理,国家税务总局公告 2012 年第 55 号文规定,在合并情形下,转让方注销,留抵税额可由受让方继续抵扣。而在公告未规定的分立情形下,留抵税额同样可以按照合理办法在分立各方中予以分摊,合理方法包括按资产价值、销售收入的比例等。① 此外,除留抵税额抵扣进项税外,亦应提供留抵退税的选项,这也与未来我国增值税法将建立的普遍性留抵退税制度相符。

五、结　语

重塑企业并购重组增值税规则有很大必要。如何将企业并购重组中持续经营业

---

① 参见赵国庆、温彩霞:《借鉴英国增值税“TOGC”规则　完善我国资产重组增值税制度》,载《税务研究》2012 年第 12 期。

务转让的核心和构成要件,以及在此等情况下的增值税税务处理规则以我国的税法语言表达更重要。笔者尝试拟定规则如下,以此作为本文结论。

纳税人在合并、分立、出售、置换等资产重组过程中,是通过转让全部或部分实物或非实物资产,以及转让与经营业务相关联的债权、负债或劳动力等方式以实现业务单元整体一次或多次转让的,且转让前后业务单元相同或相似并处于持续经营状态,其中涉及的货物、不动产、土地使用权、无形资产转让行为不属于增值税征税范围。

符合前述条件,且资产转让方(以下简称原纳税人)和受让方(以下简称新纳税人)均为一般纳税人的,原纳税人通过合并方式转让后按程序注销税务登记的,其在办理注销登记前尚未抵扣的进项税额可结转至新纳税人抵扣或申请退税;原纳税人通过分立方式转让的,原纳税人留抵税额可按合理方式结转至分立后的新纳税人处抵扣或申请退税;原纳税人通过资产置换、资产销售等方式转让的,且原纳税人存续的,与购置资产等相关且尚未抵扣的进项税可由原纳税人继续抵扣或申请退税。

(责任编辑:游紫薇)

论营商环境法治化视野下的地方金融科技制度供给*

唐士亚**

摘　要:金融科技是高度融合金融与科技的新型金融业态,需要营商环境制度给予法治回应。稳定性、公平性、透明性和可预期性是金融科技营商环境法治化的基本要求。在评价金融科技营商环境法治化水平时,可以从是否实现了金融科技优惠扶持措施的制度化、是否实现了政府公共服务和金融监管的制度化、是否实现了金融科技企业诉求表达的制度化三方面入手。以6省市发布的金融科技政策文件为样本,本文梳理了地方金融科技制度供给的共性与差异性,发现当前地方金融科技制度供给与营商环境法治化之间的偏差。营商环境法治化本质上是为企业营造一个能够带来外部经济的制度环境。地方金融科技制度供给应实现从"政府供给导向"到"企业需求导向"的转变,关注金融科技企业的制度性需求与非制度性需求,建立一套"自下而上"的地方间法治竞争体系和立法评估体系,并为金融科技企业的良性退出创设通道。

关键词:金融科技;营商环境;金融监管;制度供给

一、问题的提出

近年来,随着市场竞争的加剧、用工成本的上升和政策红利的消减,传统资源禀赋对我国经济和产业发展的贡献呈现加速边际递减趋势,而以"制度性资源供给"为主要特征的营商环境对于市场主体降低外部不确定因素、提供良好发展预期的重要价值日益凸显。优质的营商环境是一个国家或地区经济软实力与核心竞争力的重要体现。

---

* 收稿日期:2021年5月27日。本文是司法部国家法治与法学理论研究项目"中国自贸区税收营商环境优化的法律问题研究"(编号:19SFB3044)的阶段性研究成果。

** 法学博士,福州大学法学院讲师。

习近平总书记在主持中央全面依法治国委员会第二次会议时强调,“法治是最好的营商环境”。[①] 这一科学论断深刻阐明了营商环境和法治的关系,即法治是衡量营商环境的重要指标,也是营商环境的重要内容和保障。法治对营商环境和社会经济发展具有正向促进作用已成为学界的基本共识。[②] 随着国务院《优化营商环境条例》和各地方版本优化营商条例的出台,营商环境的制度化、法治化建设成为一种主流趋势。

金融科技是对互联网金融的更新与升级,在技术驱动的数字化创新中实现了商业形态的重大变革。金融科技的可持续发展有赖法治化营商环境的保障,从而以营商环境法治化来倒逼金融科技制度供给的规范化与科学化。基于对互联网金融“运动式监管”中制度化市场环境缺失的深刻反省,[③]如何避免重复互联网金融“一管就死,一放就乱”的发展困局,如何为金融科技这一高度融合“金融 + 科技”的新型金融业态提供一个合理的市场环境和法律环境,成为当前亟待解决的理论问题。目前,学界对于金融科技的理论研究主要集中在金融科技监管领域,[④]而对于金融科技的制度供给缺乏关注。更进一步说,鲜有学者从营商环境的视角来考量我国金融科技制度供给的合理性与规范性,无法为我国金融科技营商环境法治化提供足够的理论滋养。

基于此,本文以营商环境法治化原理为基础,通过对地方金融科技发展规划类文件的梳理,探讨金融科技制度供给如何实现从“政府供给导向”转型为“企业需求导向”,从而真正满足法治化营商环境对金融科技制度供给的要求。在研究思路上,首先,本文以过往法治化营商环境建设的评价体系为参照,构建了一个金融科技营商环境的评价框架;其次,以 6 省市关于金融科技发展的规划文件为考察样本,深入检视地方金融科技制度供给与法治化营商环境原则的偏差及存在问题;最后,在提出金融科技制度供给应从“政府供给导向”转型为“企业需求导向”的前提下,探讨地方金融科技

---

① 新华社:《习近平主持召开中央全面依法治国委员会第二次会议并发表重要讲话》,载中国政府网 2019 年 2 月 5 日,http://www.gov.cn/xinwen/2019-02/25/content_5368422.htm。

② 法律制度对经济、金融发展的作用。参见拉波塔等人对于法律与宏微观金融之间关系的研究,*Rafael La Porta et al.*, *Legal Determinants of External Finance*, The Journal of Finance, Vol. 52:3, p. 1131-1150 (1997)。

③ 对互联网金融“运动式监管”的反思,参见许多奇、唐士亚:《运动式监管向信息监管转化研究——基于对互联网金融风险专项整治行动的审视与展望》,载《证券法苑》2017 年第 4 期。

④ 代表性文献有:周仲飞、李敬伟:《金融科技背景下金融监管范式的转变》,载《法学研究》2018 年第 5 期;杨松、张永亮:《金融科技监管的路径转换与中国选择》,载《法学》2017 年第 8 期;许多奇:《金融科技的“破坏性创新”本质与监管科技新思路》,载《东方法学》2018 年第 2 期;沈伟:《金融科技的去中心化和中心化的金融监管——金融创新的规制逻辑及分析维度》,载《现代法学》2018 年第 3 期;BIS, *BigTech in Finance and the Challenge to Public Policy*, p. 1-11 2018。

制度供给的优化路径。

二、金融科技营商环境法治化的分析框架

(一)金融科技营商环境法治化的基本要求

经济学的实证研究表明,资金、技术、人力资源和自然资源是推动经济发展的主要因素。换言之,特定行业(市场)中聚集的上述要素越多,要素间彼此交互作用的效果越好,就越容易形成规模经济效应,该行业(市场)的发展质量则越高。① 在市场经济条件下,企业是调动上述要素的主要载体,地方政府和金融监管部门虽不能直接决定这些要素的转移,但可以利用影响企业决策的间接方式,调动各类资源向金融科技市场聚集。这些可以影响金融科技企业决策的杠杆措施有很多,包括税收优惠、财政补贴、信贷融资等,而在众多措施中,法治环境有独特的作用方式和效果。与其他杠杆措施以经济帮扶为重心不同,法治环境的核心功能是以稳定公开透明、可预期性的制度规定,提前告知金融科技企业政府对各类企业行为的态度(允许还是不允许,给予激励还是实施惩罚等),从而帮助金融科技企业准确预期特定企业行为的结果,作出合理的市场决策。②

金融科技企业进行经营决策时面临多种不确定性风险。对于源于市场竞争的不确定性风险,金融科技企业可以通过科学的市场规划和提高产品、服务竞争力来应对;对于源于企业内部经营的不确定性风险,金融科技企业可以通过恰当的内部产权安排和优化企业管理来应对;而对于源于非市场因素的不确定性风险——政府决策的不确定性风险,则需要金融科技企业根据政府承诺与守诺行为来予以判断。良好的法治营商环境是政府承诺与守诺表达的最高表现形式。营商环境法治化对金融科技企业的作用体现在:通过清晰明了的制度规则,减少金融科技企业进行决策时所面临的不确定性风险,赋予金融科技企业对自身投资和经营行为以稳定预期,显著降低企业发展的制度性成本。

国务院总理李克强在全国深化“放管服”改革优化营商环境电视电话会议上的讲话中指出:“法治化就要营造公开透明、公平公正的法治环境,给市场主体以稳定的预

---

① 参见王志刚、龚六堂、陈玉宇:《地区间生产效率与全要素生产率增长率分解(1978—2003)》,载《中国社会科学》2006年第2期。

② 参见赵海怡:《中国地方营商法治环境的优化方向及评价标准》,载《山东大学学报(哲学社会科学版)》2019年第3期。

期。”[①]由此可见，稳定性、公平性、透明性和可预期性是法治化营商环境的基本要求，[②]这些基本要求同样适用于建设法治化金融科技营商环境。

具体而言，金融科技营商环境法治化需要满足以下4项要求：(1)稳定性要求。稳定的金融科技营商环境，是指金融科技市场制度规则具有稳定性，从而保证金融科技政策具有持续性、一致性。(2)公平性要求。公平的金融科技营商环境包含市场体系的公平性、权利保护的公平性等重要指标，其中需要重点关注金融科技企业与传统金融机构相比，是否拥有平等的市场准入标准、市场交易规则及其适用过程的规范化、适用标准的统一性等。(3)透明性要求。透明的金融科技营商环境，是指所有市场规则和标准原则上都应该公开，不公开是例外，让金融科技企业有充分的知情权和了解渠道知晓规则和标准，要坚持以公开促公正，以透明去约束公权力的行使。(4)可预期性要求。可预期的金融科技营商环境，是指市场交易具有可预期性，在生产经营过程中以规则的有效实施保障金融科技企业合法的预期权益，保证金融监管、司法审判等行为的可预期性，由此彰显金融科技法律规制与实现营商环境的可预期性在逻辑上的递进关系。

(二)金融科技营商环境法治化的评价标准

制度是人类在社会交往和经济交易过程中形成的一般思维习惯和行为准则，制度化的功能体现在利用普遍认可的行为规则来降低社会交易成本，并赋予人们对未来事项以稳定的行为预期。[③]在评价金融科技营商环境的法治化程度时，一个很重要的标准即判断是否实现了市场和行政规则(措施)的制度化。因为市场规则(措施)和行政规则(措施)的制度化代表一种稳定、有序的状态，而这正是法治的核心要义。企业是营商环境法治化的直接作用对象。在评价金融科技营商环境的法治化水平时，可以与金融科技企业联系最密切的优惠扶持措施、政府公共服务和行政监管、企业诉求表达渠道等作为评价标准，通过这些事项的制度化水平来评价营商环境法治化水平。

1. 是否实现了金融科技优惠扶持措施的制度化

如前文所述，政府可以运用各种经济干预措施影响企业的决策，如税收优惠、专项

---

① 李克强：《在全国深化“放管服”改革优化营商环境电视电话会议上的讲话》，载《人民日报》2019年7月29日，第2版。

② 参见石佑启、陈可翔：《法治化营商环境建设的司法进路》，载《中外法学》2020年第3期。

③ 参见张勇：《制度的定义和作用及其对发展的意义——兼论马克思的制度观与发展观》，载《经济学家》2015年第4期。

资金补助、创新创业奖励、融资扶持等,[①]那么在评价金融科技营商环境法治化水平时,政府是否对这些优惠扶持的规定越多越好?

从政府角度而言,政府给予金融科技企业以何种优惠政策,或者给予何种奖励或待遇,绝非政策制定者想怎么规定就怎么规定这么简单,而应根据本地金融科技发展水平和地方财政能力综合考量,盲目依赖财政补贴吸引投资已被经济学研究证明是一种低效行为。[②] 不经过谨慎的立法评估,一味追求给予金融科技企业的优惠政策越多越好,给予金融科技人才的待遇越高越好,这种拔苗助长式的金融科技营商环境制度,最终很有可能因为无法有效落实或过度消耗地方经济资源,不但达不到真正吸引企业、技术和人才的初衷,反而形成了监管"套利"或者骗取政府补贴的投机主义,对政府信用和地方营商环境造成了负面影响。

从金融科技企业角度分析,企业决策需要综合考量各种市场因素和政策因素(政府优惠扶持政策仅为其中一部分),并进行预期收益与预期成本的经济核算。政府优惠扶持政策并不必然促使金融科技公司的预期收益超过预期成本,但会影响预期收益与预期成本的比较。而在欢迎更多金融科技优惠扶持政策的同时,金融科技企业更需要的是有关"在何种条件下可以得到何种政府优惠"的准确信息。信息越准确,金融科技企业越能准确预估决策风险与收益,金融科技企业的决策也将越来越科学。金融科技对营商环境法治化的需求和政府优化营商环境的重心不在于出台了多少优惠扶持措施,而在于这些政策措施的准确性、稳定性和可预测性。

2. 是否实现了政府公共服务和金融监管的制度化

除前述优惠扶持措施外,政府各类公共服务和金融监管行为亦会对金融科技企业决策产生影响。市场经济强调市场是资源配置的决定性力量,市场主体的自发交易行为可以在价值规律的引导下达到资源的优化配置。但交易成本和负外部性的存在导致很多对社会公共利益和市场主体均有正向影响的行为,因为私人交易成本过高而无法通过市场自发行为得以实现,由此导致了"公地悲剧"。[③] 例如,依靠企业自身力量难

---

① 地方政府对于金融科技的扶持政策,参见《宁波保税区管理委员会关于金融科技扶持政策的实施细则》《北京市促进金融科技发展规划(2018 年—2022 年)》《成都市金融科技发展规划(2020—2022 年)》《关于促进海淀区金融科技产业创新发展的若干措施》《加快推进上海金融科技中心建设实施方案》《贵州省人民政府关于加快区块链技术应用和产业发展的意见》《贵州省大数据发展应用促进条例》等。

② 对于财政补贴的经济后果的实证研究,参见魏志华、赵悦如、吴育辉:《财政补贴:"馅饼"还是"陷阱"?——基于融资约束 VS. 过度投资视角的实证研究》,载《财政研究》2015 年第 12 期。

③ 参见沈满洪、谢慧明:《公共物品问题及其解决思路——公共物品理论文献综述》,载《浙江大学学报(人文社会科学版)》2009 年第 6 期。

以共建各类金融科技实验室、“孵化器”、“加速器”，难以针对关键共性技术难题联合攻关，难以建设互联网信用信息、数据交易、行业预警监控等基础设施平台，这些具有正外部性的公共行为都需要政府的统一协调服务。又如，吸引金融科技人才来本地就业，形成产业集聚中的人才落户问题、居住保障、人才子女入学问题等，也绝非金融科技企业这样的市场主体可以单独解决，而需要通过政府的公共服务来填补和兜底。此外，政府还需要通过完善的金融监管，防范金融科技企业作出违反市场秩序和社会公共利益的决策和行为。例如，政府需要设立合理的金融科技企业准入标准，确保有技术研发能力和金融服务能力的金融科技企业进入市场；政府需要对金融数据的使用范围划定边界，确保金融消费者的隐私权和数据安全不被侵犯。

3. 是否实现了金融科技企业诉求表达的制度化

从制度功能上看，营商环境制度具有向企业决策者进行信息展示的功能，通过明晰的成文条款和政策导向，告知金融科技企业政府扶持的方向和边界，从而发挥营商环境制度助力金融科技发展的作用。但如果营商环境制度只是单向传达政府意志，却不反向了解和回应金融科技企业的诉求，那就难以保证营商环境制度的有效性并能及时更新，有可能形成政策与实践的“两层皮”脱节现象。因此，营商环境制度需要及时回应金融科技企业的合理诉求，并根据企业发展需要进行调整，从而保证制度的实效性。

目前，各地金融科技发展制度多是通过各级政府颁行的地方规范性文件来体现的。一方面，从文件内容上说，有关地方规范性文件主要规定了地方政府推动金融科技发展的基本原则、具体任务、财税金融支持措施等，而对于如何回应金融科技企业的利益诉求却付之阙如，金融科技发展的“政府主导”特征显著。另一方面，如果金融科技企业对政府金融科技发展的规范性文件存有异议，只有有限的向人大反映、提起行政诉讼（需与其他具体诉讼请求一并提出且只能针对规章以下的规范性文件提出）和行政复议等渠道表达自身诉求，不仅需要漫长且复杂的处理流程，且即便异议得到认可，相关制度得到修正的预期收益也是由所有市场主体予以分享，金融科技企业个体的付出无法得到独占性收益，导致企业的积极性下降。

三、营商环境法治化视野下的地方金融科技制度供给检视——以6省市政策文件为考察样本

现有研究中鲜有学者关注营商环境法治化视野下的金融科技制度供给，对于此类制度供给的文本实证梳理则更少。因此，通过整理各地具有代表性的金融科技发展政策，利用客观指标的设置来反思金融科技制度供给与金融科技企业需求之间的差距，

无疑可以为提高金融科技营商环境法治化水平提供一种现实思路。

(一)金融科技营商环境法治化主要指标的选取

金融科技营商环境法治化的核心在于如何规范政府的行政行为和处理好政府与市场的关系,从而提高金融科技企业的"获得感"和"安全感"。①营商环境法治化为金融科技企业从市场准入、市场运营到市场退出的全过程提供了一系列制度性安排,并力求实现制度实践的高效便捷和稳定透明。②

当下涉及营商环境的法律法规中,在国家层面只有2020年1月正式生效的《优化营商环境条例》这一部行政法规,而对全国金融科技营商环境的评估指标的选取须具有全国统一适用性和稳定性。故本文直接从《优化营商环境条例》中选取相关指标,作为金融科技营商环境评价的依据。根据对《优化营商环境条例》内容的解读,金融科技营商环境法治化的主要衡量指标可以分为5个方面:市场主体保护、市场环境、政务服务、监管执法和法治保障。其中,市场主体保护可细分为市场主体经营自主权、市场主体依法平等使用生产要素和公共资源、财产权保护等;市场环境可细分为简化企业注册登记手续、市场准入负面清单、公平竞争市场秩序维护等;政务服务可细分为政务服务标准化、在线政务服务平台、行政许可清单制度等;监管执法可细分为健全监管规则和标准体系、建立信用监管机制、"双随机、一公开"监管等;法治保障可细分为法律法规的公平竞争审查、多元化纠纷解决机制、公共法律服务体系建设等。具体指标构建可分为一、二两级,即一级指标下面涵盖多个二级指标(见表1)。前述金融科技营商环境法治化的稳定性、公平性、透明性、可预期性等基本要求体现在一、二两级指标对于政府机构的市场主体依法平等使用公共资源情况、政务服务标准化、公平竞争审查等的评价之中;前述金融科技营商环境法治化的3项评价标准,如"是否实现金融科技企业诉求表达的制度化"可以从二级指标"政企沟通机制"中得以反映,"是否实现政府公共服务和金融监管的制度化"可以从一级指标"政务服务""监管执法"下的诸多二级指标中得以体现。

---

① 参见郑方辉、王正、魏红征:《营商法治环境指数:评价体系与广东实证》,载《广东社会科学》2019年第5期。

② 参见苟学珍:《地方法治竞争:营商环境法治化的地方经验》,载《甘肃行政学院学报》2020年第4期。

表1 金融科技营商环境法治化的主要指标选取

一级指标	二级指标
市场主体保护	市场主体经营自主权;市场主体依法平等使用生产要素和公共服务资源;招投标和政府采购公开公平;财产权保护;中小投资者权益保护;进退行业协会自由;市场主体维权服务平台
市场环境	“证照分离”改革;简化企业注册登记手续;市场准入负面清单;公平竞争市场秩序维护;完善人力资源市场体系;推动科技成果转化;落实减税降费政策;规范涉企收费;支持中小企业融资;多层次资本市场建设;规范行业协会商会;社会信用体系建设;地方政府履行政策承诺;拖欠账款惩处力度;优化市场主体注销办理流程
政务服务	政务服务标准化;在线政务服务平台;严控新设行政许可;行政许可清单管理制度;投资审批制度;中介服务事项法定;证明事项法定;优化简化通关流程;政企沟通机制
监管执法	健全监管规则和标准体系;建立信用监管机制;“双随机、一公开”监管;包容审慎监管;推行非现场监管;行政执法联动响应和协作机制;行政执法自由裁量基准制度
法治保障	法律法规的公平竞争审查;多元化纠纷解决机制;公共法律服务体系建设;公用企事业单位违法追责机制;行业协会商会、中介服务机构的违法追责机制

(二)地方金融科技制度供给的文本实证

近年来,随着地方间金融竞争的日趋激烈,各地政府将金融科技视为推动金融转型升级的“新引擎”和促进普惠金融发展的新路径,金融科技产业化成为现实可能。在竞争压力的驱动下,各地政府陆续出台了一系列建设金融科技中心或扶持金融科技发展的政策规划,力图为本地金融科技企业提供更好的营商环境,并吸引异地金融科技企业迁入。为便于文本层面的比较分析,根据各地金融科技发展水平和政策规划发布情况,本文分别选取了上海、北京、成都、广州、宁波、贵州6省市发布的金融科技类政策规划文件作为研究对象,力求以较全面且客观的文本评述,描绘当前各地金融科技营商环境法治化的真实样貌。

第一,市场主体保护和市场环境改善的法治化以金融科技企业扶持和金融科技产业园区建设的制度化为主。例如,北京、上海、成都等地都规定了金融科技产业核心区的建设规划及其配套办法,优化金融科技企业的空间布局,力图发挥本地金融资源和科技资源集聚的优势,形成金融科技产业的集聚态势;贵州、宁波对金融科技企业设置了具体的奖励方案,如给予企业落户奖励、创业奖励、企业成长奖励、项目应用奖励等。此外,统一金融科技标准也是改善市场环境的重要抓手,上海、成都等地都提出要开展金融科技标准化工作,引导各类金融科技标准在金融机构落地运用,发挥标准的规范引领作用(见表 2)。

表 2　市场主体保护和市场环境改善领域的比较

制度名称	施行时间	主要内容
《加快推进上海金融科技中心建设实施方案》	2020 年 2 月	加快形成金融科技企业集群;支持在沪高校培养、引进金融科技高端人才;构建金融科技产业配套服务体系;优化“两城、一带、一港”的空间布局;推动公共数据资源共享开放;培育金融科技标准
《关于首都金融科技创新发展的指导意见》	2018 年 10 月	支持设立金融科技类研究机构、实验室或博后工作站,开展联合技术研发;加强金融科技基础设施建设;建设项目评估、企业孵化、产业培育等在内的全链条金融科技专业服务体系;建设金融科技示范区
《成都市金融科技发展规划(2020—2022 年)》	2020 年 5 月	开展金融科技标准化工作;金融科技消费者教育和保护机制;重点打造交子公园金融科技核心聚集区、天府国际金融科技产业园
《宁波保税区管理委员会关于加快推进金融科技产业创新发展的实施意见》	2018 年 3 月	对金融科技企业实施落户奖励、成长奖励、平台奖励、技术奖励、应用奖励;对金融科技企业安排专项风险补偿金
《贵州省大数据发展应用促进条例》	2016 年 3 月	设立大数据发展应用专项资金、大数据发展基金;保障大数据项目建设用地;建立健全公共数据采集制度;鼓励进行数据交易
《广州市推动区块链产业创新发展的实施意见(2020—2022 年)》	2020 年 5 月	加快区块链产业生态“建链”;促进区块链产业资源“上链”;引导区块链实施主体“用链”;培育区块链领先企业;发展区块链总部企业;区块链产业园区建设

第二,政务服务的法治化以各地金融科技发展工作机制的制度化为标志。各地政府为整合行政资源开展本地金融科技的发展工作,通常以本地政府为牵头单位,组织协调中国人民银行、发展改革委、经济和信息化局、金融工作办公室、科技园区管理委员会等机构,建立跨部门的金融科技发展议事协调机制,实现政策资源整合和信息共

享,统筹推进金融科技的招商引资、企业培育和政策扶持等工作,充分保障金融科技政务环境政策的有序实施与落地(见表3)。

表3 政务服务领域的比较

制度名称	施行时间	主要内容
《加快推进上海金融科技中心建设实施方案》	2020年2月	推动金融数据中心和云服务平台建设;每年在沪举办全球金融科技峰会和展会;完善金融科技企业的市场准入机制
《关于首都金融科技创新发展的指导意见》	2018年10月	组建北京市金融科技与专业服务创新示范区理事会,建立全市金融科技工作推进机制
《成都市金融科技发展规划(2020—2022年)》	2020年5月	市政府和中国人民银行成都分行推动建立省市协同、区域协同的工作机制;金融科技企业登记注册便利化;加强对金融科技拟上市企业辅导
《宁波保税区管理委员会关于加快推进金融科技产业创新发展的实施意见》	2018年3月	设立金融科技发展工作领导小组;设立金融科技专家咨询委员会;设立金融科技产业投资促进中心
《贵州省大数据发展应用促进条例》	2016年3月	加快推进国家大数据综合试验区和大数据产业发展聚集区、大数据战略重点实验室等建设
《广州市推动区块链产业创新发展的实施意见(2020—2022年)》	2020年5月	市工业和信息化局牵头协调各部门统筹推进区块链发展的有关工作;充分利用现有的政府投资基金加大对区块链项目的投融资力度;加强对区块链技术的宣传引导

第三,市场监管执法和法制供给保障的法治化以开展金融科技监管试点和将金融科技纳入牌照管理为特征。开展金融科技监管试点主要包括了两方面内容:一是建立区域监管协作机制(如上海提出建立长三角金融科技监管协作机制),提升金融监管部门的跨市场、跨区域金融风险识别、预警和处置能力;二是探索"监管沙盒"等包容性的"放松监管"空间,使金融科技企业能够在测试创新产品和服务时,获得一定的监管豁免或者适当放宽金融监管法律法规的适用条件,从而鼓励金融科技公司的创新行为。在本轮金融"强监管"的背景下,我国金融监管部门已明确提出"技术是技术,金融是金融",所有的金融业务必须纳入监管,所有的金融机构都要实施牌照管理。因此,牌照就是金融科技企业的合规认证,是金融科技企业进入金融市场的通

行证(见表 4)。

表 4　市场监管执法和法制供给领域的比较

制度名称	施行时间	主要内容
《加快推进上海金融科技中心建设实施方案》	2020 年 2 月	开展金融科技监管创新试点;推动长三角地区金融科技监管标准统一;建立长三角金融科技监管协作机制,推动区域协作常态化、制度化;坚持包容审慎监管
《关于首都金融科技创新发展的指导意见》	2018 年 10 月	坚持一切金融活动持牌经营的原则;建立完善覆盖各类金融科技业态的风险监测预警系统;探索“沙盒机制”和“金融风险管理实验区”;建立金融科技监管国际合作机制
《成都市金融科技发展规划(2020—2022 年)》	2020 年 5 月	建立地方金融监管沙盒机制;建立完善反洗钱监测平台;推进包括机构治理、行政监管、行业自律、社会监督、法律约束五位一体的多层次金融科技风险防范体系;建立健全数据管控体系
《宁波保税区管理委员会关于加快推进金融科技产业创新发展的实施意见》	2018 年 3 月	无相关条款
《贵州省大数据发展应用促进条例》	2016 年 3 月	制定数据安全等级保护、风险测评、应急防范等安全制度;建立健全大数据安全保障和安全评估体系
《广州市推动区块链产业创新发展的实施意见(2020—2022 年)》	2020 年 5 月	依托广州金融风险监测防控中心做好风险预警监控;强化业务流全面监管

(三)地方金融科技制度供给比较的结论

1. 地方金融科技制度供给的共性与差异性

第一,地方金融科技制度供给的共性。各地出台的促进金融科技发展的地方性法规和地方规范性文件在体例、结构以及内容上具有相似性。在结构上,都以章节的形式规定了促进金融科技发展的目标、基本原则、重点内容、保障措施等;在内容上,市场主体保护和市场环境方面主要涉及金融科技企业扶持措施和金融科技产业园区建设措施;在政务服务方面,主要规定了金融科技发展的政府领导、协调机制;在市场监管执法和法制供给保障方面,主要规定了金融科技监管试点方案。

第二,地方金融科技制度供给的差异性。从各地制度供给的具体内容上看,即便是对于同一方面的制度,也会由于各地金融科技发展水平的不同和当地市场客观环境的影响,在相关制度实施方式上存在差异。例如,在金融科技监管执法方面,上海市提出建立长三角金融科技监管协作机制,意图推动区域协作常态化、制度化,以及建立长三角统一的金融科技监管标准,区域一体化成为上海金融科技监管的一大标签;而北京市则提出探索"沙盒机制"和"金融风险管理实验区",为金融科技创设一个相对安全的创新实验空间。虽然这两者都在探索金融科技监管方式,但在具体实施方面各有特色,很难用优劣之分来评价。

2. 地方金融科技制度供给与营商环境法治化的偏差

第一,地方性法规和地方规范性文件的可操作性有待提高。优化营商环境是一个系统化过程,涉及中央和地方的多方面因素,其中许多内容超越了地方立法权限。[①] 因此,在促进地方金融科技发展的地方性法规和地方规范性文件中,较普遍地存在条款内容抽象、倡导宣示性条款较多、条款可操作性较差等问题。在这些规范性文件中,大量关于扶持金融科技发展的条款只有"应当……"的规定,有的没有明确金融科技企业的权利义务,有的没有明确具体的扶持措施程序,有的没有明确奖惩方式和强度等。这样的规范性文件使金融科技企业无法明确掌握政府的扶持范围、程序和强度,导致企业进行决策时无所适从,离企业决策所需要的准确信息和对制度的稳定预期存在一定的距离。

第二,各地针对金融科技企业的优惠措施可能会形成不正当竞争。优化金融科技营商环境的初衷在于构建市场化、法治化、国际化的一流营商环境,形成公平有序的市场竞争氛围,这需要站在战略高度进行统筹规划。对于地方政府来说,通过出台针对金融科技企业的落户奖励、租金减免、技术研发奖励等政策,可以在短时间内快速吸引金融科技企业落地和投资,加强本地金融科技产业集聚。例如,宁波保税区管理委员会针对金融科技企业,出台了落户奖励、办公补贴、营业收入奖励、项目应用奖励等扶持措施。[②] 但从全国整体角度来看,各地竞相出台金融科技优惠政策有可能演变成地区之间的不正当竞争,导致金融科技企业的投机主义行为,这亦违背了优化营商环境的初衷和制度本意。

---

① 参见薛智胜、刘芳:《地方立法视域中营商环境及构成要素比较研究》,载《天津法学》2020 年第 3 期。

② 《宁波保税区管理委员会关于金融科技扶持政策的实施细则》(甬保税政〔2019〕4 号)第 1 ~4 条。

第三,缺少对金融科技企业退出机制的规定。所谓金融科技企业退出,是指金融科技企业自主决定或被相关部门责令退出市场,进而采取的包括中止业务活动、处置平台存量业务、清算注销平台或进行业务转型等措施的行为。目前,各地出台的地方性法规和地方规范性文件,主要内容是针对金融科技企业的扶持措施,而金融科技企业的退出机制却难觅踪迹。这一缺陷在P2P网贷机构的退出问题上表现得尤为明显:早期松弛的监管思路以及退出机制缺失,使大量P2P网贷机构无序退出,表现为频频爆出平台“跑路”事件,严重损害了金融消费者利益和金融市场秩序。① 因此,法治化的金融科技营商环境制度需要明确金融科技企业退出的程序和监督机制,选择适宜的退出路径,包括但不限于吸收合并、并购重组、资产处置、合法追偿等。

四、金融科技制度供给如何满足营商环境法治化要求:一个以企业需求为导向的方案

“栽下梧桐树,引得凤凰来。”站在政府角度而言,推动营商环境法治化是吸引金融科技企业投资,形成金融科技企业集聚效应的重要手段。而站在金融科技企业角度,外部经济一直被认为是形成金融科技产业集聚的原因。得益于外部经济,金融科技企业无须付出额外成本,即可享受到市场规则成熟、金融基础设施完善和人才供给充沛等便利,进而表现出企业运营成本下降和企业竞争力提升的优势。可见,从金融科技企业角度来看,营商环境法治化本质上是为其营造一个能够带来外部经济的制度环境。

(一)地方金融科技制度供给从“政府供给导向”到“企业需求导向”的转变

制度性交易成本,又称“体制性成本”,表现为因扭曲的“政府—市场”关系而带来的制度成本,包括了政府的公共政策与公共制度对企业交易成本的影响。② 降低制度性交易成本是政府为企业消除外部不经济、优化营商环境的重要方式。③ 在前文整理的各地政府促进发展金融科技产业的政策措施中,金融科技企业登记注册便利化和完善金融科技监管协同机制等措施均旨在通过优化行政审批、行政执法来降低金融科技企业的制度性交易成本。目前,金融科技营商环境法治化的实践大多以金融科技领域的“放管服”改革来降低制度性交易成本,并辅之以税收优惠、经济奖励等经济扶持政

---

① 参见李有星、侯凌霄:《论网络借贷机构退出机制的构建——以契约理论为视角》,载《社会科学》2019年第4期。

② 参见彭向刚、周雪峰:《企业制度性交易成本:概念谱系的分析》,载《学术研究》2017年第8期。

③ 参见刘刚、梁晗:《外部性视角下营商环境的优化——基于企业需求导向的研究》,载《中国行政管理》2019年第11期。

策,但并未对金融科技企业嵌入多维度复杂市场环境的现状作出有效回应。换言之,目前地方金融科技制度供给仍以政府供给导向为主,局限于政府能够产生的最直接、最明显的影响——降低金融科技企业的制度性交易成本,而对金融科技企业非制度性需求的关注不足。

金融科技企业需求可以分为制度性需求和非制度性需求。制度性需求,是指企业对事务性制度规则的需求,如金融科技企业对具体营商环境制度供给的需求;非制度性需求是企业对理念性制度规则的需求,即企业对政府法治理念和法治环境的需求。金融科技企业的非制度性需求往往难以量化评估,但却会直接影响企业的经营决策和企业家的获得感与安全感,具有等同于制度性需求的重要意义。基于这一事实,政府须认真考虑两类需求的差异,实现3个转型:第一,政府应与金融科技企业建立既“清”又“亲”的关系,以法治化建设实现“清”,以服务型角色实现“亲”,①从关注制度环境的单一维度向制度环境、要素环境、商业生态环境等多维度全面拓展。“亲”与“清”是政府与金融科技企业“新型政商关系”的“两个基本点”,②体现了政商关系的辨证关系,要求政府既要做到廉洁自律之“清”,保证行政权力对企业经营的谦抑性,又要做到服务金融科技企业之“亲”。第二,政府应将金融科技企业的非制度性需求纳入自身的行动逻辑之中,既要重视营商环境法制供给的持续输出与优化,又要重视法治政府的自我规制,打造行政风格稳定、令企业有稳定预期的法治型政府,通过行政审批改革实现简政放权,为金融科技企业提供与传统金融机构等同的公平竞争环境,形成“有效市场+有为政府+有限政府”的政府行动逻辑。第三,政府还应以发展的眼光看待金融科技营商环境法治化,即企业需求是动态变化的,对应的营商环境法治化也应是动态更新的。这背后的经济逻辑在于,金融科技企业对营商环境法治化的评判不是固定的,企业生命周期和行业发展周期的演变均有可能引发企业产生新的需求,要求政府在营商环境法治化方面与时俱进,构建覆盖企业生命周期的营商环境法治体系(见表5)。

---

① 参见邓凌:《构建“亲”“清”新型政商关系:症结与出路》,载《中央社会主义学院学报》2016年第4期。

② 参见田飞龙:《中国模式视角下新型政商关系的法治建构》,载《学术界》2020年第1期。

表5 地方金融科技制度供给的“政府供给导向”与“企业需求导向”对比

项目	政府供给导向	企业需求导向
政府角色	定位于管制型政府,角色相对被动	定位于服务型政府,角色相对主动
关注领域	致力于降低制度性交易成本	致力于降低包括制度性交易成本、信息获取成本、要素获取成本等在内的综合交易成本
优化过程	相对静态过程	持续动态过程
优化路径	深化“放管服”改革,完善营商环境法制供给	构建覆盖金融科技企业生命周期的营商环境法治体系

(二)企业需求导向下的地方金融科技制度供给路径

营商环境法治化的主要服务对象是企业,以金融科技企业的现实需求为指向,以不断缩小金融科技企业营商环境需求与金融科技制度供给之间的差距为主线,合理配置金融科技企业的权利义务体系,从而建立一套中央有效控制下的“自下而上”的地方间金融科技营商环境法治竞争体系,在激活地方法治竞争活力的同时,实现国家层面鼓励金融创新与法治约束相结合。

第一,地方先行先试与中央协调整合。在迅速变革的金融科技中,法律制度的设计往往不尽成熟而颇具试验的性质。金融科技对金融与科技的高度整合以及金融市场的巨大变革,决定了金融科技营商环境法治化必然是一个对营商环境法制进行不断实践检验的过程,需要中央与地方在不断摸索试验中予以总结和发展。相较地方而言,中央层面的金融科技制度供给因效力及于全国且要兼顾各地差异,一旦发生偏差,其所引发的负面效果又非常严重,所以不得不慎之又慎且趋于保守。而地方在进行金融科技营商环境制度创新方面有中央无可取代的优势。相对中央实现的“强制性制度变迁”来说,地方实现的是由点到面、逐渐深入的“诱致性制度变迁”,由地方启动的制度创新与变迁,具有风险低、试错成本可控等特点。① 具体而言,地方进行金融科技营商环境创新具有如下优势:地方政府在“晋升锦标赛”的刺激下,②有进行诸多金融科技市场管理创新的内生动力,如优化金融科技企业的注册登记程序、实施包容性监管等;地方政府对本地金融科技企业更熟悉,更容易制定符合本地情况的金融科技企业监管政策。中央应在金融风险可控的前提下,一方面,鼓励地方政府针对本地金融科

---

① 参见封丽霞:《地方“先行先试”的法治困境》,载《法律方法与法律思维》2010年卷。

② 参见周黎安:《中国地方官员的晋升锦标赛模式研究》,载《经济研究》2007年第7期。

技企业的现实需求进行营商环境法制供给的探索,特别是探索金融科技区域协作监管、金融科技"监管沙盒"机制及金融科技优惠扶持制度化等亟待解决的现实问题;另一方面,又要通过中国人民银行、中国银行保险监督管理委员会的地方分支机构与地方政府进行有效沟通,对地方竞相出台的金融科技优惠扶持制度进行风险提示与预警,防范地方政府间的无序竞争和部分企业的投机行为。

第二,利用立法评估实现金融科技营商环境法治化的自我规训。立法评估是确保金融科技制度供给的科学性、民主性、妥适性的重要手段,是一种法律自我规制的工具。金融科技制度供给的立法评估可以分为立法前评估和立法后评估两种类型。立法前评估侧重事先评估金融科技制度供给的必要性、合法性、协调性和可操作性,而立法后评估则侧重法制实施的真实状况,即评估对金融市场产生的实际影响,评估这些制度规则的成本和收益,从而检视金融科技制度供给的效率。基于金融科技企业需求的评估导向,立法评估应深入金融科技企业内部,采取问卷调查与个别访谈相结合、综合评估与专题调研相结合、定性分析与定量分析相结合的评估策略。对于评估后发现的金融科技制度供给存在的问题或"盲区",应当从分析法律的约束条件入手,使涉及金融科技企业的市场准入、监管边界、政策扶持等方面的实质性问题在营商环境制度制定过程中得以规范,而不是为了回避争论而设置无法有效实施的原则性条款或授权条款,或以效力层级更低的规范性文件来加以规定。①

第三,构建市场化的金融科技企业退出机制。综观各地金融科技规范性文件的内容,普遍缺少对金融科技企业退出机制的具体规定,或者说,仅有部分地区出台了关于P2P网贷机构业务退出的指引文件。② 而在实践中,面对爆发偿付危机的金融科技企业,监管机构在"金融维稳"目标的高压下倾向采取具备"短平快"效果的金融风险专项整治行动,这一点在互联网金融风险专项整治行动中表现得尤为明显。同时,地方金融监管机构在科层制压力传导机制下往往强行要求金融科技企业在规定时间内完成清退,刑事司法机关经常出现在金融科技企业处置的第一线。这种"金融高压监管+刑事手段过度扩张"的双重处置手段在资产处置上过于追求速度,难以体现金融科技企业的真实价值,并隐含了突破金融科技企业市场化退出规律的公权力扩张冲动。在资产处理与清退过程中,金融科技企业在监管机构要求下除承担信息报送义务外,还

---

① 参见席涛:《立法评估:评估什么和如何评估(下)——以中国立法评估为例》,载《政法论坛》2013年第1期。

② 代表性的P2P网贷退出指引文件,如《上海市网络借贷信息中介机构业务退出指导意见(试行)》《深圳市网络借贷信息中介机构良性退出指引》《北京市网络借贷信息中介机构业务退出指引(草案)》《杭州市网络借贷信息中介机构业务退出指引(试行)》等。

需要承担安抚投资者情绪等社会维稳义务,进一步抬高了金融科技企业退出的资金成本和人力成本。因此,金融科技制度供给应重视构建市场化的金融科技企业退出机制,一方面,应审慎采用刑事手段处理金融科技企业的退出问题,除非该企业存在严重的犯罪嫌疑,否则公安机关不宜强行介入,应当坚持引导投资人自力救济和意思自治优先原则;另一方面,可完善由金融科技企业实际控制人或股东、投资人、债权人等组成的管理委员会,引入具有专业资质的律师事务所、会计师事务所和资产评估机构等配合管理委员会开展金融科技企业的退出工作,实现风险可控前提下的金融科技企业市场化、法治化、国际化退出。

(责任编辑:王珂)

体育彩票的金融属性及其治理*

刘　辉**

摘　要:伴随体育彩票市场的快速发展,体育彩票已经成为推动我国体育产业、体育事业乃至国民健康体系建设中不可缺少的一种重要的金融工具。中国体育彩票长期面临发行主体不尽合理、监管体制不够公允、资金结构配置不够公平、彩票公益金运用监管不足等问题。应以金融法"三足定理"为基本价值指引,以"经济国家"理论为方法论向导,重构我国体育彩票金融的法律治理模式,改革体彩中心发行模式为市场化运作的中国彩票总公司发行模式,设立中国彩票监督管理委员会,加强对彩票资金运用的动态监管,建立市场导向的浮动型资金结构模式,并强化审计机关对彩票资金运用的事后审计。

关键词:体育彩票;治理模式;经济国家理论;世界彩票协会;金融法

根据2009年国务院《彩票管理条例》(以下简称《条例》)规定,体育彩票是国家为筹集体育公益资金,促进体育公益事业发展而特许发行、依法销售,自然人自愿购买,并按照特定规则获得中奖机会的凭证。随着我国体育事业的发展进步、体育文化的培育和提升以及国民经济的快速发展,近年来,我国体育彩票销售呈现连年攀升的喜人势头。财政部数据显示,2020年全国体育彩票机构共计销售1894.63亿元,①体育彩票已然成为推动我国体育产业、体育事业乃至国民健康体系建设中不可缺少的一种重要的金融工具和经济力量。

* 收稿日期:2020年11月19日。本文是湖南省社科基金青年项目"湖南省地方金融立法研究"(编号:19YBQ027)的阶段性研究成果。

** 法学博士,湖南大学法学院副教授。

① 参见财政部综合司:《2020年12月份全国彩票销售情况》,载财政部官网2021年1月25日,http://zhs.mof.gov.cn/zonghexinxi/202101/t20210122_3647877.html。

国内关于体育彩票的研究主要聚焦体育彩票销售合同的法律属性、体育彩票发行机构的法律定位等基础性民商法和行政法问题,少部分涉及体育彩票监管的文章也多是就监管论监管,缺乏强有力的理论支撑和实践指导,尤其是尚无从金融法本位的角度、以经济法基础理论为分析工具的体彩金融治理方面的文章。本文的逻辑起点始于对体育彩票金融属性的分析,而正是体育彩票作为金融工具的法律本质,决定了对其治理必须接受金融法"三足定理"(金融法应将金融安全、金融公平与金融效率共同作为其价值追求)①基本原理的检视。笔者针对传统研究受限于缺乏现代经济法治理理论之指导的现实,特别引入现代经济法"经济国家"理论来阐释体育彩票金融治理的核心法律问题,并搭建具体的法律架构。

一、体育彩票的金融属性以及"经济国家"理论

以合同法的视角观之,购买体育彩票是一种典型的博彩行为,由此形成的投资者与彩票销售者之间的法律关系是以博取彩票奖金为标的的射幸合同关系。对这样的法律定性本无争议,但受制于民商法微观的法律视角以及对体育彩票功能的不全面认知,我国体育彩票的良性治理面临法律理论不足和法律制度供给缺乏的现实。金融是实体经济的血液,要真正做大体育产业的"蛋糕"就必须强化体育产业的金融支持,扩大与体育产业相匹配的金融规模,并增强金融对体育产业的服务能力。基于产业金融服务于产业发展的综合考量,可以将服务于体育产业的所有金融工具和金融服务统称为体育金融,而从领域法学的意义上来讲,可以将专门服务于体育产业的金融法律制度统称为体育金融法。为此,下文在同等意义上使用"体育金融法"和"体育金融法制"两个概念,用以指称该领域的具体法律制度。当然,在法学的意义上,"体育金融法"的概念也可意指以体育金融法制为研究对象的体育法学科或者体育法学理论。2014 年国务院《关于加快发展体育产业促进体育消费的若干意见》(国发〔2014〕46 号)对我国体育产业的发展提出了宏伟目标,即到 2025 年体育产业总规模要超过 5 万亿元,建成布局合理、功能完善、门类齐全的体育产业体系。无疑,这要求中国体育金融法制在促进中国体育金融的服务能力上更上一层楼。尤其需要看到的是,一些非营利性的、为更多社会大众免费或者低收费提供健身设施的体育项目,并不能获得传统商业金融很好的支持。因此,在传统的银行金融、股票与债券市场金融、新兴的互联网金融以及政府与社会资本合作等基础之上,探索和创新更加丰富和多元的体育金融工具,成为中国体育金融法学研究的一个重要课题。

---

① 参见冯果:《金融法的"三足定理"及中国金融法制的变革》,载《法学》2011 年第 9 期。

金融,即资金融通。体育彩票是我国金融体系业态结构中一种重要的金融工具,并发挥越发重要的作用,在服务于中国群众体育和竞技体育两方面均体现了重要的金融支持作用。国家体育总局于2021年6月30日发布的第52号公告显示,2020年度国家体育总局本级使用彩票公益金达94,848万元,其中,11.18%用于实施群众体育工作,88.82%用于资助竞技体育工作。① 由此可见,一方面,体育彩票对于热爱体育文化的投资者,尤其是中青年体育爱好者来讲,确实起到了非常强烈的资金聚集效应,能够把这些投资者手中的闲散资金有效地筹集起来。另一方面,体育彩票资金又是由彩票公益金、返奖奖金和发行费用三部分构成的,其在扣除返奖奖金和发行费用之后,将彩票公益金全部投入我国的群众体育事业和竞技体育事业。两方面的有机结合造就了体育彩票与股票和债券等金融工具共同具有的金融属性——投资和融资功能,也就是金融学上讲的资金融通功能。

当然,也有学者将体育彩票定性为一种财政工具。这里有必要澄清的是,“财政”和“金融”历来就是既有区别又有联系的一对经济概念。具言之,从一般意义上来讲,金融的范围涉及银行、证券、保险、信托、基金以及新兴的科技金融等具体的领域、业态和工具,但相对财政来说,其更加侧重资金融通功能。而财政则主要是指政府部门基于国家的立场,依法配置财政资源、安排和分配财政资金使用的国家经济行为。当然,财政也负责对纳税等事务实施监管,为此,理论上和实务中约定俗成地将“财政”和“税收”并称为“财税”。总之,财政突出“政”,和政府政治紧密联系,在某种意义上,我们也可以将财政定义为一种“政府金融”,其核心范畴是下拨和调配财政资金,其核心资金来源是税收(体育彩票不属于税收)。不难看出,在资金融通的意义上,财政和金融具有一定的重复域,甚至从另一个侧面讲,财政工具本身也具有金融属性,两者在资金融通原理上具有一定的共性。换言之,在不违背《预算法》等国家财政法律有关财政治理的基本原则的前提下,将体育彩票定性为一种金融工具并无不妥,并且据此对目前大量处于法外之地的体育彩票行为进行治理,具有十分重要的理论和实务价值。本文正是据此立论,从金融工具的属性视角看待体育彩票,将金融视域下的体育彩票工具称为“体育彩票金融”,简称为“体彩金融”。

体育彩票与传统金融工具也存在显著区别。与银行等间接金融相比,体育彩票是一种更趋近于直接金融的金融工具,因为体育彩票的投融资功能的实现并没有金融中介(金融机构)的直接介入。但体育彩票与股票、债券、基金不同,其不能在二级市场进

① 参见国家体育总局体育经济司:《国家体育总局2020年度本级体育彩票公益金使用情况公告》,载国家体育总局官网2021年6月30日,http://www.sport.gov.cn/jjs/n5032/c994681/content.html。

行交易或随时赎回,不反映股权关系、债权关系或委托投资关系,只反映购彩者和发行者之间潜在可能的奖金分配关系;购彩者购买体育彩票的回报是建立在概率基础上的中奖机会,而不是建立在经济效益之上,其既可能一无所获,也可能获得几倍甚至几千倍的回报,从某种意义上来说,可以将体育彩票的法律性质界定为一种“或然价证券”;体育彩票的发售属于筹资性质,可以持续、反复地筹措社会闲散资金,支持体育公益事业发展,没有支付股息、债息等压力,基本上是无偿的。因此,在金融法层面,我们可以把体育彩票定义为一种特殊的金融工具。

事实上,彩票的金融属性已经吸引国内各大金融机构开始利用自己广泛的网点和渠道优势抢占体育彩票的销售市场,工商银行、招商银行、广发银行、平安银行等先后开发了体育彩票的金融产品或者在本行的手机app上添加了体育彩票的购买选项,成为推动我国体育彩票销量上升的重要力量。“法律契合于金融自我发展的逻辑,是一个完善的金融市场真正得以建立和发展的制度根基。”①面对体育彩票这样一种新型金融工具的勃兴,我国政府的治理显然是被动的、滞后的,至今仍未提出显性的、科学的和有效的治理理论予以因应。笔者认为,倘以体彩金融为治理对象,以政府为核心治理主体之一,经济法语境中的“经济国家”理论能够契合体彩金融的治理之需。

所谓“经济国家”,是指国家受经济属性的嵌入与公私融合的驱动,超越单纯的政治主权组织而成为经济、社会发展的内生因素与主导力量,在促进经济、社会发展的同时亦引发自身的组织及行为变革。② 在“经济国家”理论下,政府对体彩金融的治理并不是简单而草率地“干预”,也不是传统意义上的“市场缺陷—政府纠正”或者“政府缺陷—市场约束”范式,而是政府本身即作为体育金融市场发展的一种内生性力量,深度融入并参与社会分工,以政府的经济属性糅合政府的政治属性,将政府以一种市场主体的身份融入生产、交易和分配,放大整个体育金融市场的产出和市场机制的红利。简言之,“经济国家”把政府对体育彩票治理的角色,从传统的“单纯维持政府运转的工具”转变成“经济国家嵌入经济和社会发展的核心机制”。③ 这种秉承整体主义和权衡法治观的经济金融治理理论,由于高度契合体彩金融的实践和运行机理,其与金融法“三足定理”相结合,有望从根本上改善我国体彩金融的治理绩效。

---

① 杨东:《互联网金融的法律规制——基于信息工具的视角》,载《中国社会科学》2015年第4期。

② 参见冯辉:《论经济法学语境中的“经济国家”》,载《法学家》2011年第5期。

③ 冯辉:《宪政、经济国家与〈预算法〉的修改理念——以预算权分配为中心》,载《政治与法律》2011年第9期。

二、我国体育彩票治理存在的主要问题

目前,我国体育彩票治理方面尚无全国人大及其常委会制定的法律层面的制度依据,主要的规定集中于国务院《条例》,财政部、民政部、国家体育总局联合出台的《彩票管理条例实施细则》(以下简称《细则》),以及财政部的《互联网销售彩票管理暂行办法》、《关于开展互联网销售体育彩票试点相关工作的通知》、《彩票机构财务管理办法》、《关于进一步规范和加强彩票资金构成比例政策管理的通知》(以下简称财政部94号文)等规范性文件之中。以金融法“三足定理”和“经济国家”理论为观照,我国体育彩票相关法制存在发行主体不合理、监管体制不公允、资金结构配置不公平、公益金运用监管不到位等问题。

(一)“部门发行”模式对金融效率与金融公平的现实诘问

根据《条例》和《细则》的规定,中国的彩票发行由国务院行使审批权,实行双轨制、双牵头的“部门发行”模式,即由国家体育总局和民政部分别牵头负责中国体育彩票和中国福利彩票的发行工作,并由财政部对彩票发行行使监督权。彩票发行权的具体行使主体有两个:国家体育总局下设体育彩票管理中心(以下简称体彩中心),负责中国体育彩票的发行;民政部下设中国福利彩票发行中心(以下简称福彩中心),负责中国福利彩票的发行。

从经济法和金融法的视角来看,一方面,“部门发行”违背了经济发行原则与金融效率原则。我国彩票发行体制本质上属于垄断发行模式。这种垄断发行模式不是由一家机构独享发行权,而是由国家体育总局和民政部两大部门分别享有发行权。与此同时,具体行使发行权的两大主体——体彩中心和福彩中心都属于事业单位性质,并不具有市场化主体追求利润最大化和控制发行成本的强烈动机,这酿成了发行实践中高价发行和低效发行的不良结果,违背了经济发行原则和金融效率原则。从国际实践来看,彩票发行成本费用一般都控制在较低水平,从而尽可能地放大彩票资金构成中彩票公益金的比重,最大限度地实现彩票发行的公益目的。以英美两国为例,其彩票发行费均控制在约占彩票销售收入5% ~6%的水平,而我国的彩票发行费用历来居高不下,曾经在相当长的一段时间维持在20%的水平。①

另一方面,“部门发行”与金融公平原则的要求格格不入。这不仅体现在前述畸高的彩票发行费用侵蚀彩票公益金而有失公允之中,而且突出表现在彩票本身的“部门

---

① 参见新华每日电讯:《体育总局:从彩票发行费中非法获利达数亿元》,载腾讯网2005年7月24日,https://view.news.qq.com/a/20120620/000006.html。

利益属性”之中。尽管国务院是我国彩票发行的审批部门,但是国务院的审批是以国家体育总局和民政部的发行申请报送为前提的。在现实中,两大部门均是根据各自部门的实际需要,以部门利益导向为基础进行发行申报。也就是说,以“中国”冠名的体育/福利彩票在很大程度上是依据“部门利益”而发行的,并不能充分体现彩票的“国家利益属性”。

(二)“自我监管”实践对金融公平原则的忽视

《条例》、《细则》、财政部94号文均明确了财政部是我国彩票公益金的管理和监督检查机关。值得注意的是,从财政部官网对外公示的组织机构与职能分配来看,彩票监管工作主要由其综合司内设的彩票管理处负责。彩票管理处本身即受到人员配备的严重限制,在财政部之下,各省市财政部门甚至没有专门的职能部门与人员配置予以保障,这种监管体制令彩票监管工作捉襟见肘。在此背景下,我国彩票监管在现实中只能依靠两大发行主体——体彩中心和福彩中心的上级主管部门——国家体育总局和民政部的自我监管。不得不说,这种“既当运动员,又当裁判员”的彩票监管体制不仅在事实上未对彩票发行和销售起到有效的监督作用,而且由于受到现实利益关联等因素的影响,导致出现了大量诸如“监管自肥”事件和“假彩票案”等有损金融公平原则的案件。

例证之一,是“国家体育总局下属公司利用体彩发行非法获利案”。“我国体育长期实行高度集中的行政化体制。”①为了具体落实体育彩票的发行和印刷工作,国家体育总局下设了两家公司——中彩总科技发展有限公司(以下简称体彩科技)和中彩总印务技术公司(以下简称体彩印务)。国家体育总局、体彩中心和体彩科技与体彩印务之间存在密切的利益关联关系,比如,体彩中心主任就直接出任体彩科技的首任董事长。2004年,审计署向全国人大常委会作年度审计工作报告时披露了两家具有总局背景的公司收受体彩中心超额支付发行费的事实,国家体育总局则更是从2003年彩票发行费中非法获利5.58亿元。② 众所周知,体育彩票发行的根本目的是支持国家体育事业,但我国体育彩票监管实践中的“自我监管”模式,实际在很大程度上让体育彩票的公益金融功能产生了异化,甚至变相成为部分利益团体敛财的工具。

(三)“被摊薄的公益金”对动态监管和金融安全原则的呼唤

在中国体育彩票的资金构成中,体育彩票公益金被摊薄的结果是多种原因造成

---

① 姜熙:《中国体育法治建设的宏观理路——于善旭教授学术访谈录》,载《体育与科学》2017年第1期。

② 参见新华每日电讯:《体育总局:从彩票发行费中非法获利达数亿元》,载腾讯网2005年7月24日,https://view.news.qq.com/a/20120620/000006.html。

的。前述发行体制弊端带来的高额的发行成本是重要因素之一,在实践中大量存在的违规使用彩票资金的行为也在肆无忌惮地侵蚀有限的彩票公益金,影响体育彩票应有功能的发挥,殊值得立法者予以高度重视。在我国目前的彩票监管体系下,对体育彩票公益金账户的动态监督实际上是缺位的,财政部作为彩票公益金的法定监管部门,实际上主要是在财政部94号文所立的各彩票品种的"彩票奖金、彩票发行费、彩票公益金的具体比例"的确定上发挥调控作用,而我国体育彩票资金运用的监督更多依赖的是审计署的事后审计监督,这种监管模式正严重危及体彩金融的金融安全问题。

其一,国务院和财政部对体育彩票资金构成的规定不尽合理,是造成彩票公益金被摊薄的重要原因。笔者注意到,随着体育彩票市场的飞速发展以及金融公平理念的深入人心,国务院和财政部对体育彩票资金构成的调控经历了一个变迁的过程。根据国务院《关于进一步规范彩票管理的通知》(已失效),自2002年起,我国体育彩票的资金构成比例为:彩票公益金≥35%,发行费用≤15%,返奖比例≥50%。如果按照国际上5%的发行费比例为基准,我国体育彩票近3年相较国际通行发行成本,分别高出166.4亿元、188.2亿元和209.7亿元的发行费用,其对彩票公益金的分摊效应可见一斑。尽管财政部94号文调整了彩票发行费,规定传统型、即开型彩票发行费比例最高不得超过15%,乐透型、数字型、竞猜型、视频型、基诺型等彩票发行费比例最高不得超过13%。不得不说,这样的发行费比重依然不低,仍是侵犯彩票公益金安全的重要因素。

其二,由于对彩票资金动态监督的缺位,危及了体育彩票作为体育金融工具的金融安全。从公开渠道能够获取到的最近的2014年审计署对彩票资金审计的报告中,笔者发现,无论是体育彩票还是福利彩票,都存在虚报套取彩票公益金、违规使用彩票公益金进行采购、利用彩票公益金违规购建楼堂馆所以及违规发放津补贴等违法行为。例如,在被审计的18个省市中,有共计584个单位挤占挪用彩票资金,金额高达33.3亿元,主要资金去向是《条例》第33条、第34条明文禁止的平衡一般预算、充作工作经费、挪作企业周转金、挪作"三公"经费支出、违规对外投资等。有共计141家单位将彩票资金违规用于发放津补贴,金额高达3.83亿元。有共计32家单位用彩票资金违规购建楼堂馆所,金额高达31.47亿元。[①]

① 参见中金社:《彩票的黑幕真吓人你还买吗》,载中金网2017年3月24日,http://www.cngold.com.cn/zjs/20170324d1897n131647413.html。

三、我国体育彩票治理模式的创新

上述关于我国体育彩票发行与监管中存在的问题,本质上可以界定为社会科学研究中一个核心的问题——政府与市场的关系问题。具言之,既有发行与监管制度之所以出现这些问题,原因就在于没有正确处理政府与市场的角色定位,比如,中国体育彩票的发行并不是以独立的市场主体身份进行的,而是选择了一种介于行政机关和市场主体之间的性质为事业单位的体彩中心的主体为之,其具体负责发行的公司——体彩科技的董事长又由体彩中心主任担任。这种环环相扣的权力渗透和利益纠葛最终导致了体彩公益金的减损和对金融公平的侵犯。

这些问题的解决需要在传统经济法"市场缺陷—政府弥补"以及"政府缺陷—市场约束"的范式基础上寻求新的理论突破。易言之,政府需要重新厘定其角色和地位以及权力运用方式,在自身政治属性向经济属性演变的进程中,找到一种以市场主体身份的新的主动融入市场机制,从而达到更优的治理绩效,创造更多的体育金融市场红利增量。而这,正是"经济国家"介入市场经济的现代经济法理论体系中政府治理的新型范式。

(一)改体彩中心发行为中彩总发行,通过国家持股的形式融入发行市场

2013 年 11 月 12 日,党的第十八届中央委员会第三次全体会议通过的《中共中央关于全面深化改革若干重大问题的决定》对我国新时期政市关系进行了重大的理论调整,即将市场在资源配置中的"基础性作用"提升为"决定性作用"。在此背景下,"谦抑干预理念成为经济法理论新发展的趋势",也就是"将国家干预以一种克制和谦逊的方式嵌入市场失灵的边界划定当中",[①]除依据法定原则应由政府配置资源的领域外,其他的或剩余的领域都应交给市场。[②] 在我国当下的体育彩票发行体制下,体育彩票发行作为一种金融工具和金融资源配置形式,其需求并不是市场机制决定的,而是由政府来决定的。更准确地说,如上文分析,是国家体育总局根据部门利益而决定的。以"经济国家"理论为指导,应当改革这样的发行体制,成立国家持股的、整合体育彩票与福利彩票的、公司化运作独立的市场主体发行模式,笔者将这一发行主体确定为新设立的中国彩票总公司(以下简称中彩总),将这种发行模式定义为中彩总发行模式,该模式下发行的彩票统一命名为"国家彩票"。

该发行体制的设计有以下几方面的考虑:第一,政市关系的边界得以清晰界定。

---

① 刘大洪:《论经济法上的市场优先原则:内涵与适用》,载《法商研究》2017 年第 2 期。

② 参见张守文:《政府与市场关系的法律调整》,载《中国法学》2014 年第 5 期。

中彩总作为国家特许的彩票发行公司独立运作,政府(主要是指国家体育总局)与发行主体之间“剪不断理还乱”的利害关系得以彻底肃清,监管权与经营权彼此分离、泾渭分明。政府权力不当干预体彩发行以及基于发行行为的不当利益输送等行为可以得到有效遏制。第二,在中彩总发行模式下,作为发行主体的中彩总严格依据《公司法》设立和运作,可以作灵活的股权结构配置,从而增强发行主体的实力。按照笔者的设想,国家持股可以超过50%,同时可以大量引入民间资本,并保留10%左右的员工持股计划,在增强公司实力的基础上保持公司治理的民主性和灵活性。第三,中彩总作为独立的运行实体,可以市场化的方式,通过深度的市场调研,拟制并向国务院报送彩票发行计划,从而达到市场对彩票这种金融资源配置的决定性作用。在新的发行模式下,中彩总可以制定比在计划和配额的体制下更加具有深度的和更加细微的国家彩票发行与支持计划,使彩票金融对中国体育事业的支持深度得以加强,进而提高国家彩票的产业化水平。此外,国家彩票的利益本位也将得以改观,由代表国家体育总局的“部门利益”,转变为“中国体育市场”和“中国体育事业”的国家与社会利益本位。而且中彩总发行模式能够降低原来体彩中心和福彩中心分别发行时高企的彩票发行成本,其公司化运作的机制更有利于发行成本的核算和控制,从而达到高效发行和经济发行之目的。

(二)政政府单方管理为多方治理,围绕中彩总重构国家彩票治理结构

“经济法的逻辑起点是市场经济,经济法的理论归属是法律治理。”①在现代经济环境下,政府与经济的关系已经由传统单纯的管理、管制逐步走向了治理,并且是一种法律治理。“基于治理能力和治理资源有限性的考虑,不能过分依赖于政府的行政资源,必须拓展资源获取渠道,盘活、整合和优化其他的治理资源。”②相较管理,治理的概念更加突出参与主体的广泛性以及对各大主体参与的积极性和主动性的调动。对体彩金融的治理也同样如此,笔者认为,这不应当是政府单方的、外部的行政监管所能有效胜任的法律重任。相反,应当构建起一种政府以多种角色融入(介入)的、内外结合的、不仅包括政府而且主动吸纳多方治理主体的金融治理结构和范型。

首先,要增强政府对市场机制的主动融入性。“金融市场的创新和发展决定了以看守和惩罚为核心的监管理念及制度已不敷实践所需,应确立‘嵌入式’的金融监管理

---

① 陈婉玲:《我国经济法的观念更新与当代转向——以经济结构调整为中心》,载《法学》2017年第7期。

② 陈晓春、肖雪:《共建共治共享视角下我国社区分类治理研究》,载《湖南大学学报(社会科学版)》2021年第4期。

念并促进相应的制度应用,从而改变'监管被动、缺位和错位等现象'。"①实际上,国家通过参股的形式直接进入中彩总,对中彩总的设立和运行本身就能起到一定程度的规范和监督作用,特别是在公司治理结构的设计层面,通过国有股股东的身份对中彩总的公司治理施加影响远比改革前国家体育总局对体彩中心的监督更有力和有效。特别是,这种"嵌入式"的治理方式在本质上实现了原来的外部监督向中彩总公司内部监督的转化,更加融入监督一线,并且更容易发现监管对象存在的各种违法违规行为。

其次,要进一步完善和规范政府对中彩总的外部监管。除国家体育总局作为行业部门的监管外,国务院以及财政部对彩票资金的监管应当进一步强化和完善。中彩总作为独立的市场主体,财政部对其进行直接监管相比原体彩中心(事业单位)模式而言,与国家体育总局之间的权力交叉现象将大幅减少,因为国家体育总局对中彩总直接的权力干预将大为降低。这样,财政部可以回归其应有的监管地位,制定更加完善的规则措施对中彩总实施监管。当然,财政部的外部监管主要是彩票资金的结构配置等问题,这对整体彩票市场的治理来说显然是不充分的。建议新设一个监管机构——中国彩票监督管理委员会(以下简称彩监委),对彩票发行、销售、资金运作等核心环节进行监管。主要考虑是,尽管国务院《关于进一步规范彩票管理的通知》将财政部确定为我国彩票监管的主管部门,但如上文分析,财政部内部的部门设置和人员配备无法胜任该监管工作,并且彩票金融运作的专业性决定了其有必要由专业的监管部门进行,而彩票金融所具有的不同于银行、证券、保险等金融行业的特殊性又决定了无法将其直接划归现有的金融监管部门。因此,设立彩监委具有现实必要性。

最后,要充分调动和发挥其他政府部门及市场主体在体彩金融治理中的作用。前文讲到了国家作为股东对中彩总运作的内部监督和财政部、彩监委以及国家体育总局对体彩金融运作的外部监管,但从现代经济法意义上的"经济国家"职能发挥的角度来说,体彩金融的治理还需要更多的政府监管部门以及市场主体的参与。例如,在改革后发行的国家彩票的税收问题上,依据税收法定原则,国家不仅需要对国家彩票税收出台专门的法律规定,税务部门也要主动参与国家彩票税务方面的检查和执法工作。涉及国家彩票在银行的账户管理以及金融机构网点的国家彩票销售管理等问题,银保监会等部门也是重要的治理力量。此外,法律、会计、评估、咨询等中介机构以及公证机关的专业服务都是改革后国家彩票治理中的重要主体。总之,单一的政府监管必然成为国家彩票健康发展的掣肘,国家彩票的良性运作一定是多方主体共同参与和积极

① 冯辉:《论"嵌入式监管":金融监管的理念创新及制度应用——以民间借贷的法律监管为例》,载《政治与法律》2012年第8期。

融入治理活动的结果。

(三)改革国家彩票资金的治理模式,突出金融安全和金融公平

改革后,国家彩票的治理从金融法学来说主要有两个核心问题,即彩票资金的结构问题和彩票资金的运用问题。前者主要是合理优化国家彩票资金不同组成部分的比重,从而最大限度地实现国家彩票发行之公益目的,确保金融公平。后者主要是对国家彩票资金尤其是彩票公益金部分运用的动态监管和事后监督,从而依据国家彩票发行的特殊目的,安全投放彩票公益金,确保金融安全。

从"经济国家"理论看国家彩票资金的结构治理问题,需要国家改变传统的单向的、计划式的彩票资金结构配比模式,转为一种崇尚市场机制、尊重市场规律的、政府与市场积极互动融合的、灵活的彩票资金结构调控模式。虽然根据财政部94号文,体育彩票发行费的比例应考虑"品种特性""发行规模""发行方式"等因素合理地确定。但在体彩中心发行模式下,体育彩票发行费用不仅居高不下,而且极少对资金结构进行灵活调整。也就是说,从《条例》确定的基本比例到财政部94号文的专门规定,我国体育彩票资金的结构一直是僵化的,未能依据市场导向作出灵活调整。因此,建议在新确定的中彩总发行模式下,立法可以确定一种政府与市场积极互动的浮动型的彩票资金结构治理模式。具言之,法律可以确定一个基本的各资金要素浮动的范围,同时中彩总可以在该范围内具体确定不同类别彩票的发行费、公益金以及返还奖金的比例。与以往不同的是,一方面,在发行主体中,政府可以股东的身份主动融入公司治理,对资金结构问题依据发行实际和市场规律,相机抉择调整资金结构,政府的"经济国家"职能得以灵活发挥。另一方面,中彩总要继续接受财政部等部门的外部监管,以确保资金结构合理公平。这样,国家以内外两重角色同时介入彩票资金结构的治理,有望实现更优的治理绩效。

从"经济国家"理论看彩票资金运用的监管问题,需要在动态监管和事后审计两个方面同时发力。"经济国家"理论所强调的"嵌入式"的现代经济治理,通常包括理念、规范、信息、知识、共识等要素。以这些要素的实践为指针,毫无疑问,彩监委的设立在彩票资金运用的动态监管上将大放异彩。作为专门的彩票资金运用监管机构,彩监委将改变我国原来体彩资金动态监管主体缺位的现状,其可以从"嵌入式"的现代经济治理的5项要素出发,制定专门的制度规范、技术规范,构建专门的监管基础设施,进行专门的技术规范指导和现场执法检查,从而真正做到彩票资金运用中的监管"无死角",确保彩票资金安全和金融安全。不仅如此,彩监委作为专业彩票监管机构,还可以代表国家加入世界彩票协会(World Lottery Association),通过国际合作与交流,促进中国彩票监管事业的发展。在彩票资金运用的事后审计上,审计署可以继续发挥经济

审计权。有所不同的是,审计署可以结合彩监委的监管执法情况以及其制定的各种制度和技术规范,进行更加有针对性的、专业的、深入细致的审计监督,确保彩票资金运用的合法性。

四、结　语

随着体育彩票在我国体育金融体系中的地位和作用的提升,从法学视角对体育彩票相关法律问题的研究必须走出单一的民商法或者行政法视角的窠臼,并上升到金融法层面的分析。体育彩票作为一种重要的体育金融工具,其发行与监管自当符合金融公平、金融效率和金融安全的基本原则。通过金融法“三足定理”的理论检视,不难梳理出我国体育彩票运作实践中长期存在的发行主体不合理、监管体制不公允、资金结构配置不公平、公益金运用监管不到位等问题。要从根本上解决这些问题,需以“经济国家”理论为指导,确立新的现代体彩金融治理体系。

建议改革现行的体彩中心发行模式,转而确立市场化运作的中彩总发行模式,让国家以股东身份“嵌入”中彩总的治理结构之中,设立彩监委加强对中彩总资金运用的外部监督,并进一步加强审计署的审计监督。改革后,在彩票资金结构的治理方面,要改革传统僵化的资金结构配比模式,建立市场导向的政府与市场积极互动的浮动型资金结构模式。

总之,我国体彩金融的治理必须改变传统的政府单方管制的监管模式,确立政府与市场深度交融、内部治理与外部监管完美结合的治理结构。只有当国家的经济属性充分嵌入,真正以一种市场的“内生力量”融入市场机制,同时市场被动监管的地位得以转变,公与私默契互动,实现“有效政府”和“有效金融市场”之“双引擎”目标,①体彩金融治理方能成效卓著。

(责任编辑:王珂)

---

① 陈经伟:《金融法治与金融规制——转型时期逻辑与经济金融分析》,社会科学文献出版社2016年版,第202页。

奖励金额如何确定

——以证券举报奖励机制为例*

叶嘉敏**

摘　要：证券举报奖励机制是行政举报奖励条件与奖励金额确定进路的缩影。证券举报奖励机制对于证券违法行为的规制与预防大有裨益，然而其并未确立于以《证券法》为代表的我国立法中，学界也未涉足相关的系统研究。举报奖励机制的制度设计，一方面应符合行政法基本原则，另一方面应兼顾激励合理举报行为与节约奖励资金的价值取向。在举报奖励条件与奖励金额的确定进路中，应采取"合法性—客观可归因性—主观可奖励性"的三阶层递进式判断模式，前一阶层要件的符合是进入后一阶层要件审查的前提。在具体适用中，于"合法性"阶层，应对举报线索获取及举报行为本身的合法性进行判断；于"客观可归因性"阶层，应剖析举报线索提供对违法行为查获的原因力大小；于"主观可奖励性"阶层，应对举报人的举报动机、奖励豁免等事由予以分析。

关键词：行政举报奖励；证券举报奖励；奖励条件；奖励金额；三阶层理论

一、问题的提出

在行政执法公权力资源相对匮乏的背景下，如能有效调动私主体对违法行为的辅助监管作用，一方面将对违法行为予以有效规制，另一方面也会对潜在的违法行为人予以有力震慑，进而起到有效预防违法行为的功用。私主体对行政执法的辅助功用主要通过提供违法行为的相关线索予以体现，而如欲充分、合理地调动私主体举报违法

---

* 收稿日期：2021 年 6 月 4 日。本文是华东政法大学 2019 年"拔尖创新人才培养计划"的阶段性研究成果。

** 华东政法大学经济法学院博士研究生。

行为的积极性,就应有效完善对举报行为的奖励机制以及对举报人的保护制度。前者通过向违法行为知情人提供合理举报行为的获利预期,从而促使其向执法机关提供有效的证据线索,进而有利于对违法行为的监管;后者则使举报人免受违法行为人打击报复。事实上,对于违法行为举报人的保护机制,尽管我国相关立法并不完善,但学界对之研究较充分,域外亦有相关立法例予以立法指引。反观对举报行为的奖励机制,我国相关立法并不完善,同时相关研究甚少,且缺乏可资借鉴的完备的立法例。本文以证券举报奖励条件与奖励金额的确定为例,旨在通过构建系统性的奖励条件与奖励金额确定方式填补学界研究的缺失,进而对我国乃至域外的相关立法有所启示,以期在实现行政举报奖励机制目的的同时,尽可能地规避相关不利后果。

证券违法行为具有复杂、多样且隐蔽的特性,证券业内部的商事活动存在严重信息偏在的负外部性,而证券监管部门作为外部公权力监管者,尽管可通过专业调查与审计的方式对证券业内部情形进行了解,但其掌握内容的数量与真实性无法与内部知情人相比拟。近年来,随着证券违法行为的泛滥,因证券执法资源的有限性而难以予以有效监管的现象愈加明显,仅2020年一年,中国证券监督管理委员会就办理资本市场重大违法违规案件84件,同比增加34%;其向公安机关移送、通报案件线索116件,同比增加1倍。①

对此,《证券法》已有所回应,2019年《证券法》修订新增第176条规定:"对涉嫌证券违法、违规行为,任何单位和个人有权向国务院证券监督管理机构举报。对涉嫌重大违法、违规行为的实名举报线索经查证属实的,国务院证券监督管理机构可以给予举报人奖励。国务院证券监督管理机构应当对举报人的身份信息保密。"这标志着证券举报制度进入《证券法》,但其并未详细规定对举报人的奖励机制。

对于证券举报奖励机制,我国对此适用的主要依据为2020年修订的《证券期货违法违规行为举报工作暂行规定》,其规定奖励的适用主要限于内幕交易或利用未公开信息交易、操纵证券与期货市场、信息披露违法、欺诈发行证券4类证券违法行为的举报,并对其他重大证券期货违法行为的举报予以奖励,②但该暂行规定并未明确"其他重大证券期货违法行为"的定义,"重大"究为何意?根据体系解释,唯有举报重大违法行为方可予以奖励,这一规定不尽合理。《证券期货违法违规行为举报工作暂行规定》

---

① 参见马婧妤:《2020年资本市场重大案件办理数量同比增长34%》,载中国证券网2021年2月5日,https://news.cnstock.com/news,bwkx-202102-4657003.html。

② 《证券期货违法违规行为举报工作暂行规定》第12条规定:"举报奖励适用于举报下列违法行为的实名举报:(一)欺诈发行证券;(二)信息披露违法;(三)操纵证券、期货市场;(四)内幕交易或利用未公开信息交易;(五)其他重大证券期货违法行为。"

还对奖励金额进行了初步界定，[①]但奖励金额按罚没款金额1%的标准予以发放以及60万元封顶的例外情形适用，相较举报人需承担的巨大社会风险、精神压力甚至潜在的违法行为收益，着实难以有效激励举报行为。此外，我国相关立法并未对证券举报奖励条件与奖励金额的确定方式予以明确，这会产生不利后果。一方面，不少举报人会报以"中奖者"的心态进行举报，此种射幸行为的大量出现无疑会消耗相关部门核实线索的时间精力，在大量消耗执法资源的同时却收效甚微；奖励模式的失范也会致使大批恶意失实举报人的出现，原因在于对举报人的权益进行充分保护的同时却难以对其举报的主观动机予以认定，这不仅会严重浪费执法资源，还会给大量被排查主体的生产、生活带来困扰。另一方面，执法部门在举报线索标准不明确的情形下，往往会将不少精力耗费在无用线索的排查中，这也导致举报人时间与精力的浪费。此外，奖励条件与奖励金额确定方式的立法空白会降低举报人举报后果的预见可能性，往往会导致适格举报人望而却步。

由此观之，在我国证券举报奖励机制中，无论是举报种类、奖励额度还是奖励金额的确定方式均存在失范的情形，机制的失范不仅会影响举报积极性，而且会给执法部门、被举报人甚至举报人自身带来大量困扰，而上述问题都可通过建立系统化的奖励条件与奖励金额确定方式予以根治。完善证券举报行为奖励条件与奖励金额的确定方式可谓迫在眉睫，但学界的相关研究并未系统化，仅提出了一些零散的改革建议。[②]

二、证券举报奖励条件与奖励金额的确定路径研究

欲构建系统化的证券举报奖励条件与奖励金额确定方式，应对其确定路径予以界定，以便为个案的证券举报奖励条件与奖励金额的确定提供妥适的理念指引与逻辑依托。

（一）证券举报奖励条件与奖励金额确定方式的要件分析

在确定证券举报奖励的金额前，尚需对证券举报及其关联行为进行整体评价，如

---

① 《证券期货违法违规行为举报工作暂行规定》第13条规定："举报事实清楚、线索明确，经调查属实，已依法作出行政处罚且罚没款金额在10万元以上的，按罚没款金额的1%对举报人进行奖励；已依法移送司法机关后作出生效的有罪判决的，酌情给予奖励。奖励金额不超过10万元。对于举报在全国有重大影响，或涉案数额巨大的案件线索，经调查属实的，奖励金额不受前款规定的限制，但最高不超过30万元。内部知情人员提供了重大违法案件线索，经调查属实的，最高奖励额度不超过60万元……"

② 参见李虹：《美国证券违法举报者"罚没款分成"机制及借鉴》，载《证券市场导报》2012年第12期；刘沛佩：《论我国证券监管中有奖举报制度的完善》，载《证券市场导报》2017年第5期；俞志方、刘沛佩：《"罚没分成"的证券监管有奖举报制度构建》，载《江西社会科学》2018年第5期；等等。

若其符合公共利益维护以及个体权益保障的价值取向,即应对其进行正面评价,进而具备适用奖励机制的条件。对此,可引入"合法性"的评价标准,亦即如若从证券违法案件举报行为与其前置的证据线索收集行为整体观之,其有利于法益保护,这一整体行为即应获得法律的正面评价,继而才可对证券违法案件的举报行为进行奖励。

在确定证券举报奖励条件与奖励金额时,除需判断证券违法案件举报行为与证据线索收集行为的"合法性"外,还需确认举报行为对证券违法案件查获的原因力大小,后者可概括为"客观可归因性"要件,该要件之必需固然无可置疑,但有疑义的要件为举报人的主观状态,即举报人的举报动机与其身份对证券举报奖励金额的大小是否会产生影响。在证券举报奖励机制中,不少举报人的动机确为协助行政主体查获证券违法案件,但亦有很多举报人本着侥幸心理使用不确定的证据线索进行举报以图获得奖励,更有甚者进行恶意失实的举报,其目的即为打击无辜的证券投资者。如若对这些举报人适用同样的奖励方式,那便无法起到激励合理举报行为的功效,与合理行政原则的要求相悖。因此,在证券举报奖励金额的确定中,对举报人主观状态的考察具有较强的制度合理性。

综上所述,在证券举报奖励条件与奖励金额的确定中,证券违法案件举报行为与证据线索收集行为的"合法性"、举报行为对证券违法案件查获的"客观可归因性"以及举报人的"主观可奖励性"当为其要件。

(二)三阶层理论——证券举报奖励条件与奖励金额的确定路径选取

在界定证券举报奖励条件与奖励金额确定方式的要件之后,还需构建适当的证券举报奖励条件与奖励金额确定路径,使之符合证券举报奖励机制的价值取向与基本原则。关于行为的评价路径,以民事侵权责任机制与犯罪构成要件理论最著名,其中犯罪构成要件理论众多,其对民事侵权责任制度的完善也起到了较大的助推作用。因此,可对犯罪构成要件理论着重考察,我国当下较认可的犯罪构成要件理论有三阶层理论与四要件理论。

在三阶层理论中,需对"构成要件该当性"、"违法性"与"有责性"3个要件进行逐一判断才可得出是否构成犯罪的结论。就前一要件与后一要件的关系而言,存在"即无后者,亦有前者"的关系;就后一要件与前一要件的关系而言,存在"若无前者,即无后者"的关系。① 刑法阶层理论对于犯罪成立要件之间设立了逻辑上的位阶关系,从而使犯罪成立要件形成一个具有内在逻辑关系的体系。而四要件理论则将犯罪构成要件划分为犯罪客体、犯罪客观方面、犯罪主体与犯罪主观方面,要件间存在互相依存的

① 参见陈兴良:《刑法阶层理论:三阶层与四要件的对比性考察》,载《清华法学》2017年第5期。

关系,[1]如欲界定犯罪是否成立,需对 4 个要件的成立与否进行通盘判断。鉴于此,四要件理论被称为耦合式的逻辑关系,以区别于三阶层理论的递进式逻辑关系。[2]

日本大塚仁教授在论述犯罪论体系时,将逻辑性与实用性确定为犯罪论体系的两大基本特征,并作为评价犯罪论体系优劣的标准。[3] 逻辑性体现评价机制的理论严密程度,实用性则符合评价机制实践的需求。在遴选确定证券举报奖励金额应采取的路径时,应将逻辑性与实用性作为评判判断路径优劣的主要标准。而递进式阶层理论与耦合式要件理论作为犯罪构成要件判断的主流理论,对其他评价机制的形成或完善之影响深远,对此,可将递进式阶层理论与耦合式要件理论作为证券举报奖励金额确定范式的备选理论予以考察。递进式阶层理论在逻辑上呈现要件的递进式判断状态,倘若行为不符合前一要件,则可径直认定行为不符合犯罪的构成要件,而无须进入下一要件的判断,此种判断模式逻辑清晰且符合效率的价值诉求,可谓兼具逻辑性与实用性;反观耦合式要件理论在逻辑上表现为要件互相依存的关系,即判断一要件是否成立,需同时对其他要件成立与否进行判断,如此既难以达致逻辑自洽,也不符合效率的要求,可见耦合式要件理论的逻辑性与实用性均弱于递进式阶层理论。

由此观之,证券举报奖励金额的确定应采取递进式阶层理论,其涉及的要件包含证券违法案件举报行为与证据线索收集行为的"合法性"、举报行为对证券违法案件查获的"客观可归因性"以及举报人的"主观可奖励性",如何将三者进行合理的位阶排列?在证券举报奖励条件与奖励金额的确定中,"合法性"判断为对证券举报及其关联行为进行整体评价,如若其符合个体权益保障与公共利益维护的价值取向,即应对其进行正面评价,"合法性"判断与举报行为对证券违法案件查获的"客观可归因性"以及举报人的"主观可奖励性"并无关联,且若举报人的行为不符合"合法性"要件,可径直不予举报人奖励,无须对"客观可归因性"与"主观可奖励性"要件的成立与否进行判断,因此应首先对"合法性"要件的成立与否予以判断。而犯罪构成的三阶层理论之所以需首先判断"构成要件该当性"要件是否成立,是因为"违法性"要件的判断依附"构成要件该当性"要件的成立,而这一情境在证券举报奖励金额的确定中不会出现。如若举报的相关行为"合法性"要件成立,即可进入举报行为对证券违法案件查获"客观可归因性"的判断,继而判断举报人的"主观可奖励性",这与犯罪构成三阶层理论中客观判断先于主观判断的法理一致,即客观要件的判断独立于主观要件,而主观要件的

---

① 参见高铭暄、马克昌主编:《刑法学》,北京大学出版社、高等教育出版社 2011 年版,第 104 页。

② 参见陈兴良:《刑法哲学》,中国人民大学出版社 2015 年版,第 714 ~716 页。

③ 参见[日]大塚仁:《刑法概说(总论)》,冯军译,中国人民大学出版社 2003 年版,第 121 页。

判断依附客观要件,如若客观要件成立,则可进入主观要件的判断,反之则直接认定不予举报人奖励,无须对主观要件进行判断。综上所述,在确定证券举报奖励条件与奖励金额时,应首先判断证券违法案件举报行为与证据线索收集行为的“合法性”,其次对举报行为对证券违法案件查获的“客观可归因性”予以认定,最后对举报人的“主观可奖励性”进行判断。

其实,犯罪构成三阶层理论的要义为,对前一要件的判断独立于后一要件,而对后一要件的判断则依附前一要件的成立。而在证券举报奖励金额的确定中,已将该判断模式调整为对前一要件的判断独立于后一要件,而对后一要件的判断未必依附前一要件的成立,但前一要件如不成立,位序靠后的要件便无判断的必要,该理念在“合法性”的判断位序上有所凸显,但这一调整符合证券举报奖励条件与奖励金额确定中逻辑性与实用性的价值考量,应予肯定。

三、证券举报奖励条件与奖励金额确定的三阶层理论展开

在证券举报奖励条件与奖励金额的确定中,应以证券举报奖励机制的价值理念与基本原则为指引,建构以证券违法案件举报行为与证据线索收集行为的“合法性”、举报行为对证券违法案件查获的“客观可归因性”与举报人的“主观可奖励性”为判断位序的三阶层理论,方可在实现激励证券违法案件合理举报行为目的的同时,达致节约奖励资金的功效。

(一)逻辑起点——证券违法案件举报行为与证据线索收集行为的“合法性”判断

对于行为应否得到法律的正面评价,刑法学说有较系统的研究与归纳,主要有“结果无价值论”与“行为无价值论”之分。“结果无价值论”仅从行为的后果是否侵害法益或有侵害法益的危险视角来评价行为本身合法与否;而“行为无价值论”则综合考量行为自身是否违反社会准则与其后果是否侵害法益或有侵害法益的危险,以此对行为的合法性作出评价。可见,刑法学者会从结果与行为两个角度对行为的合法性进行考察,对证券违法案件举报行为的合法性考察也可从结果与行为本身两方面切入。

对于证券违法案件的举报行为,从结果角度观之,确实起到了协助行政主体查获大量证券违法行为的功效,进而救济了广大投资者的合法权益,对于稳定证券市场秩序、挽回投资者对证券市场的信心也大有裨益。从单例证券违法案件的举报行为观之,如其为适格举报行为,相比大概率的证券违法行为查获收益,行政主体的审查成本损耗与被审查对象的生产或生活损失相比可谓微不足道,符合法益保护的综合考量;如其为非适格举报行为,尽管其并不能带来收益,但较之适格举报行为,行政主体耗费

的审查成本更低,几乎不会出现因错误审查给被审查对象带来生产或生活的困扰,合理利益的损失在法律容忍的限度以内,非适格举报行为亦具有合法性。综上所述,从举报行为的结果观之,无论证券违法案件举报行为适格与否,其都应获得法律的正面评价。

如从行为本身对证券违法案件举报行为的合法性进行审视,举报行为固然符合现行规范性文件的规定,但同时,举报行为亦有可能违反举报人与其他主体间的保密协议,此时该如何判断举报行为的合法性?在这一情形中,往往是保密协议的具体条文约定禁止向第三方披露相关信息,按照文义解释,向行政主体披露证券违法行为被涵盖其中,以此引发约定条款与规范性文件鼓励举报行为精神的冲突。其实,举报人向行政主体举报证券违法行为本身符合公共利益的诉求,该行为可能致使证券违法行为被查处进而使大量投资者的合法权益得以救济,如将保密协议中禁止向第三方披露相关信息解释为包含禁止向行政主体披露证券违法行为,则违反了公序良俗,而违反公序良俗的条款无效,[①]因此,向行政主体披露证券违法案件的线索应解释为不违背举报人与其他主体间的保密协议。从行为本身观之,举报行为都应获得合法性评价。

证券违法案件的举报行为,实质为违法案件的证据线索提供行为,其关联行为为证据线索的收集行为。如欲从合法性视角评判证券违法案件的举报行为及其关联行为,必当对证据线索的收集行为进行考察。如若证券违法案件的证据线索收集行为不违反法律与合同设定的注意义务,证据线索收集行为即不具备违法行为的可归责性,其与证券违法案件的举报行为作为整体也应获得法律的正面评价。倘若证据线索收集行为违反了法律或合同设定的注意义务,亦即证据线索收集行为客观层面具有违法性且收集人主观层面具有过错,证据线索的收集行为即具有法益侵害性与可归责性,如若不对其作负面评价,便会纵容大量可归责的证据线索违法收集行为的出现,其对法秩序的冲击与对法益的侵害可能远大于证券违法案件举报行为的正面功用。因此,当证据线索收集行为具有违法性与可归责性时,其与举报行为作为整体应得到法律的负面评价,即不对举报行为予以奖励。

由此观之,当且仅当证券违法案件的证据线索收集行为不违反法律与合同设定的注意义务时,证券违法案件的证据线索收集行为与举报行为作为整体应获得法律的正面评价,证券违法案件举报行为方有进入举报行为对证券违法案件查获的“客观可归因性”阶层分析的必要。

---

① 《民法典》第 153 条第 2 款规定:“违背公序良俗的民事法律行为无效。”

（二）从事实因果关系到法律因果关系——举报行为对证券违法案件查获的"客观可归因性"分析

在举报行为对证券违法案件查获的"客观可归因性"分析中，不仅需要针对举报行为对证券违法行为查获的因果关系进行定性分析，而且应针对举报行为对证券违法案件查获的功效作定量剖析。原因在于，唯有定量分析方可揭示举报行为对证券违法案件破获的原因力大小，而这才对证券举报奖励金额的计算有实质意义。

无论是定性分析还是定量分析，其本质都是在因果关系理论框架下进行的剖析。关于因果关系理论的研究较充足，相关的理论模型有很多，需挑取最适合进行举报行为对证券违法案件查获归因分析的理论。因果关系的理论学说主要有"条件说"、"法规目的说"、"义务射程说"、"可预见说"以及"相当性理论"。[①] "条件说"主张，作为赔偿基础的行为，必须是损害的必要条件，所有引发具有法律意义结果的条件，从法律角度看是等值的。[②] 如采用"条件说"理论针对举报行为对证券违法案件查获进行归因分析，不仅因可奖励的举报行为过于宽泛，导致相当多无用的证据线索会提交行政主体审核，从而造成大量的行政资源浪费，而且将举报行为造成的原因力等同视之，难以起到合理激励举报行为的功效，因此不应采用"条件说"。

"法规目的说"的基本思想为，每一个法律义务或者合同义务均服务于一定的利益，故仅仅这些受保护的利益遭受的损害才应归责于债务人，这里的利益需要通过对具体合同的意义和目的、责任基础规范或被侵害之义务的意义和目的之解释来确定。[③] "法规目的说"的运用需结合个案进行具体化并根据个案情形确定责任。[④] 尽管"法规目的说"将价值理念应用于因果关系的解释中，从而合理限缩了因果关系，但其个案分析的范式不符合高效便民的行政法基本原则，因此，不应当将"法规目的说"应用于证券举报奖励机制中。而"义务射程说"认为，要认定某损害应得到赔偿，就必须是加害者被判断为对该损害负有避免义务的场合，[⑤]"义务射程说"的价值判断过于模糊，如运用于证券举报奖励机制则会致使举报人难以预见举报后果，不符合信赖保护原则的

---

① 参见叶金强：《相当因果关系理论的展开》，载《中国法学》2008年第1期。

② Vgl. Ludwig Traeger, Der kausalbegriff im Straf-und Zivilrecht, Marburg: N. G. Elwert' scheVerlagsbuchhandlung, 1904, S. 39.

③ Vgl. Karl Larenz, Lehrbuch des Schuldrechts (1), Munchen: C. H. Beck' scheVerlagsbuchhandlung, 14 Auflage, 1987, S. 441.

④ Vgl. Joseph Georg Wolf, Der Normzweck im Deliktsrecht, Gottingen: Otto Schwatrz & Co. 1962, S. 16 – 17.

⑤ 参见于敏：《日本侵权行为法》，法律出版社1998年版，第200页。

要求,故不予参考。“可预见说”则认为,当损害具备可预见性时,行为即为损害的近因,法律上的因果关系成立,被告就应对由其过失直接导致的所有损失承担责任。[①] 可见,“可预见说”不仅可决定责任的成立,而且可决定责任的范围。从该意义上而言,“可预见说”符合定性分析与定量分析相结合的理念,但其价值判断过于单一,难以符合价值考量甚多的证券举报奖励机制的需求。

反观“相当性理论”,其认为,因果关系是由“条件关联”和“相当性”构成的。英美法上也采此种两阶段的思考方法,分别称为事实上的因果关系与法律上的原因。[②] 因果关系原本是纯粹事实性的关系,可以按照自然科学方法加以考察,而当其被引入法律用于影响责任之分配时,便具有了法律性。法律上因果关系的实质,便是在事实上因果关系的基础上依一定的取向对责任进行限制。[③] 事实上因果关系的要求,形成的是一种硬约束,在可以确定事实上因果联结不存在时,责任就应被排除;但法律上因果关系因价值判断存有弹性,而存在缓和余地。哪些价值判断需要在因果关系要件中实现以及实现的技术方法是因果关系理论的核心。[④]

可见,“相当性理论”兼容事实判断与价值判断,具备定性与定量分析的空间,其架构富有裁量弹性,规避了“条件说”与“可预见说”考量过于单一的弊端、“义务射程说”价值判断过于模糊的特性、“法规目的说”个案分析的局限。如可善加建构,在证券举报奖励机制价值取向与需遵循的基本原则众多的视域下,“相当性理论”确为举报行为对证券违法案件查获进行归因分析的妥适架构。

在将“相当性理论”应用于举报行为对证券违法案件查获的“客观可归因性”分析时,首先需判断的是举报行为与证券违法案件查获间的事实因果关系,亦即分析举报行为与证券违法案件查获间的条件关联关系。举报行为从实质而论为证据线索提供行为,若其对证券违法案件的查获有实质助益,首先,在待证事实的认定中举报行为提供的证据线索需能提高待证事实存在的可能性;其次,待证事实的查明需对证券违法案件的查获有实质作用,二者不可或缺。举报行为如能提高待证事实存在的可能性,则提供的证据线索需为原始信息,即“监管主体从未知晓的,来自举报人知识或分析所得的信息”[⑤]。对原始信息应作如下理解,一方面,举报人若提供监管主体已知的信息则不构成原始信息的提供,但观该信息的流转,若该信息源于举报人则依然可认定为

---

① See Cracknell, *Obligations*: *The Law of Torts*, 4th. ed., Old Balley Press, 2003, p. 165.

② 参见王泽鉴:《侵权行为法》(第1册),中国政法大学出版社2001年版,第191页。

③ See Cracknell, *Obligations*: *The Law of Torts*, 4th. ed., Old Balley Press, 2003, p. 153.

④ 参见叶金强:《相当因果关系理论的展开》,载《中国法学》2008年第1期。

⑤ 李虹:《美国证券违法举报者“罚没款分成”机制及借鉴》,载《证券市场导报》2012年第12期。

原始信息;另一方面,若举报人通过对监管主体掌握的信息进行解析得出监管主体未曾掌握的新信息,该信息亦可认定为原始信息。

在分析举报行为与证券违法案件查获间的事实因果关系时,除需进行定性分析外,还需作定量剖析。在待证事实的认定中,举报行为提供的证据线索对提高待证事实存在的可能性越高,待证事实的查明对证券违法案件的查获作用越大,举报行为对证券违法案件的查获原因力就越强。

如已证明举报行为与证券违法案件的查获间存在事实因果关系,即可审查二者间是否存在法律因果关系,亦即将证券举报奖励机制的价值取向与其需遵循的基本原则融入因果关系的判断中。证券举报奖励机制的目的在于合理激励举报行为,同时也应合理减少行政主体的审查负担,以期在实现机制目的的同时尽可能提升效率,这就要求引入"可预见性"的判断原则,亦即当且仅当举报人可预见提供的证据线索导致证券违法案件被查获时,其证据线索提供方有审查的必要与获得奖励的可能性,原因在于唯有举报人对其提供的证据线索导致证券违法案件被查获具有可预见性时,对举报行为的奖励方能真正起到合理的激励作用,如当举报行为预期收效更高进而奖励越高时,违法行为知情人的举报积极性方能越来越高;而若对不具有收效预见性的举报行为予以奖励,则会出现大量无用的证据线索被提供给行政主体进行审查,这会极大地降低行政效率。举报行为对证券违法案件查获的可预见性标准应以举报人的角度予以观察,但出于高效便民原则的考量,"可预见性"不可采取个案审查的模式,需以一般理性举报人的角度对其进行评判,这也符合信赖保护原则的要求。从一般理性举报人的视角观之,在举报行为与证券违法案件查获间的关联关系中,举报行为提供的证据线索对待证事实存在可能性的提升均是可以被预见的,但待证事实查明对证券违法案件查获作用的可预见性却是存疑的。待证事实的查明如需对案件结果的破获具备可预见性,待证事实即应限缩解释为"争议中的事实"和"与争议相关联的事实",①前者即为案件的主要事实,后者则为可从中推断出案件主要事实存在的事实,如案件目击者身份的事实查明。因此,当证据线索提供的待证事实为案件的主要事实以及可从中推断出案件主要事实存在的事实,符合条件的证据线索方有继续予以审查的必要,而待证事实为其他事实的证据线索提供行为则不应予以继续审查。

此外,在剖析举报行为与证券违法案件查获间的法律因果关系时,还需考量可预见举报行为的可替代性,亦即需考虑如不依靠可预见的举报行为,在由行政主体调查

---

① See Adrian Keane, *The Modern Law of Evidence*, 4th ed., Butterworths, London, Dublin, Edinburgh, 1996, p. 6 – 8.

取证的情形下,证券违法案件查获的可能性与时效性。事实上,可预见举报行为对证券违法案件查获的实质功效即体现于相较没有可预见的举报行为,依托行政主体调查取证,案件查获的可能性增加与时效性增强,案件查获增加的可能性越高、时效性越强,则可预见举报行为的功效越大,对可预见举报行为的评价也越高。此处的考量并非"结果回避可能性",①亦即假设没有可预见的举报行为,行政主体可根据可预见举报行为发生前掌握的调查材料查获证券违法案件,此时可预见举报行为对证券违法案件的查获并无裨益,而这一情形在分析举报行为与证券违法案件查获间的事实因果关系时即已被考量,如符合该情形,则事实因果关系不存在。此处需考量的是"假想的因果关系",②在证券举报机制的视域下,其意为假设可预见举报行为不存在,行政主体根据可预见举报行为发生前后掌握的调查材料查获证券违法案件。唯有将对可预见举报行为的评价与可预见举报行为的可替代性呈负相关,对可预见举报行为的奖励才能真正契合证券举报奖励机制的目的,这也是考虑相关因素原则与比例原则的应有之义。

其实,分析举报行为对证券违法案件查获的"客观可归因性"的目的在于,发掘举报行为对证券违法案件查获的原因力大小及其中可予奖励的范围。证券违法案件查获的功效体现于证券违法案件的社会危害性及阻止违法行为所带来的制度利益,如将前者的功效量化为A,将后者的功效量化为B,证券违法案件查获的功效为A+B,其中A与B是经个案分析得出的数据,这体现出监管政策的考量,而监管政策会随着证券市场的发展而不断变化。值得注意的是,证券违法案件的类型不应局限于内幕交易或利用未公开信息交易、操纵证券与期货市场、信息披露违法违规、欺诈发行证券这4类,凡是对社会具有危害性的证券违法行为都应为适格的举报对象,对其的适格举报均能对法益的保护作出贡献。

在举报行为对证券违法案件的查获具备事实因果关系的视域下,当且仅当举报行为对证券违法案件查获具有"可预见性"时,举报人才有获得奖励的可能性。在一般理性举报人的视域下,如需使举报行为对证券违法案件的查获具备可预见性,举报人提供的证据线索需证明的待证事实应为案件的主要事实以及可从中推断出案件主要事实存在的事实。可将具备可预见性的证据线索证明案件事实存在的原因力大小量化

---

① "结果回避可能性"理论认为,由于违法行为前存在威胁法益的替代因子,法益侵害变成几无可能回避的结果,基于此而排除结果归责,目前德国刑法理论又称之为"合法替代行为"理论。Vgl. Hillenkamp, 32 Probiemeaus dem Strafrecht: Allgemeiner Teil, 10. Aufl., Neuwied 2001, S. 197ff.

② "假想的因果关系"理论认为,假设行为人的违法行为不存在,结果也会由违法行为发生后出现的其他因素引发。参见陈璇:《论过失犯的注意义务违反与结果之间的规范关联》,载《中外法学》2012年第4期。

为D,将案件事实对证券违法案件查获的原因力大小量化为E,则具备可预见性的证据线索的提供对证券违法案件查获提供的原因力为D＊E。其中,D与E的数值范围均为0～1,且均为个案分析的产物。

在实现举报行为对证券违法案件查获“可预见性”的价值渗入后,尚需对可预见举报行为的可替代性予以衡量,方可得出可予奖励的可预见举报行为对证券违法案件查获实质功效的可归因部分。可预见举报行为对证券违法案件查获的实质功效即体现于相较没有可预见的举报行为,依托行政主体调查取证,案件查获的可能性增加与时效性增强。在个案分析中,可将案件查获的可能性增加比例量化为F,将案件查获的时效性增加比例量化为G,则可预见举报行为对证券违法案件破获实质功效提供的增益量大小可近似处理为:(A+B)＊(D＊E)＊[(F/1+F)+(G/1+G)],此为应予奖励的部分,其中F与G均为不低于0的常量。

综上所述,可予奖励的可预见举报行为对证券违法案件查获实质功效的可归因部分的定量计算公式为:(A+B)＊(D＊E)＊[(F/1+F)+(G/1+G)]。在具体运算中,各变量均需予以估值,甚至可预见举报行为的可替代性进行逻辑的价值渗透时,运算还进行了近似处理,因此运算结果仅能概括地反映可予奖励的可预见举报行为对证券违法案件查获实质功效的可归因部分。事实上,在证券举报奖励金额的确定中,定量计算公式是细密式立法模式应用的结果,但出于高效便民原则的考量,对变量进行估值乃至进行近似运算处理为其必然结果。其实,“数学般精确本来就不是应追求的目标,法需要实现的是符合个案情景的妥当性”①。

(三)积极要素与消极要素的兼顾——举报人的“主观可奖励性”剖析

当且仅当举报行为与证券违法案件查获间具备条件关联关系,举报人可预见提供的证据线索导致证券违法案件被查获,且可预见举报行为不具有可替代性时,举报行为对证券违法案件的查获即具备奖励层面的“客观可归因性”,便可进入举报人“主观可奖励性”阶层进行剖析。

在刑法视域下,复合的责任概念认为,“责任能力”、“过错程度”与“期待可能性”是责任的积极要素,②三要素分别从辨认与控制自己行为的能力、主观态度以及期待行为人作出合法行为三方面对行为人进行考察。可见,复合的责任概念较全面地考察了责任的积极要素,其可迁移适用于证券举报奖励机制,即对于证券违法行为举报人主观积极要素的考察,可从“举报能力”、“主观态度”以及“期待可能性”三方面着手。首

① 叶金强:《相当因果关系理论的展开》,载《中国法学》2008年第1期。

② 参见张明楷:《期待可能性理论的梳理》,载《法学研究》2009年第1期。

先,举报人应具备辨认与控制自己行为的能力,否则其收集与提供的证据线索有极大概率是无效的,如对其进行逐一核实将极大地浪费行政资源,这也是合理行政原则的必然要求。其次,举报人应对行为致使证券违法案件被查获具有预见可能性并通过举报积极追求查获结果的发生。唯有如此,证券举报奖励机制才能发挥合理激励举报行为的功效,不会使大量无效证据线索被提供。最后,举报人应基于自由意志与力量向行政主体举报,若其举报并非出于内心真实的意思表示,则与证券举报奖励机制的激励路径不符,对其进行奖励无法发挥奖励机制的作用,因此不应予以奖励。

在对证券违法行为举报人主观积极要素的考察中,尽管从理论上而言需从"举报能力"、"主观态度"以及"期待可能性"三方面着手,但实际上对于"举报人辨认与控制自己行为的能力"在举报人向行政主体提供证据线索时行政主体即已进行初步判断,且其判断较复杂,在实践中,需证明的程度往往很低,行政主体在接受举报时对"举报人辨认与控制自己行为的能力"的初步判断即可符合要求,这也是高效便民原则的体现。此外,通常而言,证券违法行为知情人的举报行为往往是基于自由意志与力量,受胁迫或物理强制而进行举报的行为不仅难以想象其发生的原因,而且也闻所未闻,因此可直接推定举报人具备不举报的"期待可能性",亦即举报行为是基于自由意志与力量,如此可大量节约审查资源,也符合超前式立法模式"并非追求评价体系的完美理论构建,而是致力于解决当下与未来可能出现的问题"的基本要旨。而"主观态度"要件则包括"举报人应对行为致使证券违法案件的查获具有预见可能性"以及"通过举报积极追求查获结果发生"两个要素,对于前者,如采取行为人的视角进行考察,则会过多地耗费审核资源,不符合高效便民原则的要求,因此应采取一般理性举报人的视角对"行为致使证券违法案件被查获的可预见性"进行考察,事实上,这在举报行为对证券违法案件查获"客观可归因性"阶层中已作分析,凡是进入举报人"主观可奖励性"阶层分析的行为,必然对证券违法案件的查获具备预见可能性,因此"举报人对行为致使证券违法案件的查获具有预见可能性"要件必然满足,而"通过举报积极追求查获结果发生"则为证券违法行为知情人作出举报行为的必然心态。由是观之,一旦对举报行为的审查进入举报人的"主观可奖励性"阶层,举报人必然符合"主观态度"要件。

综上所述,在举报人的"主观可奖励性"阶层中,举报人的"辨认与控制自己行为的能力"与"主观态度"必然符合要件,举报人推定具备"期待可能性"。值得注意的是,"行为致使证券违法案件被查获的可预见性"在举报行为对证券违法案件查获"客观可归因性"阶层以及举报人的"主观可奖励性"阶层中均有涉及,但在两阶层中扮演的角色不同,在前一阶层中"可预见性"的作用为阻隔不符合奖励要求的因果关系,其体现出价值判断对分析对象的渗入;而在后一阶层中,"可预见性"则直接作为分析对象出现,在整个判断过程中,“可预见性”并未作为分析对象被予以两次评价,这并不违背法理的要求。

在证券违法行为举报中,有不少举报人虽对违法行为不甚清楚但为了获奖而提供不确信的证据线索,更有甚者,为故意干扰涉事企业的正常运营而向行政主体提供不确证的证据线索,尽管这些证据线索对案件的查获确实提供了原因力且具有可预见性,但若将此类证据线索的提供主体与动机纯正的举报人等同视之,则不仅不符合公平公正的行政法原则,而且也不符证券举报奖励机制的合理激励路径,对奖励资金与证据线索审核资源会造成巨大浪费。因此,证券违法行为举报人的主观积极要素除“辨认与控制自己行为的能力”、“主观态度”与“期待可能性”外,还应当包括“举报动机”。

在证券违法行为举报中,举报人的主观动机主要有获得奖金、干扰涉事企业的正常运营以及帮助行政主体查获证券违法案件3类。在实际情况下,主观动机往往是复合的,亦即举报人可具备不止一类动机。干扰涉事企业正常运营动机的持有者不应成为被奖励的对象,否则会助长违法之风。事实上,如若给予此类主体正面评价,行政主体在审核证据线索时有一定可能性受其误导而酿成冤案,毕竟法律真实不同于事实真实。符合证券举报奖励机制激励路径的举报动机仅为帮助行政主体查获证券违法案件与获得奖金,且二者不可单独存在。原因在于,如若无前一动机则举报很可能异化为证据线索提供的射幸行为,进而浪费大量的审核资源;如若无后一动机则证券举报奖励机制并未发挥激励举报行为的功用。实际上,在证券举报奖励机制颁行的视域下,举报人没有获得奖金的动机是难以想象的,但没有帮助行政主体查获证券违法案件的动机是存在的。

在证券举报奖励机制中,对举报动机的认定是困难的,往往需通过客观化的现象进行间接考察,即需对证据线索的提供行为予以审查。如若举报人意图干扰涉事企业正常运营或仅有获得奖金而无协助破案的动机,则其必然向行政主体提供大量虚假的或不确信的证据线索。通常而言,举报人提供的证据线索中对待证事实的证明无效的线索占比较大。此时,可采用附条件动机推定的范式,即当证据线索中对待证事实的证明无效的线索达到一定比例时,应直接推定举报人有干扰涉事企业正常运营的意图或仅有获得奖金而无协助破案的动机,如若举报人证明自己确有帮助行政主体查获证券违法案件与获得奖金的双重动机,才可推翻该动机推定;而若无效线索比例低于上述标准,除非行政主体掌握确切证据,否则应直接推定举报人有帮助行政主体查获证券违法案件与获得奖金的双重动机。之所以采用附条件动机推定的范式,原因在于:通常而言,举报人对于自身动机的证明难度低于行政主体,因此可考虑由举报人承担证明责任,但对动机的证明毕竟是有较大难度的,倘若完全由举报人承担证明责任,对于举报人未免过于苛责,这也不利于激励举报行为的制度目的的实现,不符合公平公正的行政法原则考量。而附条件动机推定的方式发挥了平衡法律真实与举证责任分配公平的功效,一方面,当举报人提供的无效线索比例较高时,举报人的动机有很大概率不适格,且举报人对干扰行政主体审核证据线索存有较大过错,此时将动机适格的证明责任分配给举报人符合法律真实的追求与规范主义的考量;另一方面,当举报人提供的无效线索比例较低时,举报人的动机大概率符合证券举报奖励机制的要求,且举报人并未对行政主体的证据线索审核进行较大干扰,将动机适格的证明责任分配给举报人不符合规范主义的考量,同时,此举对法律真实的增进也无较高增益,因此将动机不适格的证明责任分配给举报人是妥适的。在附条件动机推定范式中,推定动机的“分水岭”即无效证据线索的比例,此体现为追求法律真实与举证责任分配公平的平衡点,该平衡点的确定需行政主体进行个案裁量,裁量时需考虑的因素包括举报人与行政主体证明举报人动机的难度、举报人适格动机存在的概率、举报人干扰行政主体证据线索审核的程度、对于激励举报行为制度目的的实现的影响。

在举报人的“主观可奖励性”分析中,如若证券违法行为举报人满足主观积极要素的条件,则需对其主观消极要素进行考察。在对主观消极要素进行考察时,需将举报人已知或应知证据线索内容的时间与证据线索内容提供时间的间距予以考量,如若时间差未能体现举报人得知证据线索内容后在合理时间段内立即向行政主体举报,则应对举报人予以适度的负面评价。原因在于,倘若举报人在得知证据线索内容后未在合理时间内向行政主体举报,可推知其在该时间段内权衡举报对自己的利弊,如对其拖延举报的行径进行负面评价,拖延时间越久则负面评价越重,则有利于迫使证券违法行为知情人快速作出举报的决断,进而提升证券违法案件查获的时效性。

其实,在举报人的“主观可奖励性”分析路径中,还有应免予奖励的举报人身份事由需要考量。首先,如若举报人本身即为证券违法行为人,其举报行为应认定为减责或免责的情节而非适用奖励机制,这是“不应使违法之人从违法行为中获益”的法理使然,机制的适用变更同样可起到加快证券违法案件查获进程的功用。其次,假使举报人为利用工作便利获取证据线索的国家机关工作人员,则其也不应予以奖励,原因在于,国家机关工作人员在工作便利中获取的信息应用于工作而非以权谋私,否则将产生“权钱交易”的道德风险。最后,倘若举报人提供的证据线索源于国家机关工作人员利用工作便利获取的信息,其也不应获得奖励,否则将产生极大的渎职风险,其危害程度恐远大于举报行为加快证券违法案件查获进程的功用。

四、从定性分析到定量分析——确定证券举报奖励条件与奖励金额的范式再述

以证券违法案件举报行为与证据线索收集行为的“合法性”、举报行为对证券违法案件查获的“客观可归因性”与举报人的“主观可奖励性”为判断位序的三阶层理论,可谓定性分析与定量分析的交织,这对于研究证券举报奖励条件与奖励金额的确定过程确有必要,但实务操作如采用此种研究模式却甚不便捷。如需应用于实务操作,此研究模式需予以改良,将定性分析与定量分析的过程相分离,前者在先,后者在后,同时可对各阶层内各要件的判断位序予以合理调整,以发挥三阶层理论兼顾判断效率与逻辑严密度的实务优势。

在三阶层理论对举报行为的定性适用中,需对证券违法案件举报行为与证据线索收集行为的“合法性”予以判断,其中,证券违法案件举报行为的合法性毋庸置疑,但证据线索收集行为的合法性存有可商榷的余地。倘若证据线索收集行为具有违法性,即其违反法律或合同设定的注意义务,则应对证券违法案件举报行为与证据线索收集行为的“合法性”予以否定评价,也就没有进入下一阶层分析的必要了;反之,则应进入下一阶层进行分析。

在针对举报行为对证券违法案件查获的“客观可归因性”进行定性分析时,首先应判断举报行为与证券违法案件查获间是否存在事实因果关系。如若不存在,则无继续进行分析的必要;如若存在,则应对二者间是否存在法律因果关系进行分析。也就是针对举报行为对证券违法案件查获是否具有“可预见性”与可预见举报行为是否具有不可替代性依次进行判断,如若二者缺失其一,则举报行为与证券违法案件查获间不存在法律因果关系,没有继续分析的必要,反之应进入下一阶层予以分析。

在对举报人的“主观可奖励性”阶层进行定性分析时,应首先排除对“拖延举报行径”的考量,原因在于,该行为为削减证券举报奖励金额的考量要素,并不影响阶层的定性分析。对于该阶层的定性分析,首先应对举报人是否符合“举报能力”、“主观态度”以及“期待可能性”3个主观积极要素予以判断,举报人的“辨认与控制自己行为的能力”与“主观态度”必然符合要件,至于“期待可能性”要素,除非有确切证据予以推翻,否则可直接推定举报人符合该积极要素。如若举报人通过了这3个主观积极要素的审查,则应对举报人是否符合免予奖励的举报人身份事由进行考量,原因在于,在该阶层中,主观积极要素与消极要素没有先后判断的位阶之分,而相较“举报动机”积极要素,免予奖励的举报人身份事由判断更容易。如若举报人符合3个身份事由中的一个,则不应对举报人予以奖励;反之则应对举报人的举报动机予以考察,如若举报人具

备帮助行政主体查获证券违法案件与获得奖金的双重动机，则举报人符合“主观可奖励性”的所有条件，应对举报人予以奖励。对证券违法行为举报人当否予以奖励的定性分析，至此已剖析完毕。

在确定应对证券违法行为举报人予以奖励之后，便进入对证券举报奖励金额的确定环节中。如若举报人主观层面并无消极要素，则奖励金额确定的主要考量对象应为可予奖励的举报行为对证券违法案件查获功效的可归因部分。该部分反映了举报行为对证券违法案件查获的原因力大小，并在此基础上通过举报行为对证券违法案件查获“可预见性”的价值渗入，对符合证券举报奖励机制合理激励路径的范围进行界定，通过可预见举报行为的可替代性分析针对举报行为对证券违法案件查获的实质功效予以认定。在举报行为对证券违法案件的查获具备原因力的基础上，举报行为对证券违法案件查获“可预见性”的“射程”越远，可预见举报行为的不可替代性越强，对举报人的正面评价应越高，如此方可充分合理地调动证券违法行为知情人的举报积极性。可见，在举报行为对证券违法案件的查获具备原因力的情形下，对举报人的奖励金额应与举报行为对证券违法案件查获“可预见性”的“射程”、可预见举报行为的不可替代性强度成正比，即对举报人的奖励金额应与可予奖励的可预见举报行为对证券违法案件查获实质功效的可归因部分成正比，¥（应奖励的金额）=｛(A + B) * (D * E) * [(F/1 + F) + (G/1 + G)]｝* X，其中 X 为大于 0、小于 1 的变量，即奖励金额应小于可预见举报行为对证券违法案件查获实质功效的范围，X 的确定应采取个案分析的范式，综合考量证券市场的违法情况、监管强度、对证券违法行为知情人的举报激励作用、奖励资金的合理使用等因素，可见，X 的确定具有浓厚的政策导向，因时而异。

而当将削减证券举报奖励金额的要素“拖延举报行径”予以考量后，就应分析其对奖励金额减少的影响路径。若举报人有拖延举报的行径，则应将拖延的时长量化为 J，J 为大于或等于 0、小于 1 的数值，拖延的时长越久，J 的数值越大，当 J 赋值为 0 时，即举报人并未拖延举报。如将举报人“拖延举报行径”要素予以考量后，证券举报奖励金额的数量可近似处理为 ¥ * (1 - J)。综上所述，如若确定应对证券违法行为举报人予以奖励，证券违法行为举报人应获得的奖励金额可近似处理为：｛(A + B) * (D * E) * [(F/1 + F) + (G/1 + G)]｝* X * (1 - J)。

五、结　语

采用三阶层理论对证券举报奖励条件与奖励金额予以确定，只是三阶层理论应用于行政举报奖励机制的一个缩影。对于行政举报奖励条件与奖励金额的确定，当以三阶层理论为分析依托，依次对以违法案件举报行为与证据线索收集行为的“合法性”、举报行为对违法案件查获的“客观可归因性”与举报人的“主观可奖励性”进行判断。在研究行政举报奖励条件与奖励金额的确定方式时,应将定性分析与定量分析交织;而将奖励条件与奖励金额的确定范式应用于实务时,当以举报人应否予以奖励的定性判断为先,以奖励金额的定量计算为后,如此方可实现三阶层理论应用逻辑性与实用性的统一。

(责任编辑:王珂)

【国家投资经营法】

企业党组织内嵌国有企业法人治理结构的法理基础及其实现路径*

漆思剑** 漆 丹***

摘 要:党的领导是我国国有企业的“根”和“魂”,也是中国特色现代国有企业制度的本质特征。我国国有企业治理必须在符合现代企业制度要求的同时,也不偏离正确的政治方向。但企业党组织与国有企业法人治理机构毕竟是两套不同的组织机构,该如何协调这两者之间的关系?企业党组织内嵌国有企业法人治理结构很好地解决了这个问题。在此过程中一定要把握好企业党组织的权力边界,妥善处理好企业党组织与董事会之间的冲突;在维护企业党委领导权的前提下,充分保障国有企业法人董事会的经营决策权。

关键词:党的领导;国有企业法人治理结构;内嵌;中国特色现代国有企业制度

近年来,国际政治形势发生了巨大变化,加强党的全面领导成为我国政治生活的核心命题。中国共产党在这方面采取不少举措。如将“中国共产党领导是中国特色社会主义最本质的特征”写入了《宪法》总纲,为党的领导确立了宪法依据。①还有,将“党政军民学,东西南北东,党是领导一切的”写入了2017年修改的《中国共产党章程》(以下简称《党章》);在加强党内法规建设的同时,“实现党内法规和法律体系的无痕衔接”。② 在规避政治风险的同时,同样重视规避经济风险。为加强党对国有企业的领

---

* 收稿日期:2021年5月26日。本文是2019年江西省社科规划项目“混合所有制下国有公司治理制度研究”(编号:19WT93)的阶段性成果。

** 管理学博士,江西师范大学政法学院教授。

*** 管理学博士,江西师范大学政法学院副教授。

① 参见秦前红、刘怡达:《中国现行宪法中的“党的领导”规范》,载《法学研究》2019年第6期。

② 付子堂:《法治体系内的党内法规探析》,载《中共中央党校学报》2015年第3期。

导,出台了国有企业改革的"1+N"政策体系;党的领导成为中国特色的现代企业制度建设的核心内容。《中国共产党国有企业基层组织工作条例(试行)》(2019年)提出坚持中国特色现代企业制度改革方向,把加强党的领导和完善公司治理统一起来。另外,国有企业改革又必须保持现代企业制度方向。如何处理这两者之间的关系?企业党组织内嵌国有企业法人治理结构的改革思路为协调两者之间的关系,同时为中国特色的现代国有企业制度建设指明了一个方向。

一、企业党组织内嵌国有企业法人治理结构对党领导国有企业的理论创新

党对国有企业的领导是国际社会普遍存在的社会经济现象。有观点认为,发达国家的国有企业全部符合法人治理要求,不存在政党参与企业管理的现象。① 这种观点是片面的。有学者对47个国家和地区进行调查后发现,政(党)企联系在世界各国是一种经济常态,政党通过参与企业管理"文明地参与社会资源分配"。② 我国国有企业源于民主革命时期根据地的军工企业,自诞生之日起就与党有天然的联系。我党对国有企业的领导不仅是一项传统,也具有正当的法理基础。

(一)我国企业党组织领导国有企业的方式演化

党对国有企业的领导主要通过企业党组织来实现。企业党组织属于党的基层组织。在我国政党理论之中,"政治核心"和"领导核心"是基层党组织的两种基本领导体制和运行模式,但其侧重点有所不同。"政治核心"模式强调的是政治领导、思想领导和组织领导,党的定位为监督者。尽管党组织也参与讨论重大事项,但主要采取诸如党政联席会议形式参与。而在"领导核心"模式中,党的定位为领导者,对重大事项有讨论权和决定权。领导核心地位更多的是赋予诸如街道、社区、乡镇等基层党组织;而国有企业和集体企业以及非公经济组织的基层党组织,更多的是被定位为政治核心地位。③ 因此,从理论上来说,企业党组织对国有企业的领导应更多地强调其政治核心地位。但党对国有企业领导方式并非一成不变,且企业党组织的领导核心地位也会日益强化。

1. 国有企业中传统的党委领导体制

在国有企业改革之前,党的政策是国有企业管理的主要依据。《工业二十七条》(1961年)是这段时期国有企业经营管理最高级别的规范性文件。该文件提出,建立

---

① 参见刘伟:《经济改革与发展的产权制度解释》,首都经济贸易大学出版社2000年版,第232页。

② 参见蒋大兴:《政治/政党与企业——政治权力参与资源分配的文明结构》,载《当代法学》2018年第1期。

③ 参见韩强:《基层党组织"领导核心"与"政治核心"地位作用辨析》,载《探索》2017年第3期。

“以厂长为首的统一指挥系统”,实现“党委领导下的厂长负责制”。这种传统的党委负责领导体制导致党企不分,国有企业经营决策权受到限制。

2. 企业党组织在国有企业中的政治领导地位时期

国有企业改革之初主要围绕扩大企业经营自主权而展开。《全民所有制工业企业法》第 7 条规定,“厂长(经理)负责制”取代“党委领导下的厂长负责制”。为实现所有权和经营权相分离,党的十三大明确规定,“党的企业基层组织将不再实行统一领导,不实行一元化领导”。《中国共产党全民所有制工业企业基层组织工作条例》(1986 年)第 3 条规定,国有企业党组织对国有企业实行思想政治领导,“以保证企业沿着社会主义方向发展”。党对国有企业的政治领导地位得到了法律的认可。《全民所有制工业企业法》第 8 条规定,基层党组织“对党和国家的方针、政策在本企业的贯彻执行实行保证监督”。

3. 企业党组织在国有企业之中的政治核心地位时期

20 世纪 90 年代,我国社会政治经济环境发生了较大变化。为了增强国有经济竞争力、控制力及抗风险能力,加强党对国有企业的领导势在必行。另外,中国市场经济建设进入了关键时期,现代企业制度成为我国国有企业改革方向。为此,《公司法》(1993 年)第 17 条明确了党组织在公司之中的地位。中央组织部、国务院国资委党委《关于加强和改进中央企业党建工作的意见》(2004 年)要求“建立健全企业党组织发挥政治核心作用、参与企业重大问题决策的体制和机制”。另外,《中共中央关于进一步加强和改进国有企业党的建设工作的通知》(1997 年)和党的十六届四中全会《中共中央关于加强党的执政能力建设的决定》(2004 年)强调,企业党组织发挥政治核心作用的同时,要适应“建立现代企业制度的要求”;在参与企业重大问题决策过程之中不能出现“以党代政、以党代企等”现象。此时的党委领导下的厂长(经理)负责制,与国有企业改革前的“党委领导下的厂长负责制”有本质区别;前者的前提是“党企分开”。

4. 企业党组织在国有企业中的政治核心和领导核心的统一

2003 年之后,我国国有企业改革进入了纵深推进阶段。党的十八大之后,国内、国际形势又发生了很大变化。比如,“一带一路”要求国有企业提升竞争力而走出国门、国有经济必须带动民营经济共同发展、国际贸易争端和贸易摩擦时有发生等。如果缺乏强有力的党的领导,不仅国有企业改革难以深入下去,而且国有企业的发展方向也无法保证。因此,在新的历史时期,如何协调党的领导与现代国有企业制度建设之间的关系,成为我国国有企业改革必须解决的重要问题。为此,与时俱进地提出“中国特色现代国有企业制度”命题,要求“把加强党的领导和完善公司治理统一起来”;具体实现方式就是“把党的领导融于公司治理各环节、把企业党组织内嵌公司治理结构之中",即把企业党组织内嵌国有企业法人治理结构之中。

(二)企业党组织内嵌国有企业法人治理结构是新时代党领导国有企业的内在要求

可见,企业党组织内嵌国有企业法人治理既具有传承性,也具有创新性。这种党领导国有企业的新型体制是对既往模式的创新和发展,强调党在国有企业之中的政治核心与领导核心的统一。中共中央、国务院《关于深化国有企业改革的指导意见》(2015年)、中共中央办公厅《关于在深化国有企业改革中坚持党的领导加强党的建设的若干意见》(2016年)指出,坚持党的建设与国有企业改革同步谋划。它既保证党对国有企业的领导,又使国有企业不偏离现代企业制度方向。①

"企业党组织内嵌国有企业法人治理"模式的核心要义是"内嵌"。所谓"内嵌",就是实现企业党组织与国有企业法人治理机构之间的高度和谐统一。尽管企业党组织与国有企业法人治理机构是两套性质不同的机构,但它们有共同的经营目标。通过内嵌使两套机构实现了深度融合、互通有无。这一新型模式既加强了党对国有企业的领导,同时也保证了现代企业制度改革方向。

党在国有企业中的政治核心和领导核心地位,是否是传统的党委领导体制的回归?答案是否定的。因为它在保证了党对国有企业领导地位的同时,坚持了现代企业制度方向,保证了国有企业董事会经营决策权。有观点认为,"中国在新时代要求把国有企业党建工作要求写入公司章程违反了公司法基本原则"。②这种观点只看到了公司治理的普遍性而忽视了其特殊性。综观世界各国,国有企业法人治理并没有放之四海而皆准的普遍模式,③党对企业的政治领导是我国目前国有企业采取混合治理模式重要组成部分,是经过实践检验的行之有效的"中国经验"。④

可见,党对国有企业的领导理论具有强烈的时代性。围绕党在国有企业中的政治核心和领导核心角色定位,不断完善和发展党对国有企业领导理论,使党对国有企业的领导方式与国有企业改革实践保持高度一致性。企业党组织内嵌国有企业法人治

---

① 参见韩强:《改革开放以来国有企业党组织地位作用的演变与反思》,载《学习论坛》2018年第9期。

② Jennifer Hughes, *China's Communist Party Writes Itself into Company Law*, Financial Times, 14 August 2017; Ryan Woo, Kevin Yao & Stella Qiu, *China's State Forms to Shed Old Corporate Governance Structure by End of 2017*, Reuters Business News, July 26, 2017.

③ See Wee BengGeok ed., *Government-Linked Companies and Other Organisations in Singapore*, Published by The Asian Business Case Centre Nanyang Business School Nanyang Technological University Singapore, First Public in July 2004, p. 1.

④ 参见王新红:《国企改革:股份制企业治理机制的中国式探索》,载《法学》2018年第1期。

理结构是新时代加强党对国有企业领导的基本实现方式,它实现了国有企业党组织“政治核心”和“领导核心”的统一,它同时也是“中国特色的国有企业治理”的核心内容。

二、企业党组织内嵌国有企业法人治理结构应把握的边界

在坚持党对国有企业领导的同时,必须避免党组织干预国有企业的正常经营活动。因此,在企业党组织内嵌国有企业法人治理结构之中,一个非常重要的问题就是把握企业党组织的边界。

(一)企业党组织内嵌国有企业法人治理结构的主要方式

从政策层面来看,党对国有企业的领导主要体现在坚持国有企业的社会主义方向、坚持党管干部的原则、坚持党对国有企业的政治领导、加强国有企业领导班子建设等方面。“国有企业党组织要发挥领导核心和政治核心作用,归结到一点,就是把方向、管大局、保落实。”①党对国有企业的领导不能超出上述方面。

从《党章》和党内法规来看,参与国有企业的重大决策是党组织内嵌国有企业法人治理结构的基本方面。《党章》第33条规定,国有企业党委(党组)“把方向、管大局、保落实,依照规定讨论和决定企业重大事项”。中央组织部、国务院国资委党委《关于加强和改进中央企业党建工作的意见》(2005年)也提出,“党组织参与企业重大问题决策”。《关于进一步推进国有企业贯彻落实“三重一大”决策制度的意见》(2010年)明确提出,“进入董事会、未设董事会的经理班子的党委(党组)成员,应当贯彻党组织的意见或决定”;还规定,董事会、未设董事会的经理班子研究“三重一大”事项(重大决策事项、重要人士任免事项、重大项目安排事项和大额资金运作事项)时,应事先与党委(党组)沟通,听取党委(党组)的意见。国有企业法人治理机构及时吸收企业党组织对于“三重一大”的意见,并充分吸纳到国有企业的经营决策之中。通过参与重大决策和管理,发挥党组织的领导核心和政治核心作用,保证党和国家的方针政策、重大部署在国有企业的贯彻执行。②

有学者认为,企业党组织内嵌公司治理结构不符合公司治理的基准。③这种担心是多余的。首先,党内法规和政策体系对“企业重大问题决策”有明确的范围界定。“企

---

① 具体内容参见习近平总书记于2016年10月在全国国有企业党的建设工作会议上的讲话。

② 参见朱慈蕴:《公司法视角下的国有出资人的个职责与党领导》,载陈云良主编:《经济法论丛》2017年第2期(总第30期),社会科学文献出版社2017年版,第47页。

③ See Xian Chu Zhang, *Integration of CCP Leadership with Corporate Governance*, China Perspectives, No. 2019/1. p. 55 - 64.

业重大问题决策”有特定的政策内涵，具体来说就是“三重一大”，其中，“重大决策事项”是指依照《公司法》《全民所有制工业企业法》《企业国有资产法》《商业银行法》《证券法》《保险法》以及其他有关法律法规和党内法规，应当由股东大会(股东会)、董事会、未设董事会的经理班子、职工代表大会和党委(党组)决定的事项。不能把非“三重一大”作为“三重一大”处理；也不能超越政策和法律规定而随意对“三重一大”作出扩大解释，从而扩大企业党委的权力，借此干预国有企业正常的经营和管理，削弱国有企业法人治理机构的权力。企业党组织不能取代国有企业法人治理结构，也不能干预国有企业具体的经营活动。企业“三重一大”事项之外的经营活动事项则必须交给企业。

其次，企业党组织在参与“三重一大”事项时必须严格遵守法定程序。一是严格遵守议事规则。企业党组织首先必须保证严格按照党的规范和法律办事。完善党组织参与企业重大问题决策的程序和工作机制，建立健全企业党组织和国有企业法人治理机构的议事规则。二是坚持集体决策原则。按照《关于进一步推进国有企业贯彻落实“三重一大”决策制度的意见》(2010年)之要求，国有企业党委(党组)、董事会、未设董事会的经理班子等决策机构要依据各自的职责、权限和议事规则，集体讨论决定“三重一大”事项。三是企业党组织参与“三重一大”事项，必须遵守合法和有限性原则。企业党组织必须遵守《党章》和其他的党内法规，遵守《宪法》《公司法》《企业国有资产法》等法律。[①] 国有企业党委(党组)、董事会、未设董事会的经理班子等决策机构依据各自的职责、权限和议事规则，集体讨论决定“三重一大”事项。

(二)企业党组织内嵌国有企业法人治理结构对党管干部原则提出了新要求

内嵌管理人才是企业党组织内嵌国有企业法人治理结构的主要方式之一，故有必要对“三重一大”中的“主要人事任免事项”作专门讨论。国有企业必须遵循党管干部原则，但企业党组织不能以此为由垄断干部的选择权和任免权，而应把党选拔人才与市场选拔人才结合起来。

一方面，党有权力和责任为国有企业选拔有党性、懂管理的高级管理人员。中共中央、国务院《关于深化国有企业改革的指导意见》(中发〔2015〕22号)指出，在支持“董事会依法选择经营管理者、经营管理者依法行使用人权”的前提下，“强化党组织在企业领导人员选拔任用、培养教育、管理监督中的责任”。提名权、任免决策权和监督权等都是人事权的体现。尽管这些权利与股权平等原则不完全一致，但却符合中国特

---

① 参见王新红、武欣玲：《论党组织参与国有公司治理的法律原则》，载《中南大学学报(社会科学版)》2017年第5期。

色现代企业制度的要求。

另一方面,必须坚持党选拔人才与市场选拔人才相结合、党管干部原则与董事会依法选择经营管理者以及经营管理者依法行使用人权原则相结合。中央组织部、国务院国资委党委《关于加强和改进中央企业党建工作的意见》提出,要建立与现代企业制度要求相适应的选人用人新机制。国有企业高级管理人才的选拔工作离不开党的领导,也离不开市场机制作用的发挥。在中国特色现代国有企业制度之中,必须坚持企业党组织提名与市场选拔人才的统一,在党管干部与市场选择人才这两个维度之中找到一个结合点。[①] 在坚持政治标准的前提下,完善以市场为导向的人才选拔机制,按照市场要求优化国有企业管理人才的选拔。同时,加快推行职业经理人制度,用市场方法管理企业。另外,在落实党管干部原则的同时也要适当考虑公司类型的差异性。[②] 我国《公司法》框架内有一般性公司、上市公司和国有独资公司3套公司治理体系。在上述3套不同体系中,党管干部的方式也应该存有一定的差异性;对国有独资公司高级管理人员的管理,比一般性公司要更严格。当然,无论采取何种人才选拔方式,都必须强化国有企业人才选拔责任。通过强化责任追究机制,依法和依规选拔人才,把优秀人才选拔到国有企业管理岗位上。

(三)企业党组织内嵌国有企业法人治理结构与国有企业分类改革之间的关系

国有企业有商业类和公益类之分。公益类国有企业必须由政府掌控,由国家单独出资或国有绝对控股。商业类国有企业则通过混合所有制改革形式推向市场,实行国有相对控股和国有参股形式。

当前,混合所有制的地位日益凸显,国有企业之中的非国有股份比重逐步加大。由此面临一个新问题,即不同类型的国有企业,是否会导致企业党组织内嵌国有企业法人治理结构的差异性?在外资参与的混合所有制企业之中,如何看待企业党组织内嵌国有企业法人治理结构?《外商投资法》出台之后,企业党组织参与"企业重大问题决策"引发了外商和非国有股东的担忧。有观点认为,企业党组织内嵌国有企业法人治理结构,"从国内来说,受到民营股东的拒绝,导致企业家缺乏信心。就国际方面来说,外国在华投资企业可能退出中国市场或重新考虑投资策略"。[③] 中国欧盟商会

---

① 参见李曙光:《国有资产法律保护机制研究》,经济科学出版社2015年版,第390页。

② 参见周友苏:《中国特色国有公司治理的特征、要点和实现路径》,载陈云良主编:《经济法论丛》2017年第2期(总第30期),社会科学文献出版社2017年版,第56页。

③ He Huifeng, *German Trade Body Warns Firms May Pull out of China over Communist Party Pres-sure*, South China Morning Post (Nov. 29, 2017), https://www.scmp.com/news/china/econ-omy/article/2122104/german-trade-body-warns-firms-may-pull-out-china-over-communist.

(European Union Chamber of Commerce in China)提出,在企业党组织内嵌国有企业法人治理结构之中,对外国投资的国有企业与内资投资的国有企业要区别对待。①企业党组织内嵌国有企业法人治理结构必须对上述问题作出回应。出于国家经济安全的考量,外资参与的混合所有制企业也不能游离于党的领导之外。但在企业党组织内嵌国有企业法人治理结构中,应严守"三重一大"事项的底线,严格按照议事规则和决策原则参与"企业重大问题决策",切实保障包括外资在内的非国有资本利益,打消外商和非国有股东的担忧,促进混合所有制经济的健康发展。

三、企业党组织与公司董事会之协调

企业党组织内嵌国有企业法人治理结构,实际上是通过获取领导权来实现的。如何处理企业党组织与董事会之间的关系就成为一个无法回避的问题。中共中央、国务院《关于深化国有企业改革的指导意见》加速了企业党组织内嵌国有公司治理结构的进程,有观点对此表示担忧。第一,认为存在企业党组织取代董事会的可能。《党章》特别强调,国有企业党组织要"发挥政治核心作用",企业党组织是否会影响经营决策权?② 第二,认为存在偏离现代企业制度的可能。该观点认为,党的领导核心职能是通过掌握经营决策权得以实现的。由于党在国有企业之中存在自身利益,企业党组织内嵌公司治理结构就不可避免地会倾向维护党和国家利益,公司治理原则往往会被忽视,从而导致市场经济偏离正确方向。

在保障企业党组织的领导权前提下,充分保障董事会的经营决策权,是企业党组织内嵌国有企业法人治理结构的基本准则。

(一)化解企业党组织与公司董事会冲突的基本原则

化解企业党组织与公司董事会之间的冲突必须服从一个基本原则,即必须遵循中国特色现代国有企业治理的内在规律。在保证党的领导权的同时,也要保证国有公司董事会的决策权,即"明确权责边界,做到无缝衔接,形成各司其职、各负其责、协调运转、有效制衡的公司治理机制"。"中国特色的现代国有企业制度"也要遵循现代企业制度的一般规律。国务院办公厅《关于进一步完善国有企业法人治理结构的指导意见》提出,"完善国有企业法人治理结构是全面推进依法治企、推进国家治理体系和治理能力现代化的内在要求"。在现代企业法人治理之中,董事会能够独立行使职责是

① See EU Chamber of Commerce in China, *Chamber Stance on the Governance of Joint Ventures and the Role of Party Organisations*, Press Release, Nov. 3, 2017, p. 17.

② 参见胡改蓉:《国有公司董事会独立性之保障》,载《华东政法大学学报》2010 年第 6 期。

现代企业治理的关键之所在。① 在国有企业之中,董事会的独立性显得尤其重要。如果董事会的独立性得不到保证,就无法抵制来自国资委的强大行政干扰。② 正因如此,与国有公司治理相关的政策法规对此三令五申。比如,国务院办公厅《关于进一步完善国有企业法人治理结构的指导意见》提出,党组织只是“把方向、管大局、保落实”,不能凌驾于国有企业治理机构之上;严禁企业党组织干预国有企业的正常经营活动。《党章》第33条规定,党组织必须支持股东会、董事会、监事会和经理(厂长)依法行使职权。因此,必须在严格遵循现代企业制度一般原则的基础上,创造性地发展现代企业治理理论。在保证党组织政治领导核心地位的同时,也要保证董事会独立行使经营决策权。③ 此乃处理企业党委与董事会关系的基础,也是企业党组织内嵌国有企业法人治理结构的基本准则。

(二)调整企业党组织与公司董事会关系的基本方式

从党领导国有企业的角度来说,企业党组织必须行使一定的经营决策权。而从现代企业制度角度来说,企业党组织政治领导核心地位与董事会经营决策中心地位必须保持分野。该如何解决这一悖论?仅把企业党组织职能限制在参与“企业重大问题决策”还不够,因为党委的权力边界难以把握。如果能够实现企业党组织与国有企业治理机构的深度融合,这一难题就可以得到有效解决了。企业党组织与国有企业法人治理机构人员“双向进入、交叉任职”是解决这一问题最行之有效的办法,也是企业党组织内嵌国有企业法人治理结构的主要方式。

1.“双向进入、交叉任职”基本原则和方式

“双向进入、交叉任职”最早见于党的十五届四中全会(1999年)《中共中央关于国有企业改革和发展若干重大问题的决定》。中央组织部、国务院国资委党委《关于加强和改进中央企业党建工作的意见》也把它作为国有企业基本的领导体制。尽管该政策出台时间较早,但进展较缓慢。党的十八大之后,“双向进入、交叉任职”体制也被赋予了新的内涵。中共中央、国务院《关于深化国有企业改革的指导意见》明确了具体的交叉形式,指出我国当前公司治理的中国特色是“董事会、理事会、监事会与党委领导综合在一起的新型治理机构”。在“双向进入、交叉任职”之中,尽可能地保证企业党委书记和董事长由一人兼任。这也是“交叉任职”的核心要义之所在。因为企业党组织与国有企业法人治理机构毕竟是两套性质不同的机构,无论如何交叉,都不能保证它们

① 参见李建伟:《公司制度、公司治理与公司管理:法律在公司管理中的地位与作用》,人民法院出版社2005年版,第169页。

② 参见胡改蓉:《国有公司董事会独立性之保障》,载《华东政法大学学报》2010年第6期。

③ 参见孙晋、徐则林:《国有企业党委会和董事会的冲突与协调》,载《法学》2019年第1期。

的人员完全相同。如此,同一企业之中就存在两种不同的制度安排,冲突自然无法避免。[①] 企业党委书记和董事长由一人兼任,可以实现企业党组织和国有企业法人治理两套机构的高度融合,最大限度地减少决策时发生"内耗"现象。

尽管我们主张企业党委书记和董事长由一人兼任,但董事长与总经理必须实现任职分离。就董事长与总经理是否应该分离任职,目前有"两职分离"假说、"两职合一"假说、"环境不确定"假说等观点。主合者有之,主分者亦有之。在国有公司内部人控制较普遍的情况下,董事长和总经理分设任职有利于国有企业经营决策权和经营执行权的分野,以最大限度地保证国有企业经营活动的独立性。[②]

此外,将高级管理人员的选聘权交给董事会也有助于增加两套机构人员的融合度。董事会聘任是国有企业高级管理人员产生的一般方式,也是现代公司治理的基本要求。为保证党对国有企业的领导,企业党组织可依据干部任用标准和《公司法》等法律规定的管理人员任职要求,制订中层以上管理人员的任职资格和任职条件。在企业党委掌握提名权和考察权的同时,将国有企业高级管理人员的选聘权交给了董事会。以此扩大董事会选聘高级管理人员的权力。

2."双向进入、交叉任职"对国有企业管理人才提出了更高要求

一直以来,中央都高度重视国有企业管理人才建设。中共中央、国务院《关于深化国有企业改革的指导意见》强调,必须"为国有企业改革发展提供坚强有力的政治保证、组织保证和人才支撑"。企业党组织内嵌国有企业法人治理结构对国有企业管理人才提出了更高的要求。比如,在"企业党委书记和董事长"由一人担任的领导体制中,任职人选要同时具备法定条件、政治条件、经营管理能力条件等多重要求。《中国共产党国有企业基层组织工作条例(试行)》提出,建立"高素质专业化国有企业领导人员队伍,培养复合型党务人才"。任职人选不仅要符合《公司法》《企业国有资产法》等法律规定的任职资格要求,还需要符合《党章》《党政领导干部选拔任用工作条例》等规定的政治要求,具有正确的政治立场、较高的政治水平以及高超的领导艺术。此外,还要具备经营和管理现代企业的能力。任职人选能够掌握全球经济发展趋势,熟知我国国有企业的现状及其运营规律,具有现代企业管理知识和经验;尊重市场经济和法治经济规律。国有企业其他岗位的管理人才也一样。国务院办公厅《关于进一步完善国有企业法人治理结构的指导意见》指出:"要造就一大批政治坚定、善于经营、充满活力的董事长和职业经理人,培育一支德才兼备、业务精通、勇于担当的董事、监事队伍。"

---

① 参见蒋铁柱、沈桂龙:《企业党建与公司治理的融合》,载《社会科学》2006年第1期。

② 参见胡改蓉:《国有公司董事会独立性之保障》,载《华东政法大学学报》2010年第6期。

党委成员除符合党员的标准外,还要精通国有企业的经营管理。董事会、监事会、经理层高级管理人员除具有管理能力外,还必须具有良好的党性素养。总之,需要业务熟练、政治过硬、兼具党务人才和经济管理人才要求的复合型人才。

总之,董事会是公司责任性的基石,也是公司治理的核心。因此,在内嵌过程之中,在保证企业党委领导权的同时,还必须保证董事会能够独立地行使经营决策权。这也是衡量内嵌是否成功的主要依据。①

四、结　语

在国有企业改革之前,国有企业管理主要依靠政治规则。而在《公司法》《企业国有资产法》等法律颁布之后,国有企业的治理逐步实现由政治规制向法律规制的转变。但《公司法》《企业国有资产法》等法律与党的国有企业政策之间还存在一定的冲突。这种现象的存在无疑不利于国有企业法人治理。② 如何实现政治规则与法律规则的有效衔接,是完善中国特色现代国有企业法人治理的一个重要问题。从国有企业改革的实践效果来考察,企业党组织内嵌国有企业法人治理结构有利于实现企业党组织与国有企业法人治理机构的高度融合。企业党组织内嵌国有企业法人治理结构有利于构建"董事会、理事会、监事会与党委领导综合在一起"的新型治理机构,是建立和完善中国特色现代国有企业制度的重要路径。

(责任编辑:游紫薇)

① 参见李建伟:《公司制度、公司治理与公司管理:法律在公司管理中的地位与作用》,人民法院出版社2005年版,第169页。

② 参见陈晓华:《国有企业法律规制与政治规制:从竞争到融合》,载《法学评论》2019年第6期。

【公卫经济法】

论突发公共卫生事件中的激励性监管*

孙　晋** 　阿力木江·阿布都克尤木***

摘　要:政府对突发公共卫生事件施以市场监管,关键在于有效发挥政府作用。反观激励性监管机制,其激发市场主体内在积极性和主动性,将市场机制的有序运行渗透到市场主体自主逐利目标中,进而确保市场在资源配置中的决定性地位。在及时反思和总结经验基础上,应当加大现有市场监管体制机制改革力度,结合"放管服"改革推进引入激励性监管机制,最大限度地激发市场主体的自我规制动力,如此既能保护市场主体经营自主权,又能降低政府监管成本,也是实现常规性市场监管与突发公共卫生事件中市场监管有机衔接的有效进路。

关键词:突发公共卫生事件;运动式强行监管;激励性监管机制;监管成本;自主性

近20年内先后发生的非典型性肺炎(以下简称"非典",SARS)、甲型H1N1流感及新型冠状病毒肺炎(以下简称新冠肺炎疫情)等突发公共卫生事件,一方面对处于转型期的我国经济发展带来冲击,另一方面也为促进政府监管职能优化、实现常规性监管与突发公共卫生事件应急监管相互衔接等问题提供了观察视角和改革契机。突发公共卫生事件的负外部性极有可能影响市场经济秩序,进一步彰显政府监管职能在经济体制运行中的重要作用。新冠肺炎疫情暴发后,习近平总书记要求:"要妥善处理疫情防控中出现的各类矛盾和问题,加强社会治安工作,依法严厉打击利用疫情哄抬物价、囤积居奇、趁火打劫等扰乱社会秩序的违法犯罪行为,严厉打击制售假劣药品、医

---

* 收稿日期:2021年8月13日。本文是国家社科基金重大课题"适应新时代市场监管需要的权力配置研究"(编号:20&ZD194);武汉大学抗击新冠肺炎疫情人文社会科学应急研究专项"湖北省及武汉市疫情后期及重建过程中经济政策法治化研究"(编号:2020YJ044)的研究成果。

** 法学博士,武汉大学法学院教授、博士研究生导师。

*** 法学博士,新疆大学法学院讲师。

疗器械、医用卫生材料等违法犯罪行为,坚决依法打击各类违法犯罪,维护社会稳定。"[①]政府监管部门按照习近平总书记的要求,在《突发事件应对法》《价格法》及其他法律法规授权范围内加大监管力度,为特殊时期的经济运行保驾护航。

究竟何种监管才能既最大化市场作用,又提高市场监管的"性价比"?针对这一问题,本文将以市场监管的得与失分析为基础,阐释传统强行监管的优点与不足,提出引入激励性监管弥补强行监管的优势及制度构建。

一、政府的监管

政府与市场是社会经济领域的基本关系范畴。[②] 市场监管作为政府的重要经济职能,是指市场经济条件下政府对特定行业和微观经济活动主体的进退、资质、价格及涉及国民健康、生命安全等行为进行监督和管理,进而对市场微观经济主体的行为进行规范与制约的政府行为。在经济危机和经济危机后的复苏时期,政府应该采取扩张性的宏观经济政策来提振经济。[③] 实践证明,新冠肺炎疫情暴发以来,在党中央的统一领导下,政府监管这只"有形之手"及时规制了经济领域出现的各种问题,最大限度地降低了疫情和防控不力造成的市场和监管的风险。

(一)政府监管之所得

1. 为公共卫生事件防控工作的有序开展提供保障

经济学认为,突发公共卫生事件对经济带来的影响是由市场秩序紊乱造成的市场信息不充分和公共物品供给不足导致的市场失灵的综合表现。[④]

充足的市场供应与稳定的物价,既是市场有序运行的核心要义,又是此次公共卫生事件防控取得全面胜利的物质保障。市场天生具有的盲目性、投机性、滞后性缺陷促使经营者过于追求自身利益的最大化,不顾公共卫生事件对广大消费群体利益和国家经济体制运行带来的损失。

在关键时刻,各级政府依法加大了对市场管制与调控力度,借用政府监管作用促进市场供应的协调和物价稳定。政府采取的应急资源统一调运、国有企业承担重任、市场监管频出重拳等一系列措施,充分保障了所需的人财物需求,有效防止了公共卫

---

① 习近平:《疫情防控要坚持全国一盘棋》,载人民网2020年2月4日,http://health.people.com.cn/n1/2020/0204/c14739-31569852.html。

② 参见张守文:《政府与市场关系的法律调整》,载《中国法学》2014年第5期。

③ 参见[美]维托·坦茨:《政府与市场》,王宇等译,商务印书馆2014年版,第3~4页。

④ 参见张连城、贾金思:《市场失灵与政府作为——"非典"疫情对中国经济冲击的性质和原因分析》,载《经济与管理研究》2003年第5期。

生事件影响的进一步扩散和保证经济有序运行。① 由此可见，在市场供应链短缺和物价波动救济中，政府依法适度加大干预经济的力度，不仅有利于政府“有形之手”延伸市场“无形之手”的作用，而且在短期内使市场供应协调和物价稳定，为防控工作的有序开展提供了便利。

2. 为经济快速复苏提供政策支撑

国家着眼人民生命至上的基点，在全国范围内采取除涉及民生日常生活、疫情防控物资保障有关的行业按时复工复产外，其他产业推迟复工复产。

毫无疑问，复工复产的延迟有利于缓解经济持续下行的局面。但部分行业和中小企业受到的冲击，未必会出现修复式甚至报复式的反弹。因此，政府出台的一系列应急政策措施不仅有利于企业活力和市场潜力的进一步激发，而且为国家经济运行回归常态及社会发展目标任务的实现提供政策支撑。②

（二）政府监管之改革

1. 要重视减轻市场主体负担

“市场主体负担过重是我国当前的重大现实问题。”③从理论层面看，市场主体负担的有效减轻，需要在执法中充分注重市场主体的负担能力、轻重适度和轻重均衡等范畴。而构建有利于激发市场主体追随自我合规的制度环境，通过监管者与市场主体之间形成协调发展状态，进而降低监管成本。

但是，突发公共卫生事件所具有的突然性、复杂性、破坏性和不可预测性特点④使市场“无形之手”的调节缺陷被放大，尤其是市场固有的局限性、自发性弱点，在突发公共卫生事件来临之际及之后促使市场出现“漫天要价”“哄抬物价”等现象。

众所周知，我国市场在资源配置中的决定性作用有待夯实，政府在监管措施理念上自然地呈现积极和主动的姿态。⑤ 但并非说政府监管者可以片面追求监管“效率”而“一刀切”地强监管。因为，追求“效率”的“一刀切”监管态势，看上去有效保护了市

---

① 参见徐士英：《疫情期间关于政府决策制度的一些思考》，载微信公众号“市场监管研究”2020 年 3 月 10 日，https://mp.weixin.qq.com/s/AV_XA-VTnoDhfgbaouEWmg。

② 参见《我国经济运行必将回归常态后续将适时推动出台一系列对冲政策》，载中国金融新闻网 2020 年 3 月 17 日，https://www.financialnews.com.cn/cj/zc/202003/t20200317_185077.html。

③ 张守文：《市场主体负担“轻重”的法律调整》，载《法学评论》2019 年第 2 期。

④ 谈在祥、吴松婷、韩晓平：《美国、日本突发公共卫生事件应急处置体系的借鉴及启示——兼论我国新型冠状病毒肺炎疫情应对》，载《卫生经济研究》2020 年第 3 期。

⑤ 参见孙晋：《谦抑理念下互联网服务行业经营者集中救济调适》，载《中国法学》2018 年第 6 期。

场秩序,实际上会影响市场经济的发展和整体的国家治理。① 换言之,在突发公共卫生事件中加大政府监管力度,虽然在商品价格稳定、供求关系调节及市场秩序保护中尤为必要。

从前文中对突发公共卫生事件特性分析可知,公共卫生事件中的政府监管对经营者的价格行为可能过于敏感,也容易高估国家统一配置资源在市场秩序和国家经济安全中的作用。

2. 要保护市场主体的经营自主权

“经营自主权是一项以市场经济体制为基础的制度性权利。”②我国《宪法》虽然并未直接确认经营自主权,但颇具特色地在“总纲”中规定“经营自主权”。③ 这种特殊设权模式是由我国市场经济从政府体制转型的内生变量的属性所决定的。④ 在一般情况下,国家经济权力的行使应当以不侵犯经营自主权为前提。既然如此,特殊时期的国家调控经济的权力更不应实质性地、长期地、广泛地剥夺市场主体的经营自主权,经营自主权的必要限制或剥夺也应当以充分满足法律的形式要求与实质要求为根本前提。⑤

价格的变化既受生产经营成本的影响,又受供求关系的影响。经营者在公共卫生事件发生时综合考虑原材料和人力成本价格上涨参数,是属于《价格法》授权范围内的调价行为。从立法价值取向来看,该案中的经营者提价行为是以《宪法》为核心的相关法律授权范围内的经营自主权的正当行使,应该不属于触犯《价格法》的违法行为,而恰恰属于合理行使该法第 11 条赋予的自主定价权。市场监管主体不能将经营者作出的合理的价格调整行为都“一刀切”地定性为“哄抬物价”。换言之,对显然违背公共利益的违法行为予以打击的同时,亦不能矫枉过正,应急状态下政府监管更应坚持依法行政原则,在注重有效保护所有市场主体合法权益的前提下,通过政府的监管职能满足突发公共卫生事件中的各方需求。因此,无论是常规性监管还是应急状态下的政府调节都要严格遵循比例原则,不能以规制突发公共卫生事件中的乱象为由,主观性地

① 参见张守文:《市场主体负担“轻重”的法律调整》,载《法学评论》2019 年第 2 期。

② 单飞跃、徐开元:《“社会主义市场经济”的宪法内涵与法秩序意义》,载《东南学术》2020 年第 2 期。

③ 参见单飞跃、徐开元:《“社会主义市场经济”的宪法内涵与法秩序意义》,载《东南学术》2020 年第 2 期。

④ 参见胡晓鹏:《论市场经济的起源、功能与模式——兼论中国特色社会主义市场经济的本质》,载《社会科学》2015 年第 7 期。

⑤ 参见单飞跃、徐开元:《“社会主义市场经济”的宪法内涵与法秩序意义》,载《东南学术》2020 年第 2 期。

加大国家经济权力，进而随意限制和侵犯市场主体的经营自主权。

3. 要承认市场主体自我规制

学术界认为："与政府规制相比，自我规制的优势在于具有更大程度的自由或者自治度。"①"运动式"强行监管在某种程度上导致规制对象的生产效率和创新激励的下降。市场主体的自我规制相较政府"运动式"强行监管具有"规制负担更小，更有利于政府将稀缺资源用于更擅长的领域"②及"能够利用累积性判断力和经验去解决政府较难处理的问题"③的特点。因此，政府规制与自我规制被认为是相互调节、相互促进的辩证关系，并且"政府规制则可为自我规制提供动力与制度保障"。④

若市场主体的自我规制在突发公共卫生事件中得到重视，那么便可在政府常规性强行监管机制之下实现市场监管规制最优的效果。⑤ 当然，完全依赖市场价格机制作用下的自我规制也不是最优选择。这种矛盾关系处理的最理想状态是，在政府现有的强行监管机制中引入以市场主体自我规制为主的激励性监管机制，进而形成多元化的规制体系。多种规制方式融合有利于不同机制各尽所能，最终有效降低市场失灵风险。

二、激励性监管机制的优势

市场监管要与时俱进，坚持市场化改革方向，坚持服务改革发展大局，努力打造国际一流的营商环境，为推动经济高质量发展服务。"市场除了提供资源配置机制之外，也同时提供激励机制。"⑥但是，学术界普遍关注市场的资源配置机制研究，对激励机制等其他机制的研究却甚少关心。习近平总书记提出的"依法科学有序防控至关重要"的疫情防控原则，对公共卫生事件中的政府监管适当性、有效性提出了更高要求。"激励机制贯穿于经济法的价值理念与指导思想、经济宪法和基本法以及经济法具体制度

---

① 参见杨志强、何立胜：《自我规制理论研究评介》，载《外国经济与管理》2007 年第 8 期。

② See Debra A. Valentine, *Industry Self-regulation and Antitrust Enforcement: An Evolving Relationship*, Federal Trade Commission (May 24, 1998), https://www.ftc.gov/public-statements/1998/05/industry-self-regulation-and-antitrust-enforcement-evolving-relationship.

③ Robert Pitofsky, *Self-regulation and Antitrust* (Feb. 18, 1998), https://www.ftc.gov/public-statements/1998/02/self-regulation-and-antitrust.

④ 参见杨志强、何立胜：《自我规制理论研究评介》，载《外国经济与管理》2007 年第 8 期。

⑤ 参见杨志强、何立胜：《自我规制理论研究评介》，载《外国经济与管理》2007 年第 8 期。

⑥ 蔡昱、龚刚：《"看不见的手"与中国增长奇迹：激励机制还是资源配置机制？》，载《现代财经（天津财经大学学报）》2020 年第 2 期。

之中”,[①]有其突出的优势。

(一)激发经营者自律,降低政府规制负担

在市场监管中,政府的监管职能通过设定准入条件、制定相关标准才能实现。若在监管过程中出现信息不充分问题,监管机构必须要付出巨大的监管成本去搜集信息,并导致监管机制达不到预期的最佳监管效果。亚当·斯密的“经济人”观点认为,人为追逐自己利益而参与经济活动,并且不知不觉地促进自己根本不想追逐的社会利益最大化。亚当·斯密的观点认为,若市场主体自觉地遵循市场规律并按照市场规律和政府监管的要求参与市场经济活动,不仅能实现自己利益的最大化,也能实现社会利益的最大化。为此,在政府监管中寻找一种以最小的监管成本实现监管利益最大化的机制确有必要。

激励性监管基于市场主体的自觉性,激发内在积极性和主动性,让其根据自身的实际情况和自身预期目标来选择更有利的经济行为。[②] 基于演化博弈理论研究政府监管主体与监管对象行为策略关系,分析公共卫生事件中的政府实施监督成本、回收难度系数,不难发现激励性监管机制会让市场主体主动承担社会责任、规范市场行为,具有有效降低监管成本的作用。但是,纵观我国政府监管历史可发现,在研究政府规制和市场主体行为关系时,无论是理论界还是实务界,要么采取割裂的态度,要么采取强制搭配的做法,没有从形成滚动式的相互替代或互补关系的视角进行研究。[③] 事实上,在政府强行监管机制中引入激励性监管机制,既有利于杜绝公共卫生事件中市场乱象之根源,又能把政府规制对市场主体行为的影响内部化。据此,激励性监管机制引入政府监管机制是市场主体与政府监管有效融合的进路。

(二)调节利益冲突形成规制合力

市场化进程导致资源支配方式发生变化。随着市场化逻辑渗透到资源配置的方方面面,政府不再是资源的唯一分配者。“于是,社会差异性代替社会均质性成为中国社会的重要特质。”[④]社会差异性要求政府的经济职能不能再单一地关注经济诉求,还要关注不同市场主体的权利诉求,及时实现利益平衡。美国著名法学家庞德指出,人

---

① 袁达松、赵雨生:《论经济法的激励机制》,载《财经法学》2019 年第 5 期。

② 参见蔡昱、龚刚:《“看不见的手”与中国增长奇迹:激励机制还是资源配置机制?》,载《现代财经(天津财经大学学报)》2020 年第 2 期。

③ 参见何艳玲:《中国行政体制改革的价值显现》,载《中国社会科学》2020 年第 2 期。

④ 杨志强、何立胜:《自我规制理论研究评介》,载《外国经济与管理》2007 年第 8 期。

的个人主义本性与社会本性之间存在矛盾。① 这种矛盾不仅产生利益冲突,还会对政府要实现的监管目标,即有序的市场秩序和经济安全带来新的挑战。因此,调节各方利益成为衡量制度优劣的重要标准。

市场主体多元化利益冲突的有效调节,是以更好发挥政府的调控经济作用为条件的。利用制度体系的优化从而实现利益协调和利益分配,不仅是依法化解利益冲突的有效路径,而且是回应社会多元性的进路。因此,"激励性监管恰好契合现代法治的精神"。② 为此,政府在突发公共卫生事件中行使监管职权时,监管对象的行为只要不产生巨大的不利影响,则可利用制度引领作用来促使市场主体自觉遵循市场规律和监管规则。这不仅有利于消除市场主体与监管目标之间的价值冲突,还会减少"运动式"强行监管方式带来的资源浪费,进而实现政府监管职能的低成本运行。

(三)弥补惩戒性监管的不足

惩罚不能仅仅与行为相匹配,它所打击的应当是行为主体的欲望。换言之,通过惩罚恢复被认为存在于所有人身上的内在美德。③ 惩戒性监管方式虽然简单、直接,见效快,可以通过加大违法成本来规制违法行为人,但是当惩戒性监管产生了误判,事实上便压制了经营者自我规制的积极性,增加了经营者的合法成本。因此,政府监管规则中强制措施的适用应限于少数破坏国家经济安全和扰乱市场经济秩序的市场主体违法行为。不当的惩戒性监管会诱发"监管失灵",引发被监管主体的反感情绪。正因如此,虽然无情的惩戒措施表面上看更加有效,但是隐含于政府干预市场的普遍性观念之中的机构理性假设过于简单,通过强行监管机制的惩罚措施并非总能抑制人的违法欲望。④ 反而激励这种通过引诱而非强制的方式来规范市场的行为,代表政府经济性管制的非强制性行政。在突发公共卫生事件政府监管中,通过严格的选用程序限制惩戒性监管机制的适用范围,并适当引入激励性监管机制,由激励性监管机制的作用来引导或吸引市场主体主动遵循市场规则和监管规则恰恰弥补了惩戒性监管的不足。⑤ "不断深化社会主义市场经济体制改革,要求我们必须逐步转变传统规制思维,

① [美]罗斯科·庞德:《通过法律的社会控制:法律的任务》,沈宗灵译,商务印书馆1984年版,第89页。

② 周昌发:《论互联网金融的激励性监管》,载《法商研究》2018年第4期。

③ 参见[英]安妮·施沃恩、[英]史蒂芬·夏皮罗:《导读福柯〈规训与惩罚〉》,庞弘译,重庆大学出版社2018年版,第81~83页。

④ 参见郭志斌:《论政府激励性管制》,北京大学出版社2002年版,第55页。

⑤ 参见[美]埃尔菲·艾恩:《奖励的惩罚》,程寅、艾斐译,三联书店2006年版,第1、4页。

抛弃原有的经济性和政策导向性的规制模式。”①这一点也从各大市场主体解决管制问题的基本思路,即以大范围放松管制,积极建构激励性管制的实践中得以印证。②

三、激励性监管的制度设计和实现路径

对市场主体的激励不仅要在理性上使之产生获取相应结果的可能,同时也要在情感上予以考虑。法律的功能在于行为激励,即对行为本身的激励和行为背后利益的调整。③ 由此,在突发公共卫生事件防控期的政府监管工作中,合理地设计激励性监管制度契合发挥市场主体的主观情感因素,有效减少破坏经济秩序的违法行为。

(一)将激励性监管纳入常规监管体系

“运动式”强行监管在公共卫生事件中的作用如前文所述,片面强调效率,有损监管实效。但是,市场监管是一项长期的系统建设工程。从长远的监管效果来看,“运动式”强行监管“效率”,既不能与构建现代化市场监管体系的目标很好地相容,又达不到规制博弈的最优解。相反,激励性监管效果在很大程度上依赖市场主体的“自我规制”。从长远的监管目标来看,将激励性监管机制引入现行监管机制中的监管“效果”更明显。因此,应当将激发监管对象“自我规制”为目的的激励性监管机制纳入政府监管体系,贯穿监管的全过程。在政府监管立法上体现人文关怀,通过制度来引导市场主体主动遵循市场规律和监管规则,进而弱化政府监管中的强制性监管倾向。这为从源头上治理突发公共卫生事件中的违法行为提供了制度供给。易言之,在立法价值取向上应当把激励性监管作为常规监管体系不可或缺的一部分,再针对不同监管情景下的不同监管事项,匹配合适的激励性手段。

(二)有针对性地明确激励内容

突发公共卫生事件中的激励机制立足于常规监管中的激励内容,激励内容需要有针对性。

首先,应当明确何种行为属于可获得激励的范畴,这对于监管机关来说至关重要。在突发公共卫生事件中,市场监管的重心往往是价格违法行为、垄断与不正当竞争行为、生产假冒伪劣产品等。不同的行为具有的危害性差异较大,所依据的法律法规不同,故对经营者合规的要求也有所不同。监管部门要在法律法规基础上制定尽可能细致的合规行为准则,可以采取正、负面清单的形式向社会公布。另外,也可以借助互联

---

① 孙晋、阿力木江·阿布都克尤木、徐则林:《中国数字贸易规制的现状、挑战及重塑——以竞争中立原则为中心》,载《国外社会科学》2020年第4期。

② 参见陈富良:《政府对商业企业的规制研究》,经济管理出版社1999年版,第284页。

③ 参见付子堂:《法律功能论》,中国政法大学出版社1999年版,第68页。

网平台打造市场主体在线合规评估，满足监管需要的同时，也尽可能防止扼杀经营者的经营活力和创新能力。

其次，应当明确激励的实现形式。激励的实现形式应当是经营者最关注的内容。无论在常规性的监管机制下，还是在突发公共卫生事件的应急监管条件下，市场主体永远都是追逐私利最大化的“理性经济人”，只有契合经营者需求的实现形式对其具有吸引力，需要切实让市场主体意识到合规经营的长期利益远远大于眼前利益。比如，通过声誉机制表彰依法经营、诚信经营的商户，扩大其知名度，从而增加客流，在不哄抬物价的基础上提高营业收入。除声誉机制外，激励的形式还有很多，最常见的有税收优惠、财政补贴、市场准入、信用评级等。

最后，应当把握激励的幅度。需要指出，合规经营是市场主体应当履行的法律义务。激励性监管抑或是惩戒性监管都是辅助义务履行的工具，这决定了激励的幅度应该立足于有利于市场主体的长期发展，而不可能使市场主体“一夜暴富”。所以从短期来看，激励所带来的收益难以等于或大于违法收益。倘若不是如此，那么激励性监管将无法发挥降低政府监管成本的功能，使政府监管无以为继，也会引发监管“套利”、监管“俘获”等负外部性。因此，在激励的幅度设计上既要对市场主体产生足够的吸引力，又不能失之于宽，失却了监管本质。

（三）充分运用柔性执法手段引导合规经营

激励性监管相比惩戒性监管，不强调政府监管部门的强势执法，这就内在地要求执法部门在激励性监管中要充分运用柔性执法手段。

首先，要加强突发公共卫生事件中合法合规经营的宣传教育力度，在社会中营造守法经营对于疫情防控和企业发展均有利的社会氛围，激发经营者内心认同感，以最低成本形成政府监管与经营者自我规制的合力。

其次，通过行政指导、建议、协商、辅导等非强制性手段，打破经营者“监管与被监管对立”的固有认知，将传统的对抗关系转变为提供合规咨询的服务关系。在行政指导中，监管部门可以对经营者的经营行为、经营计划、经营模式等作出基于法律法规、执法实践的初步分析，帮助经营者准确识别合规风险，甚至提供合规建议。对于监管者来说，这种行政行为采用温和的方式传达了政府监管的预期要求；对于经营者来说，接受行政指导可以最准确地明晰合规要求，降低其理解政策要求的合规成本，对于监管双方都大有裨益。

最后，可以通过签订经营合规协议来激发经营者自我规制的积极性。所谓经营合规协议，即经营者与监管部门签订的建立企业自我合规机制的契约。在市场经济社会中，契约精神在很大程度上影响了经营者的生存和发展。在突发公共卫生事件中，由于信息的不对称,更加考验经营者是否能严守契约。监管者与经营者签订经营合规协议,在协议中明确双方的权利与义务以及奖惩措施和救济途径。在这种双方地位平等的契约关系中,让经营者的自我合规行为回归到市场交易的逻辑中,在不违背法律禁止性规定的基础上,双方通过协商合意形成彼此都可以接受的行为预期。

(四)完善纠错减免制度和举报奖励制度

应当再次明确的是,本文指出惩戒性监管的不足并非主张应当以激励性监管取代惩戒性监管,这既不符合监管原理也不现实。但是可以在惩戒性监管中融入激励性监管的纠错激励,即经营者在经营过程中触犯了法律法规的强制性规定,但是其及时发现并积极改正,或者举报违法行为如垄断协议、提供违法线索和证据等行为,那么政府监管部门在处罚的自由裁量范围内综合考量其改过表现和配合程度等因素,对处罚予以适度地从轻、减轻甚至免除。这种激励违法者主动改正或者揭露违法行为的手段贯穿我国的立法和执法中,但在突发公共卫生事件的监管实践中却未能得到足够的重视,那种"一刀切"和"以罚代管"的监管行为,压制了市场主体的积极性。

另外,激励性监管也需要发挥社会共同治理的作用。在突发公共卫生事件中,需要监管的市场领域之广、事务之繁杂有目共睹,如果能引入社会力量帮助政府监督,无疑壮大了监管力量。但是,社会力量发挥监督的意愿往往不是特别强烈,同样作为"理性经济人",即使遇到扰乱市场的违法行为,社会公众大都会避而远之。这就需要政府建立一套激励性的举报奖励制度。我国的食品安全监管领域就存在一套较完善的举报奖励制度,为在突发公共卫生事件中建立该制度提供了可资借鉴的经验。当然,这种举报奖励的门槛不宜太低,在制度设计上也要追求"性价比"。

四、结　语

对突发公共卫生事件的经济行为实施监管,应当重视激励制度的作用。激励性监管机制运用合法且合理的机制,有利于实现对国民经济的正向调整。由此,将激励性监管机制引入政府的常规监管体系中,将对突发公共卫生事件中的市场主体经济行为产生强烈的"自我"规范效果,使突发公共卫生事件中的政府监管需求尽量避免与常规性监管产生较大差异,既能协调好政府与市场的关系,又能达到稳定的监管预期。唯有如此,才能在短期内恢复至正常的市场秩序,协调保护市场主体权益与公共利益,同时化解市场失灵和政府失灵双重风险,维护国家经济安全和恢复经济发展,为构建现代化市场监管体系营造良好的制度环境。

(责任编辑:游紫薇)

经济法视域下治理突发公共卫生事件的法治保障*

丁庭威**

摘　要:经济法作为“发展促进法”与“风险防控法”,在防控突发公共卫生事件的过程中发挥重要作用。本文通过理论层面的检省与现实路径的探寻,从经济法本体论、价值论与基本原则3个方面入手,以突发公共卫生事件发展的3个阶段为切入点,在政府与市场关系的“轻重变易”中寻求突发公共卫生事件防控的“治乱离合”;在自由与秩序、安全与发展的“价值权衡”里,推进突发公共卫生事件治理的“试错进步”;在平衡协调、科学问责的“贯彻实施”下,构建突发公共卫生事件治理的“长效机制”。由此,通过理论层面的检省及实践层面的运用,以期为今后治理突发公共卫生事件提供坚实的经济法治保障。

关键词:突发公共卫生事件;经济法治;理论检省;现实路径

一、背景与问题的提出

(一)背景

综观人类文明的发展史,可谓是一部与突发公共卫生事件作斗争的对抗史。人类只有不断总结过往对抗公共卫生事件的经验与教训,才能更好地谋求社会及经济的进一步发展。经济法作为“发展促进法”“风险防控法”,①在防控突发公共卫生事件的过程中发挥重要作用;同时,突发公共卫生事件亦对经济发展的影响巨大,因而可以通过经济法等相关部门法的制度安排,在财税、竞争、金融、计划等方面为突发公共卫生事

---

* 收稿日期:2020年7月25日。本文是中国人民大学2021年度拔尖创新人才培育资助计划项目、北京市社会科学基金重大项目“法学方法与史学方法的贯通性研究”(编号:15ZDA41)的研究成果。

** 中国人民大学法学院经济法学博士研究生。

① 张守文:《经济发展权的经济法思考》,载《现代法学》2012年第2期;张守文:《现代化、改革开放与经济法的生成》,载《法学论坛》2018年第4期。

件的治理提供经济与法律上的支撑。[①] 由上,笔者拟从经济法的视角对治理突发公共卫生事件的法治保障问题作一探讨,以求教于方家。

(二)问题的提出

按照现代危机管理理论,可将危机的发展分为 3 个阶段,分别是危机事件发生前的预防和准备、危机事件中的积极应对及危机事件消除后的社会秩序恢复与重建。[②] 危机事件一般具有突发性和紧急性、高度不确定性、影响的社会性和决策的非程序化等特征。[③] 突发公共卫生事件由于其突发性、紧急性、高度不确定性及其社会性的影响,显然可将其视作一种典型的危机事件,其历程自然符合危机事件发展的一般规律。对此,可将突发公共卫生事件分为前期的预防阶段、中期的应对阶段以及后期的恢复阶段。针对突发公共卫生事件的前期、中期及后期 3 个阶段,通过经济法基础理论的检省以及现实制度设计的探析,不断在经济法治框架下探索突发公共卫生事件的形成原因、应对策略以及保障体系,进而形成现代化的突发公共卫生事件防控法治保障体系。

二、理论反思:突发公共卫生事件的经济法治问题

(一)本体论:"二元结构"下的政府与市场、宏观调控法与市场规制法

在经济法制度生成与发展的历程中,政府与市场关系自始至终是无法绕开的核心问题,对两者边界的不断厘定,逐渐形成经济法本体的"二元结构"——宏观调控关系与市场规制关系,并由此逐渐发展出经济法的两大制度构成——宏观调控法与市场规制法,[④]经济法本体论在发展过程中日臻成熟。[⑤] 对于突发公共卫生事件,经济法本体论的理念价值可谓如影随形,而在紧急应对突发公共卫生事件的不同阶段中,宏观调控法与市场规制法的效用在此过程中得以较好发挥。

作为"理性人",追求自身利益最大化可谓本性,正如布坎南所言,"个人的行动天

---

① 参见张守文:《公共卫生治理现代化:发展法学的视角》,载《中外法学》2020 年第 3 期。

② 参见袁达松:《危机管理的法治化——兼论危机管理法学的建构与应用》,载《政治与法律》2007 年第 2 期。

③ See Uriel Rosenthal, Michael T. Charles & Paul't. Hart, *Coping with Crises: The Management of Disasters*, Riots and Terrorism, Charles C. Thomas, 1989, p. 485.

④ 其中,宏观调控法由财政法、税收法、金融法、计划法等构成,市场规制法由反垄断法、反不正当竞争法、产品质量法、消费者权益保护法等构成。

⑤ 参见丁庭威:《促进区域协调发展的经济法路径——以"发展规划法"的制定为中心》,载《地方立法研究》2021 年第 4 期。

生要使效用最大化,一直到他们受到抑制为止”;[1]同时,根据“集体行动”的逻辑,由于私人之间达成合作的成本非常高昂,个体并不会采取行动以实现他们共同的或集团的利益,[2]诚如亚里士多德所指出的:“凡是属于最多数人的公共事务常常是最少受人照顾的东西,人们关怀着自己的所有,而忽视公共的事物;对于公共的一切,他至多只留心到其中对他个人多少有些相关的事物。”[3]因此,追求个人利益最大化而忽视社会公共利益,在一定程度上符合作为“理性人”的价值判断以及“集体行动”的行动逻辑。然而在突发公共卫生事件中,过分追求个人利益最大化而忽视公共利益是需要进行规制的。此时,可通过大量运用宏观调控法与市场规制法的调制手段,维持社会经济的良性运行。例如,通过价格法、消费者权益保护法对哄抬物价的行为予以打击;通过产品质量法对制假售假行为进行规制;通过财政法、税法以及金融法对地方政府、企业以及个人予以财政支持、税收减免与金融扶持来支持恢复重建工作。

(二)价值论:“价值权衡”中的自由与秩序、发展与安全

自由与秩序作为经济法的一对重要价值,一直受到经济法治的保障。然而,这对价值本身亦是一对矛盾,在日常的实践生活中,市场需要不断对其进行取舍以寻求平衡。[4] 在应对突发公共卫生事件时,这对价值间的冲撞更激烈,亟待在突发情形下予以平衡。这里的自由与秩序大致可分为“经济自由与市场秩序、监管秩序”以及“个人自由与公共秩序”。就前者而言,在突发公共卫生事件的中期应对阶段,市场秩序、监管秩序显然比在平时被给予较多关注的经济自由更重要;就后者而言,在突发公共卫生事件前期预防与中期应对阶段(防控期间)所采取的一系列“封禁”措施已显示出在紧急时刻公共秩序的重要性较之个人自由更甚。发展与安全在突发公共卫生事件的恢复阶段值得更多的关注,经济发展与公共安全的平衡几乎是当下整个国家与社会重点关注的问题,这对价值的平衡从各地政府打出的“一手抓疫情防控,一手抓复产复工”标语便可窥见一斑。经济法的价值取舍与平衡贯穿预防、应对与恢复3个阶段,不同

---

① [美]詹姆斯·M.布坎南:《自由、市场和国家》,北京经济学院出版社1988年版,第23页。

② 参见[美]曼瑟尔·奥尔森:《集体行动的逻辑》,陈郁等译,格致出版社、上海三联书店、上海人民出版社2011年版,第1~2页。

③ [古希腊]亚里士多德:《政治学》,吴寿彭译,商务印书馆1965年版,第48页。

④ 如果市场机制在各个方面都能够有效发挥其作用,能够进行自发调节,那么便存在一种“哈耶克式”的“自发秩序”,即秩序是自发形成而非人为设计的。然而现实情况是,任何国家都不能设计人类合作的秩序,从而使国家对市场运行可“无为而治”,若基于此,经济法便也无从产生。正是由于很难达到这种“无为而治”的状态,时常存在利益失衡等有违公平的现象,如无序竞争导致的垄断、信息偏在以及分配不公等扰乱市场秩序的问题。参见[英]弗里德利希·冯·哈耶克:《自由秩序原理》,邓正来译,三联书店1997年版,第7~8页。

价值间的平衡将不断丰富经济法的价值理论,而最终影响我国治理水平与治理能力的现代化。因此,面对突发公共卫生事件,应将治理该事件所展现的时代经验与内涵更好地“内嵌”于经济法的价值权衡过程之中。

(三)基本原则:“原则贯彻”里的平衡协调、责权利相统一

平衡协调原则作为经济法的基本原则,其从社会整体利益出发,调整具体经济关系,促进、引导或强制实现社会整体目标与个人利益目标的统一。[①] 如前所述,突发公共卫生事件的形成在很大程度上是因为个人利益目标与社会整体目标——个体营利性与社会公益性[②]难以实现平衡协调,进而导致政府与市场的双重失灵。与此同时,市场经济规律与政府价格执法之间也应当取得良好的平衡协调,然而事与愿违,忽视市场经济规律、无视经济利益协调的行为却时有发生。[③] 当下,如何实现生命安全与经济发展的平衡协调依旧是亟待我们解决的重要问题。因此,平衡协调原则理念的贯彻,应渗透至治理突发公共卫生事件的事前、事中及事后各阶段。

责权利相统一原则作为中国经济法的一项根本性原则,在突发公共卫生事件的事中与事后即应对与恢复重建阶段发挥重要作用。责权利相统一原则要求权责相当,不能失衡、畸轻畸重,以免权重责轻专权擅权,或者轻权责重令人畏缩不前。[④] 在治理突发公共卫生事件的事中阶段,应合理配置权责,使政府官员与执法人员果断担当、敢作敢为;而在治理突发公共卫生事件的事后阶段,应对表现突出的人予以表彰,而对违背角色担当,又没有很好地给出回应的人员予以严肃问责。质言之,责任的追究作为现代治理机制与治理手段的重要组成部分,使人类应对突发公共卫生事件的能力大大提高,但这类治理本身又会带来新的风险与问题,如制度化风险,使责任的追究因被异化而导致处理结果的“事与愿违”,这是我们今后在治理突发公共卫生事件时需要予以规避的。

三、现实进路:突发公共卫生事件的经济法治保障

如前所述,笔者对突发公共卫生事件的经济法治困境进行理论层面的检省,通过本体论重点解析突发公共卫生事件产生的原因,即政府与市场的“双重失灵”;通过价

---

① 参见史际春:《经济法》(第 3 版),中国人民大学出版社 2015 年版,第 71 页。

② 从经济法的理论分析框架看,经济法所要解决的基本矛盾,是个体营利性与社会公益性的矛盾。参见张守文:《疫情防控:经济法的解析与应对》,载《政治与法律》2020 年第 4 期。

③ 参见北京京平律师事务所:《0.6 元进价口罩卖 1 元被罚! 抗疫当前,作秀式执法何时止?》,载搜狐网 2020 年 2 月 17 日,https://www.sohu.com/a/373640598_514691。

④ 参见史际春:《经济法》(第 3 版),中国人民大学出版社 2015 年版,第 73 页。

值论重点解析应对突发公共卫生事件中的价值权衡;通过基本原则重点解析贯穿突发公共卫生事件治理全过程中的经济法治理念。后文中,笔者将继续遵循前文的分析思路,结合经济法理论的三方面以及突发公共卫生事件治理的3个阶段,通过实践层面的探析,为今后治理突发公共卫生事件提供经济法治保障。

(一)政府与市场关系

2013年11月,党的十八届三中全会通过的《中共中央关于全面深化改革若干重大问题的决定》将市场在资源配置中的"基础性作用"修改为"决定性作用",首次提出"使市场在资源配置中起决定性作用和更好发挥政府作用"。[①] 这是我国经济市场化和政治民主化改革进程的重大进步,意义重大。[②] "市场决定论"已成为我国发展中国特色社会主义市场经济的总基调,在促进经济社会发展中发挥重要作用。历史经验证明,在这种突发公共事件上,中央权威的确立与保持是一个国家社会稳定、经济繁荣乃至民主建设顺利进行的根本保障。质言之,特殊时期政府与市场关系的"轻重变易"并不与"市场决定论"相冲突,反而还互为补充,不断深化并完善我国"市场决定论"这一经济法治理论的时代内涵。基于此,笔者从不同阶段,解析突发公共卫生事件中的政府与市场关系,不断厘清政府与市场在治理突发公共卫生事件中的边界。

第一,在预防阶段,正因政府与市场陷入双重失灵,而导致个体营利性与社会公益性难以得到平衡,市场主体基于"理性人"的思维谋取自身利益最大化而在一定程度上罔顾社会公共利益,政府亦基于"公共选择"的理念思维缺乏足够的动力采取及时、充分、有效的防控措施。[③] 因此,在今后的预防阶段,应倾向政府与市场作用的双重发挥。(1)政府执法机构应吸取经验,加强监管。首先,对易成为突发公共卫生事件传播源头的动植物进行严格且细致的筛查,并对易造成突发公共卫生事件传播的行为加强监督,对其进行严格管控;其次,一旦发现有违反监管要求,从事违反相关突发公共卫生

---

① 参见韩文秀:《怎样理解使市场在资源配置中起决定性作用和更好发挥政府作用》,载中国共产党新闻网2013年12月16日,http://cpc.people.com.cn/n/2013/1216/c368480-23849522.html。

② 经济市场化和政治民主化的目标是改革旧体制下高度集权的行政管理体制,实现政府与市场以及中央和地方的合理分权。参见刘光华:《论社会法调控机制——以SARS防治对传统公私法调控机制带来的挑战和机遇为视角》,载《经济法学评论》2004年第1期。

③ 如同公共选择理论所揭示的那样,地方政府作为经济主体,同样是理性的"经济人",其组成人员在道德上并不比普通人更优或更劣,同样会基于自己利益的最大化来选择对疫情防控的态度和措施。经济理性、地方政府竞争及其官员的晋升锦标赛会导致地方政府对经济发展的重视高于对公共服务的关注,使其缺乏足够动力公布疫情情况并采取及时、充分、有效的防控措施。参见张守文:《疫情防控:经济法的解析与应对》,载《政治与法律》2020年第4期。

事件防控法律法规规定的行为,要坚决予以取缔并给予处罚;[①]最后,当突发公共卫生事件初现端倪时,需及时且充分进行信息公开、对人口大规模流动的行为进行及时控制,尽己所能,强化政治担当,将突发公共卫生事件可能产生的危害控制在最低程度与最小范围。(2)应注重市场主体作用的发挥。作为"理性人"的市场主体,不仅对自身经济利益的追求最大化,同时对其生命健康安全的维护亦格外关注。当市场主体发现政府压制舆论、不公开信息、不采取有效防控措施时,应集体借助舆论的力量,促使政府充分公开信息并及时采取防控措施,切实维护自身以及社会公共利益。

第二,在应对阶段,政府作为普遍性和强制性的社会经济组织,天然具有一致行动的优势,因而在突发公共卫生事件的应对阶段,应着重发挥政府作用,市场主体理性的自利选择就是支持政府的作用,得以实现社会效率最优状态。应对措手不及的突发公共卫生事件,亦可谓是应对阶段性的"乱世",许多违法犯罪行为容易在此时爆发。例如,一系列危害社会经济稳定的行为如雨后春笋般涌现,易造成社会混乱。此阶段,市场作用的发挥余地相对较小,抑或说单纯发挥市场的作用已于事无补,政府应通过强制力打击违法犯罪行为。[②] 从经济法角度来看,政府[③]应综合运用宏观调控法与市场规制法来维护社会经济稳定运行。例如,利用价格法、竞争法来打击囤货居奇、哄抬物价的行为,同时也应当容忍防疫用品价格适当上涨,展开温情价格执法;[④]运用消费者权益保护法、产品质量法来打击制假贩假的行为;等等。

第三,在恢复重建阶段,当社会环境相对稳定后,市场应充分发挥其本质作用,充分发挥市场规律的作用。公共卫生事件发生期间,市场主体损失惨重,此时各主体会

---

① 正如斯蒂格利茨所认为的,对于市场失灵的纠正方面,政府天然具有以下优势:首先,政府具有征税权,基于此可以监控生产。其次,政府具有禁止权,任何经济主体除却政府授权,均不能限制其他企业市场进入。最后,政府有处罚权,与私人间合同约束相比,政府有权对于某些市场不规范行为实施更严厉的处罚措施。此外,政府在纠正某些市场失灵方面还具有一定的交易费用优势。参见[美]约瑟夫·E.斯蒂格利茨:《政府为什么干预经济》,中国财富出版社1998年版,第74~75页。

② 防控效率、时间效率将被置于优先考虑的位置,经济成本以及其他合法权利的考虑,将可能被置于相对靠后的位置。参见王奇才:《应对突发公共卫生事件的法治原则与法理思维》,载《法制与社会发展》2020年第3期。

③ 此时的政府是广义的政府,包括但不限于行政机关,还包括立法机关、司法机关。

④ 对于经销商来说,劳动力和运输成本增加,风险加大,必然导致经营成本上升。因而在执法中需要严格区分因市场规律导致的涨价与恶意涨价。如果片面禁止涨价,也会压缩经营者利润空间,导致其"用脚投票"退出市场。基于现实成本、风险等考量,在重大突发公共卫生事件中对于防疫用品价格适度上涨应当容忍,只要不属于"大幅提高价格"范畴即可。参见李蕊:《重大突发公共卫生事件中防疫用品市场管制理路》,载《法学杂志》2020年第4期。

加紧复产复工,抢回损失的利益;同时,遵循市场规律展开自由竞争,也可实现公共卫生事件发生之后市场主体的"优胜劣汰",实现我国经济结构的"优化升级";此外,具有社会责任感的企业会利用自身生产经营的优势,转型生产防疫物品,在缓解防疫压力的同时也尽力谋求自身更好的转型发展。

由上,突发公共卫生事件不同治理阶段政府与市场作用的关系(见表1)皆没有改变"市场在资源配置中发挥决定性作用并更好发挥政府作用"——这一社会主义市场经济的基本论断与经济法本体论的理论内涵,对突发公共卫生事件治理中政府与市场作用的轻重发挥,反而是对本体论中政府与市场边界界定方法的良性拓补,使理论更具生命力、自洽性。正所谓"灰色的理论来源于常青的实践",[①]理论的创设就是为了更好地指导实践,实践的变通运用也是为更好地拓补理论,使理论更具有生命力。通过经济法本体论在治理公共卫生事件中的实际运用,可以不断提高政府与市场在治理突发公共卫生事件中的水平。

表1　治理突发公共卫生事件不同阶段中政府与市场关系的"轻重变易"

治理阶段	政府作用	市场作用
预防阶段	细致筛查、加强监管、严格准入▲	市场主体强化舆论监督▲
应对阶段	强化管制、保障安全、维护稳定▲	市场作用的发挥相对受限
恢复阶段	较好发挥政府作用	"市场决定论",复产复工、恢复经济▲

注:"▲"表示政府或市场作用的着重发挥。

(二)安全与发展、自由与秩序

正所谓:"两利相权取其重,两害相权取其轻。"人们自古便懂得利益和价值的权衡之术。平衡协调原则作为经济法的基本原则,亦将各种利益,尤其是经济利益的平衡视为己任;而自由与秩序、安全与发展是经济法固有的价值追求。在突发公共卫生事件的治理过程中,各种价值之间的权衡更是贯穿整个事件的发展始末,尤以对自由与秩序以及安全与发展这两对价值之间的平衡为代表。

首先,在预防阶段,安全与发展的价值权衡在政府管理与市场运行的过程之中。维护人的生命健康安全并促进经济健康发展是政府的职责所在;市场运行的好坏与否,也将直接决定经济发展的质量。但是,在预防阶段,我们应更多地将关注点转移到安全这一价值层面上,诚如前文所述,在预防阶段,应秉持"细致筛查、加强监管、严格准入"的要求,将风险尽量规范在可控范围之内,将对人生命安全的威胁降到尽可能低

---

① 张世明:《经济法学理论演变原论》,中国人民大学出版社2019年版,序言第1页。

的程度,在此基础上,追求经济的高质量发展。易言之,发展的价值追求蕴藏于保障安全的价值之中,在预防阶段,安全价值作为基础性的价值追求,是经济是否高质量发展的重要影响因素,只有在保障安全的前提之下,才能追求经济发展。

其次,在应对阶段,自由与秩序的价值权衡最先被公众所关注。自由感驱使人类去从事那些旨在发展其能力和促进其个人幸福的有目的的活动,人类痛恨那些没有正当理由便破坏上述目的的对自由的限制,①秩序是为人们更好地追求自由所提供的外部环境。在没有发生突发公共卫生事件时,对于自由的追求是每个人的权利,应受到充分的保障。但当突发公共卫生事件发生时,对稳定秩序的追求会在一定程度上限制对自由的追求。从经济法角度出发,自由与秩序更偏重经济自由与市场秩序、监管秩序。从突发公共卫生事件应对阶段一系列停产停工举措以及对于囤货居奇、哄抬物价所采取的打击策略来看,此时的经济自由在一定程度上让位于稳定的市场秩序与监管秩序。另外,对于稳定秩序的追求也是为了创造安全的外部环境,因此,维护秩序的稳定与安全外部环境的追求具有内在一致性。

最后,在恢复重建阶段,安全与发展的价值权衡将再次成为社会关注的重点。追求安全的欲望促使人类去寻求公共保护。同时,马斯洛的需求理论认为,安全需求是人类最原始和最基本的需求,只有在安全需求得以满足的基础上,人才能进行物质利益乃至更高层次如自我价值实现的追求。因此,对于安全的追求可谓出自人性之本能,只需对一些恶意危害他人安全及公共安全的行为作相应规制便可,更多的执法资源及制度资源应投至发展之中,尤其是投入经济及民生的发展之中。公共卫生事件作为一场危机,危中有机,应抓住世界政治经济格局变化的机会,抢抓机遇,迎难而上,奋力发展经济。基于此,安全与发展的平衡在公民与政府的协力配合下——公民对安全的本能追求及政府承担发展的天然职责——便可实现较好平衡。另外,对于经济发展的追求,是以市场主体自由竞争与市场经济自由发展为前提的,因此发展与自由的价值内涵亦具有内在一致性。由上,突发公共卫生事件的不同治理阶段体现不同价值之间的权衡(见表 2)。

表 2　治理突发公共卫生事件时价值之间的“利弊权衡”

价值追求	自由	秩序	安全	发展
预防阶段	—	—	保障安全优先▲	—

① 参见[美]E. 博登海默:《法理学:法律哲学与法律方法》,邓正来译,中国政法大学出版社 2017 年版,作者致中文版“前言”第 5 页。

续表

价值追求	自由	秩序	安全	发展
应对阶段	—	稳定秩序优先▲	同时维护公共安全●	—
恢复阶段	同时追求经济自由●	—	—	发展经济优先▲

注:"▲"表示某种价值更优先,"●"表示该价值与优先价值具有内在一致性。

(三)平衡协调、责权利相统一

1. 平衡协调原则的贯穿

平衡协调原则作为经济法的基本原则,在正常的经济秩序中可消弭个体追求利益所生流弊,促进社会在竞争基础之上的团结合作。[①] 另外,只有通过经济法的平衡协调,才能创造并维护一个令市场机制和政府得以发挥作用的良好外部环境。[②] 该原则在治理突发公共卫生事件的整个过程中,亦发挥重要作用。在预防阶段,发挥政府与市场的合力,平衡协调个体营利性与社会公益性;与此同时,平衡安全与发展之间的关系,在确保人的生命健康安全的基础之上追求经济的高质量发展。在应对阶段,平衡协调自由与秩序的价值追求,充分发挥政府的作用,营造稳健的市场秩序与监管秩序。在恢复重建阶段,需再次平衡协调安全与发展两者的价值,充分遵循个体本能与市场作用,发挥"市场决定论"的作用,抢抓经济发展与民生保障的机遇,进一步减少经济负面效应。

2. 完善科学问责机制

经济法兼具积极的鼓励促进作用与消极的限制禁止作用,[③]理应对于优异表现积极鼓励,同时也应当对消极懈怠、规避责任的行为予以限制禁止,并给予一定的问责。面对突发公共卫生事件,在恢复重建阶段应着重关注科学问责机制的构建,使教训得以吸取、经验得以沉淀。对于科学问责机制的构建,应遵循三段式问责机制——"角色担当"(responsibility)+"说明回应"(answerability)+"违法责任"(liability)。首先,关于"角色担当",应当明确突发公共卫生事件防控中各级行政人员以及其他社会组织的人员尤其是负责人是否自觉履行好特定角色的义务与要求,同时勇于担当其专业与本分;其次,关于"说明回应",在角色担当中,有关突发公共卫生事件的利害关系方,乃至

---

① 参见刘文华:《经济法》(第6版),中国人民大学出版社2019年版,第51页。

② 参见史际春:《新发展观与经济法治新发展》,载《法学家》2004年第1期。

③ 参见张守文:《"改革决定"与经济法共识》,载《法学评论》2014年第2期。

公众也可以提出意见、质疑和建议,担当角色的主体应当随时回应各种质疑、监督,并由各角色主体对自身在治理突发公共卫生事件中所作出行为及所采取的措施进行适当解释、说明,①这也是一种沟通商谈,通过说明回应,在沟通与充分说理中形成共识和决策,达至合理性和合法性高度统一的法治境界;最后,主体违背角色要求或经不起质疑与监督时,就应当承担相应的不利法律后果,包括引咎辞职、责令辞职、撤职②等行政或党纪处分,责令停止、赔偿等民事责任,乃至承担刑事责任。③ 由此,通过对问责机制的完善,对不同主体进行合理问责,以此为基础,更好地为今后治理突发公共卫生事件提供经济法治方面的制度支撑。

(责任编辑:游紫薇)

① 一定要允许官员进行解释和申辩,要设置关门的机制保证他们能够针对纪检、监察等部门的调查、质询进行解释和申辩,即建立"说明回应"机制,鼓励官员运用"业务判断规则",对自己的尽职状况进行说明。参见冯辉:《问责制、监管绩效与经济国家——公共安全事故问责现状之反思》,载《法学评论》2011年第3期。

② "司法系统不能强迫政府采取行动以履行竞选时作出的承诺。如果一个政治家没有履行契约义务,那么唯一的救助方法就是将他解职。"参见[美]阿维纳什·K.迪克西特:《经济政策的制定:交易成本政治学的视角》,刘元春译,中国人民大学出版社2004年版,第36页。

③ 参见史际春、丁庭威:《法治之现代蜕变:从法典主义到规制时代》,载虞平主编:《法治流变及制度构建:两岸法律四十年之发展》,台北,元照出版有限公司2020年版,第44~58页。

从命令管控到合作规制：处方药网络销售规制的转型*

李　超**

摘　要：我国处方药网络销售经历了从完全禁止到有条件放开的制度演进历程，命令管控型规制贯穿始终。处方药网络禁售制度曾发挥保障患者用药安全的功能，但因阻碍药品自由流通，不当提高用药成本而最终退出历史舞台。《药品管理法》第62条、第131条确立的"政府—药品网络交易平台—药品经营者"的三元规制框架，是处方药网络销售规制的进步，但存在药品监管部门转嫁责任承担和平台履责激励约束不足的问题。应通过科学厘定平台履责清单，强化平台履责过程指引监督，丰富平台履责事后追查机制，夯实合作规制的制度基础。

关键词：处方药；网络销售；命令管控；合作规制；平台经济

一、问题的提出

2019年12月1日起实施的《药品管理法》第61条新增了药品网络销售的规定，即"药品上市许可持有人、药品经营企业通过网络销售药品，应当遵守本法药品经营的有关规定。具体管理办法由国务院药品监督管理部门会同国务院卫生健康主管部门等部门制定。疫苗、血液制品、麻醉药品、精神药品、医疗用毒性药品、放射性药品、药品类易制毒化学品等国家实行特殊管理的药品不得在网络上销售"。根据该条规定的字面解释，除疫苗、血液制品等国家实行特殊管制的药品外，包括处方药在内的其他药品的网络销售将在接受国家主管部门事前管制的前提下有序放开。国家药品监管部门于2020年11月12日发布的《药品网络销售监督管理办法（征求意见稿）》（以下简称

---

* 收稿日期：2020年12月10日。

** 南京大学法学院博士研究生。

《管理办法(征求意见稿)》)更是进一步释放允许处方药网络销售的信号,第9条明确规定:“药品零售企业通过网络销售处方药的,应当确保电子处方来源真实、可靠,并按照有关要求进行处方调剂审核,对已使用的处方进行电子标记。”

在《药品管理法》的修订过程中,是否允许通过网络销售处方药,一直是各方关注和争论的焦点问题。2019年4月公布的《药品管理法修订草案(二审稿)》第58条第4款曾规定,药品上市许可持有人、药品经营企业,不得通过药品网络销售第三方平台(以下简称药品网络交易平台或平台)直接销售处方药,该条主张继续沿袭在我国实施了长达二十余年的“处方药网络禁售制度”。[①] 2019年8月公布的《药品管理法修订草案(三审稿)》第61条又出现了新的内容调整,即“药品上市许可持有人、药品经营企业通过网络销售药品,应当遵守本法有关药品经营的规定。疫苗、血液制品、麻醉药品、精神药品、医疗用毒性药品、放射性药品等国家实行特殊管理的药品不得在网络上销售”。依据该条规定,除受国家特殊管制的药品不得在网络销售外,包括处方药在内的其他药品均可以通过网络销售。《药品管理法》第61条则对上述两种立场作了折中的处理,即处方药的网络销售不宜“一刀切”禁止,而是应当根据“线上线下相同标准、一体监管的原则”,在加强监管的前提下允许网络销售处方药。[②]

鉴于上述条文对处方药网络禁售制度的存废采取了截然相反的立场,本文提出的问题是:在我国实施了长达二十余年的处方药网络禁售制度为何会遭到立法的废止?由此进一步延伸出以下问题:该制度缘何能够在我国推行长达二十余年之久?是什么原因促成了该制度的消亡?在该制度废止后到底需要建立怎样的新制度?

需要特别强调的是,处方药网络禁售制度的废止并不意味着对该制度已无研究必要,也不是在为新制度的确立唱赞歌。在我国进入全面依法治国的新时代后,要强调改革的法治化,除在程序上做到立法先行外,也应对制度变革进行充分的法律论证,使改革内容符合法治的精神。[③] 基于此,本文试图通过对处方网络禁售制度变迁经验教训的总结,探析制度变迁背后的原因,以期为《管理办法(征求意见稿)》的进一步完善提供可行的建议。

---

① “处方药网络禁售制度”在我国的确立,可以最早溯源至国家药品监管部门于1999年12月28日发布的《处方药与非处方药流通管理暂行规定》,根据第14条的规定,处方药、非处方药“暂不允许采用网上销售方式”。

② 参见许安标:《〈药品管理法〉修改的精神要义、创新与发展》,载《行政法学研究》2020年第1期。

③ 参见李友根:《制度变革的法律论证:先例推翻的启示——基于美国最高法院2018年两个判例的研究》,载《天津法学》2019年第1期。

二、处方药网络销售规制的变迁:从完全禁止到有条件放开

自1998年《处方药与非处方药流通管理暂行规定》第14条规定禁止处方药网络销售,到2019年《药品管理办法》第61条有条件地放开处方药网络销售,涉及诸多处方药网络销售的制度文本,这些制度文本是展现制度变迁最直接的证据。仔细研读和比较这些资料,可以得出以下初步印象。

(一)处方药网络禁售制度的全面确立阶段

1999~2013年,是我国处方药网络禁售制度的全面禁止阶段。在该阶段,处方药和非处方药网络销售的规制由最初的同步禁止,演变成两条截然不同的规制进路:国家药品监管部门一方面逐步放开非处方药的网络销售,另一方面始终全面禁止处方药的网络销售(见表1)。

表1　处方药网络销售全面禁止阶段制度梳理

规范名称	发布日期	处方药	非处方药
《处方药与非处方药流通管理暂行规定》	1999年12月8日	禁止	禁止
《药品电子商务试点监督管理办法》	2000年6月26日	禁止	允许
《互联网药品信息服务管理办法》	2004年7月8日	禁止	允许
《互联网药品交易服务审批暂行规定》	2005年9月29日	禁止	允许
《药品流通监督管理办法》	2007年1月31日	禁止	允许
《关于加强互联网药品销售管理的通知》	2013年10月29日	禁止	允许

在此阶段,药品主要通过电脑终端网页销售,以移动互联网和药品网络交易平台为支撑的新生的药品网络销售商业模式尚未普及。其中,处方药网络销售的规制采取“事前禁止+事后追责”的行为规制方式进行。例如,2007年《药品流通监督管理办法》第28条规定:“医疗机构不得采用邮售、互联网交易等方式向公众销售处方药。”第42条则明确规定前述主体通过网络销售处方药的,将课以警告并处一定数额的行政罚款。另根据2013年《关于加强互联网药品销售管理的通知》的要求,只有零售单体药店外的药品经营者,才有资格在药品交易网站的非交易相关页面展示处方药的相关信息,并进行警示提醒,但不允许销售。上述“事前禁止+事后追责”的行为规制,是在行政制裁配合下的一种法律控制方式,它假定药品监管部门有足够能力对处方药网络销售活动进行规制,并且为规制实施的核心乃至唯一有权主体,而从事处方药网络销售活动的药品经营者被简单视为被规制的对象。本文将这种规制模式称之为“命令管控型规制”。

(二)处方药网络禁售制度的立法争论阶段

2014～2019年,是我国处方药网络禁售制度存废的立法争论阶段。随着平台经济的快速兴起和移动互联网的广泛普及,以网络交易平台为核心的网络购物模式融入日常生活,并渗透到药品交易领域。国家药品监管部门开始重视这一新生的商业模式,分别于2013年11月、2014年5月和2014年7月,批准"天猫医药馆"、"八百方"和"1号店"3家平台销售非处方药。① 在非处方药平台销售积累一定经验后,处方药网络销售解禁问题也被纳入了立法议程,在经历了激烈的立法争论后,处方药网络销售最终被2019年8月26日修订的《药品管理法》第61条有条件地放开(见表2)。至此,我国处方药网络销售的法律规制迈入新阶段。

表2 处方药网络销售立法博弈阶段制度梳理

规范名称	发布日期	规制立场
《互联网食品药品经营监督管理办法(征求意见稿)》	2014年5月28日	允许
《药品网络销售监督管理办法(征求意见稿)》	2018年2月9日	禁止
《药品管理法修订草案(送审稿)》	2018年9月18日	允许
《药品网络销售监督管理办法(送审稿)》	2019年1月10日	允许
《药品管理法修订草案(二审稿)》	2019年4月26日	禁止
《药品管理法修订草案(三审稿)》	2019年8月22日	允许
《药品管理法》	2019年8月26日	允许
《药品网络销售监督管理办法(征求意见稿)》	2020年11月12日	允许

根据梳理上述制度文本可以发现,处方药网络销售在我国经历了从完全禁止到有条件放开的制度变迁历程。其中,处方药网络禁售制度在我国存续竟长达二十余年,并以"事前禁止+事后追责"的规制为主导。这不禁让人进一步追问:处方药网络禁售规制为何能够获得如此持久的生命力?到底是什么因素促成了该规制的消亡?

三、处方药网络禁售规制的合理性及其变革

制度形成的逻辑,更多是历时性的。"制度的发生、形成和确立都在时间流逝中完成,在无数人的历史活动中形成。"②当后来者观察、解读前人制定的制度时,有必要抱着"理解之同情"的态度,去正视和追问制度存在的合理性,探寻促成制度变迁的原因,

① 参见王浩:《医药电商迎来最好试金石》,载《医药经济报》2016年8月5日,第7版。

② 苏力:《制度是如何形成的》(增订版),北京大学出版社2007年版,第53页。

从而为新制度的理解、实施提供经验教训,并从容地应对未来可能产生的各种问题。处方药网络禁售制度在我国存续长达二十余年,有其存在的历史合理性。可以说,该制度在相当长的一段时期内适应了我国药品分类管理制度推行困难、患者科学用药意识不强、医疗体制顶层设计不健全的客观现实,也在一定程度上发挥保障患者用药安全的积极功能。

(一)规制初衷:保障患者的用药安全

药品问题历来被视作国家重大的民生和公共安全问题。处方药网络禁售制度设置的初衷便是:通过对处方药网络销售流通渠道的特殊管制,达到整饬药品流通秩序、确保患者用药安全的目的。

对处方药网络禁售制度设置初衷的准确认识,需要从我国一直以来推行的药品流通管理制度及其实施效果中寻找答案。因为"社会在任何时候都不可能只依赖某一个制度,而需要的是一套相互制约和补充的制度"。[①] 处方药通常都具有一定的"毒性",并对人体存在其他潜在的影响。正是基于处方药物在使用过程中会对人体机能产生干预的特殊属性、人体体质的差异、疾病特点等诸多因素,为保证用药安全、保护患者、避免任意用药而由国家法律予以强制限制。[②] 从 1999 年起,国家药品监管部门便着手开展药品流通分类管理改革。1999 年《处方药和非处方药分类管理办法(试行)》第 1 条、第 2 条根据药品的品种、规格、适应症、剂量及给药途径的不同,将药品划分为处方药和非处方药,明确要求处方药必须凭执业医师或执业助理医师开具的处方,才可调配、购买和使用。2002 年《药品管理法实施条例》第 15 条再次重申,国家实行处方药和非处方药分类管理制度,对于经营处方药的药品零售企业,应当配备执业药师或者其他依法经资格认定的药学技术人员。

然而,处方药流通管理制度在推行之初的实施效果并不理想,产生了一些问题。由于整个医疗体制改革尚不配套和受群众长期购药习惯的影响,处方药购买的处方来源、识别、规范及留存等存在问题。执业药师数量严重不足,更是制约处方药的有序流通。此外,由于我国引入药品流通分类管理制度的时间不久,药品监管部门对新兴事物也存在认识上的不足,甚至存在错误认识,参与自觉性也不高。传统线下药品零售领域尚且存在如此问题,如果贸然放开处方药的网络销售,可能会产生严重的用药安全问题。因为网络交易的信息量巨大,患者对处方药的真伪无法一一甄别,假药、劣药

---

① 苏力:《制度是如何形成的》(增订版),北京大学出版社 2007 年版,第 55 页。

② 参见"辽宁沛芝堂医药连锁有限公司诉贾某生命权、健康权、身体权纠纷案",鞍山市中级人民法院(2014)鞍民二终字第 738 号民事判决书。

将借机充斥于药品流通市场;又因为药品经营者尚不具备审核识别处方真实性的成熟技术和流程,患者可能会滥用药物。

在广大患者用药安全意识尚未普遍树立,医疗体制改革尚不配套,药品监管部门监管能力难以跟进和监管认识不足的背景下,国家药品监管部门很难对处方药网络销售这一新流通渠道有准确的预判。为了在短期内完成整饬药品流通管理秩序的目标,全药品监管体系选择了退而求其次的措施——对处方药网络销售予以"一刀切"禁止。按照这种制度逻辑,只要堵住了处方药网络销售的流通渠道,患者接触假药、劣药和滥用药物的概率也将降低。从监管成本来看,由于大型药品网络交易平台还未出现,尚不具备形成网络效应的条件,药店通过自营网站交易也不可能吸引海量的患者用户,以形成用户黏性。在此背景下,限制处方药网络销售并不会对患者用药需求造成较大影响,也不会增加监管负担。即便因非法售药行为而发生用药安全事件,国家药品监管部门通过在全系统开展专项整治,就足以形成威慑力,这种治理手段一直持续到2013年。正如国家药品监管部门于2013年发布的《关于印发打击网上非法售药行动工作方案的通知》所指出的,"通过侦破一批网上销售假药的大案要案,惩治一批网络销售假药的组织、实施和参与者,整顿、关闭、曝光一批违法售药网站,形成打击违法犯罪的高压态势,有效遏制网上销售假药与违法售药活动的高发势头"。

(二)规制强化:路径依赖与多方博弈

处方药流通管理制度设立的初衷主要是为了让患者根据处方和医嘱正确、安全使用处方药,进而保障用药安全。也就是说,网络销售只是使处方药信息获取、交易场所和配送方式等发生了变化,只要药品来源可靠、处方真实、配送安全、使用规范,便符合处方药流通管理制度的目的。必须承认的是,处方药安全也是无法回避的问题,网络销售模式一旦推广,由于网络效应的存在,确实会增加处方造假的可能,也会放大假药、劣药销售和处方药滥用的风险,但这并非处方药禁售制度得以正当化的根本理由。如果仅因为新销售渠道可能产生用药安全风险而径行禁止,那么依据传统药品销售渠道的监管实践经验,处方药线下零售也应当被禁止。调研数据显示,在传统线下药品零售渠道中,无处方销售处方药问题更严峻,仅以湖南长株潭地区为例,调研人员暗访发现,在随机抽取的200个样本中,无论是连锁药店还是单体药店,无处方销售处方药达100%。[①] 依处方药网络禁售制度的逻辑,关闭院外所有第三方销售渠道,将处方药配置的垄断权重新交还医院手中,无疑是最省事的选择。

---

① 参见孙寒宁:《"健康中国"视域下药品零售不当促销现状调研报告(上)》,载《医学与法学》2019年第2期。

从应然层面而论,国家药品监管部门应重点聚焦如何规范处方使用、强化物流监测、培养患者安全意识等根本议程上,着手进行与之匹配的顶层制度设计,而非"一禁了之"。① 但为何偏要"一禁到底"?除对用药安全的担忧外,或许还有更值得深入挖掘的原因。

1. 对新生事物的态度偏于谨慎

国家药品监管部门对处方药网络销售这一新生的商业模式性质和社会后果认识不足,为了维护暂时的用药安全,容易作最严重的后果假设,并采取最严厉的监管措施。这种监管理念一旦形成,将形成路径依赖并成为制度变革的不利因素。

其一,在当前药品流通管理体制下,职能冲突、角色冲突、重复监管、多头监管或无人监管的情况存在。② 新生商业模式的出现,无疑增加了跨区域和跨部门协调监管的难度。

其二,处方药网络销售的规制资源投入不足和责任巨大,也会促使药品监管部门采取更保守的规制态度。长期以来,药品安全指标在政府绩效考核中被忽视,在部门横向竞争的背景下,政府很难将有限的规制资源投放到这一"费力不讨好"的隐性指标上。③ 但是,一旦因处方药网络销售而引发公共致害事件,药品监管部门又可能承受来自政治、科层和社会施加的巨大压力,此种压力又会促使药品监管部门采取过于谨慎的市场干预手段。④ 因此,对处方药网络销售事前管制环节的放开,意味着各级药品监管部门要将更多的规制资源投入事中、事后监管,并随时承受来自多方面的问责。然而,"一禁了之"的做法,反而可以将关注的焦点更多地转移到患者用药意识淡薄、企业违法逐利经营、交易秩序混乱等宏大叙事上,亦可减缓药品监管部门的问责压力。

2. 多方博弈促成制度强化

一旦处方药网络禁售制度形成并落入公共领域,便成为"制度公器",不再受制度建构者的支配,反而会成为制度变革的阻碍。例如,国家药品监管部门于2014年发布的《互联网食品药品经营监督管理办法(征求意见稿)》第8条曾明确规定,药品经营者可按照药品分类管理规定的要求,凭处方通过网络销售处方药。该征求意见稿发布后,中国医药商业协会、中国非处方药协会随即组织召开行业研讨会,会议决定"集体上书"国家药品监管部门和商务部,强烈反对全面放开网络销售处方药和"零门槛"网

---

① 参见隋振宇、宋华琳、林长庆:《"互联网+"背景下完善我国网络药品经营监管的探索》,载《中国药房》2019年第16期。

② 参见岳远雷:《互联网药品经营法律规制研究的探讨》,载《中国医学伦理学》2017年第11期。

③ 参见卢超:《社会性规制中约谈工具的双重角色》,载《法制与社会发展》2019年第1期。

④ 参见夏金彪:《网上售药试点不能一停了之》,载《中国经济时报》2016年8月2日,第6版。

上售药,有代表甚至认为,如果按照该征求意见稿执行,将会给实体药店带来毁灭性打击,因为“行业整体毛利率将大幅下降,特别是慢性药和疗程药的市场份额将急剧下滑”。① 传统药品零售行业试图采用绝对正确和口径一致的集体行动,夸大处方药网络销售可能产生的安全隐患,通过制造“不稳定”事件给国家药品监管部门施加压力,成功地“俘获”了国家药品监管部门。该事件表明,国家药品监管部门在建章立制时易受产业界的左右,不能根据客观的标准进行中立化规制。事实上,有学者在回顾1998~2008年国家药品监管部门的规制改革经验时就明确指出:“尽管距离1998年国家药监局的成立已届10年,但是在药品规制中,规制机构还是时时刻刻面临着被产业利益俘获的危险。”②这类“集体上书”事件的存在,反而为国家药品监管部门继续实施处方药网络禁售制度提供了“民意”基础,甚至“相关部门采购了一个网络药品交易监测项目,为的就是打击处方药网售”。③

(三)规制消解:平台治理优势

处方药网络禁售制度曾一度发挥保障患者用药安全的功能,有其历史合理性。但随着平台经济的转型升级、药品网络交易平台市场力量的壮大、医疗体制改革的推进和技术的革新,处方药网络禁售制度赖以存续的经济条件、技术基础和社会观念发生了重大变化,命令管控型规制已无法同平台经济背景下新生的商业模式相匹配。

1.处方药网络禁售制度无法杜绝用药安全问题

处方药网络禁售制度并不足以解决消费者用药需求和安全问题,反而阻塞了处方药流通的新渠道,不当提高了患者的用药成本。

首先,处方药网络禁售制度阻塞了处方药流通的新渠道,不当提高了患者的用药成本。自药品流通分类管理制度确立至今,处方药一直受到国家的严格管制,较之非处方药而言,是一种更稀缺的公共物品。由于药品生产与供给的同质化现象严重,类似成分、类似疗效的药品在流通领域的过度竞争直接加大了药品流通成本,降低了流通效率,抬高了药品价格。又由于我国药品市场存在地区分割现象,药品在各个地区之间无法自由流通,这种人为的不当控制也导致药品流通领域缺乏公平的竞争。④ 处方药网络销售的“一刀切”禁止,相当于阻塞了可提高药品流通效率、打破地区封锁的

---

① 杨舸:《松绑网售处方药将给实体药店毁灭性打击》,载《现代物流报》2014年6月23日,第14版。

② 宋华琳:《政府规制改革的成因与动力——以晚近中国药品安全规制为中心的观察》,载《管理世界》2008年第8期。

③ 参见廖海金:《禁止网售处方药体现安全至上》,载《中国质量报》2018年2月23日,第4版。

④ 参见韩杰、苏婧、苏涛永:《药品价格形成过程影响因素分析及政府调控对策》,载《价格理论与实践》2010年第8期。

通道。另据调查统计,2018 年我国慢性病患者已经接近 3 亿人,[①]这一庞大群体往往拥有医院开具的正规处方并有长期服药的刚性需求,处方药网络销售的禁止限缩了广大慢性病患者群体的选择范围。

其次,处方药网络禁售制度的实施并未如愿,反而出现屡禁不止的现象。有需求的地方便会有交易,交易则又会催生新的市场。当处方药网络销售流通渠道被人为切断时,药品网络交易平台便会从传统药品监管部门权力无法渗透的制度边缘处寻找新的突破口,在“监管真空”中开辟“监管飞地”。药品网络交易平台开辟的商业模式便是遵循这样的逻辑而兴起的,建立在免费模式基础上的药品比价、海量选择和便捷物流,培养了患者网上购药的习惯和用户“黏性”,并形成海量用户群体,进而吸引传统零售和连锁药店加盟入驻,制造了积极网络效应。在交易体量、交易效率和交易成本等方面,平台较之非传统药店零售和网络自营销售模式均具有显著优势。[②] 处方药网络禁售制度并无法阻止平台这一新的商业模式和组织形态所形成的市场力量的崛起。平台可凭借其技术架构和数据优势塑造虚拟网络空间,规避处方药网络禁售制度,在实践中,有的平台表面承诺处方药“只展示,不交易”,但暗藏交易提示,甚至为药店提供便利条件的情况也不在少数。[③] 在命令管控型规制下,药品监管部门有限的规制资源和尚未有效革新的规制手段,无法覆盖海量的线上交易,也使处方药违法销售行为的事后查处面临重重障碍。在该禁售制度实施的早期,由于药品网络交易多为药店网络自营模式,药品监管部门所面临的监管难度并不显著。但随着平台这一新的商业模式和组织形态的出现,面对海量交易和复杂技术架构,处方药网络禁售制度的实施效果大打折扣。

最后,处方药网络禁售制度掩盖了问题的实质。处方药用药安全的根本要害,乃是患者不规范购买和使用处方药,以及跨区销售带来的物流配送和仓储难题。至于假药、劣药的销售问题,线下销售中同样存在,没有本质上的不同。只要保证了有可靠的真实的处方来源和安全的配送及仓储条件,处方药网络销售便符合药品流通管理制度的目的。处方药网络禁售制度试图将可能产生用药安全风险的新流通渠道堵死,看似一劳永逸,但忽视了问题的实质。药品监管部门应当重点关注如何保障处方来源的真实性、处方药配送仓储是否符合规范、如何培养患者安全意识等实质问题,采取“一禁了之”的手段,只会损害新生的商业模式。

---

① 参见《健康管理蓝皮书:中国健康管理与健康产业发展报告 No.2(2019)》,载皮书网 2019 年 4 月 15 日,https://www.pishu.cn/zxzx/xwdt/531253.shtml。

② 参见吴学安:《网售处方药监管要有互联网思维》,载《中国市场监管报》2020 年 11 月 20 日,第 3 版。

③ 参见王飞翔、徐静:《网店违规销售处方药》,载《文摘报》2018 年 7 月 14 日,第 8 版。

2. 药品网络交易平台自我规制的显著优势

药品网络交易平台作为一种新生的商业模式和新的组织形态,在处方药网络禁售制度的"射程"外围悄悄崛起和不断壮大,形塑网络环境下满足患者用药需求和用药安全的新秩序。

在平台经济发展早期,药品网络交易平台为争夺用户和市场,或许会降低药品经营者入驻平台的准入门槛,纵容患者不规范使用处方药,不提供可靠的药品配送和仓储服务。但随着平台经济发展步入成熟期,为创造积极的网络效应,平台会自发建立和塑造适应患者用药需求和安全的治理机制——平台自我规制。[①] 例如,在2019年修订的《药品管理法》尚未实施前,阿里健康便率先在全国发布了"超级药房1.0"标准,这是首个互联网行业药房标准,包括"全球找货、大数据选品、抽检审查、全环节监控、药品追溯和执业医师全天候服务"六大运作流程。[②] 平台自我规制在处方药网络销售规制上具备多重优势:较之药店自建网站销售而言,平台不再困于服务器和网站投资维护的高昂成本,把更多的精力投入降低双边市场信息不对称和交易秩序的维护上;跨类经营又使平台拥有海量用户群体和用户数据,既可实现用户精准识别和追踪,又可以培养用户"黏性"并进行导流;平台基于其特有的信息、技术和组织优势,使处方药的销售、配送和仓储实现全过程留痕和追溯。这些优势既能防止患者无处方却购买处方药,又能督促药品经营者合规经营。尽管平台本质上是一种社会商业力量,却拥有庞大的权力资源和能量,突破了权利空间而迈向了权力领域。[③] 平台不再满足于追求营利的经济目标,而是通过规则制定、日常管理、纠纷解决和惩治实施等多种方式,俨然成为处方药网络销售规制实施的重要主体。

国家药品监管部门与其"一刀切"地禁止处方药网络销售,倒不如关注和借鉴平台在自我规制过程中形成的治理经验和治理优势,以此为契机,转变单向规制的观念,强化平台的双向互动,并促成规制转型。

3. 互联网医疗改革与技术的支撑

医疗体制改革和技术变革也是促成处方药网络禁售制度废止的重要原因。在互联网医疗改革方面,自2018年4月国务院办公厅印发《关于促进"互联网+医疗健康"发展的意见》以来,互联网医疗、公共卫生、家庭医生签约、药品供应保障、医疗保障结算、医学教育和科普、人工智能应用、信息互通共享、标准体系建设等各项举措全面铺

---

① Cohen Molly & Arun Sundararajan, *Self-Regulation and Innovation in the Peer-to-Peer Sharing Economy*, University of Chicago Law Review Dialogue, vol:82, p. 116 – 133(2015).

② 参见《首个互联网行业药房标准发布》,载《中国质量万里行》2018年第10期。

③ 参见马长山:《智慧社会背景下的"第四代人权"及其保障》,载《中国法学》2019年第5期。

开,为处方药网络销售的规范运作提供了政策和体制保障。特别是未来区块链技术在医疗领域的深度运用,处方药交易各环节可形成一套全过程可追溯、不可篡改的数据库,精准监测已不再是难题。① 若将视域进一步拓宽,国务院 2019 年 10 月发布的《优化营商环境条例》第 55 条旗帜鲜明地提出,对新技术、新产业、新业态、新模式应确立"包容审慎监管"原则,树立"不得简单化予以禁止或不予监管"的监管立场,这恰好印证了处方药网络禁售制度废止的必然性。

从处方药网络禁售制度的产生、强化、废止的变迁过程中不难发现,该制度曾在一定时期内发挥保障患者用药安全的功能,有其历史合理性,但损害了社会的整体效率。随着平台经济的勃兴、医疗体制改革的推进和技术的变革,该制度赖以存续的经济基础发生重大变化,传统命令管控型规制已无法同平台经济兴起所形成的新生商业模式相匹配,处方药网络销售规制呼唤制度变革。

四、迈向合作规制:处方药网络销售规制的改革

2019 年 12 月 1 日起实施的《药品管理法》可谓顺势而为,在第 61 条规定,除国家实行特殊管制的药品外,处方药的网络销售将在国家药品监管部门等制定具体管理办法的前提下,有条件地放开。与之配套,第 62 条、第 131 条以"法律义务 + 法律责任"的复合性规范,授权平台进行药品经营资格审查和日常管理。2020 年 11 月 12 日发布的《管理办法(征求意见稿)》则试图在前述条文的基础上,通过强化义务和平台责任,设计一套与处方药网络禁售制度废止后相匹配的新型规制体制——"政府—平台—药品经营者"三元规制框架。在此背景下,值得进一步追问的是:在处方药网络销售有条件放开的前提下,仅通过强化平台的义务与责任就能与新生的商业模式相匹配吗?是否彻底摆脱了处方药网络禁售制度形成的路径依赖?如何从制度变迁中吸取经验教训?

(一)药品网络交易平台的治理责任及其限度

处方药网络销售最无法绕开的还是用药安全的问题,处方药网络销售的解禁,并不意味着药品监管部门可以迈向"不予监管"的极端。在处方药网络销售新规制体制下,仍然要警惕两种倾向:一是应警惕药品监管部门从"一禁了之"转向"不予监管"的线性监管思维,使药品网络交易平台承担过重的义务和责任;二是要注意解决平台自我规制可能带来的私利偏好和实施异化问题,并将其纳入法治框架。②

---

① 参见张雅妮:《区块链 3.0 时代即将来临》,载《光明日报》2019 年 10 月 31 日,第 16 版。

② Ogus Anthony, *Rethinking Self-Regulation*, Oxford Journal of Legal Studies, Vol. 15:1, p. 97 – 108 (1995).

1. 平台的审核能力应予考虑

平台作为处方药网络销售中的一种新的商业力量,在私利偏好的驱动下会出现审核和管理不严的问题,易引发药品安全隐患。由于平台在同药品经营者缔约之际便可掌握对方的真实情况,平台的市场地位和技术架构能够要求药品经营者提供市场准入和行业资质的相关信息,并在药品交易环节予以展示和保留。《药品管理法》第 62 条第 2 款据此课以平台资质审核的义务,要求平台“应当依法对申请进入平台经营的药品上市许可持有人、药品经营企业的资质等进行审核,保证其符合法定要求”。如此,可在源头上遏制处方药安全隐患,实现交易的可追溯和责任的可追究。但是,平台资质审核中“保证符合法定要求”中的“保证”则可能存在 3 种解释:一是平台仅需进行形式审查,无须对药品经营者信息的真实性负责;二是平台需要进行实质审查,但只对准入阶段的信息真实性负责;三是平台需要进行实质审查,对药品经营者资质信息提供全过程真实性的担保。若采取第一种解释,则同平台地位和技术能力不相匹配;若采取第二种解释,则准入阶段的资质信息在监管部门官网上均有公布,平台可采取技术手段抓取,基本同平台审核能力匹配;若采取第三种解释,要求平台对药品经营者资质信息提供全过程担保,则可能超出平台审核能力的范围。因为《行政许可法》也只规定了申请人对申请材料的真实性负责,当申请人提供虚假材料骗取行政许可对他人产生侵害时,如果行政机关已依照法定程序履行审慎合理的审查职责,不需要承担责任。[①]如果过分苛责平台,极可能出现权责不对等的问题。因此,平台对资质信息到底承担何种“保证义务”亟待明确,应警惕药品监管部门以规制资源不足、平台控制便利为由,对《药品管理法》第 62 条进行扩大解释,课以平台过高的审核义务,转嫁本属于药品监管部门的法定职责。

2. 平台日常监管的实施异化应予考虑

鉴于平台拥有信息、技术和组织上的显著优势,对处方药违法销售行为发现更便利,采取阻止措施也更有效。对此,《药品管理法》第 62 条第 2 款后段、第 3 款分别要求平台对药品经营行为开展日常管理,并对违法行为予以阻却报告,对于严重的违法行为,还应停止平台服务。上述义务的实现仍可能面临如下障碍。

其一,平台管理人员的专业局限应予以考虑。法律要求平台对药品经营行为进行管理,但处方药的管理往往需要药理学和病理学知识,而平台工作人员并非专业型人员。在处方药流通制度推行之初,即使受过专业训练的监管人员也存在监管能力不足

① 参见赵鹏:《超越平台责任:网络食品交易规制模式之反思》,载《华东政法大学学报》2017 年第 1 期。

和监管认识不到位的问题,如何确保非专业的平台管理人员达到法律预设的专业水准?

其二,平台对药品监管人员的"俘获"应予考虑。平台虽可凭借技术和信息上的优势对处方药网络销售活动进行控制,并能向药品监管部门报送相关违法信息。但也须警惕药品监管部门对平台的过度依赖,特别是平台通过技术话语影响监管决策,因为"技术俘获"较之前述药品零售行业的"集体上书"而言,更具有隐秘性。

其三,平台规制权力的滥用应予考虑。平台的市场优势地位和信息技术能力,使其事实上享有不受传统行政法约束的权力,药品经营者和消费者则处于相对弱势地位。为此,需要防止平台以治理之名滥用规制权力,侵害药品经营者和消费者的合法权益。

3. 平台责任的激励约束效果应予考虑

为督促平台积极履责,《药品管理法》第131条确立了以平台违法"责令改正+没收违法所得+并处罚款"为核心的行政责任。但纯粹的事后责任追究,仍是对命令管控型规制路径的延续,未能考虑平台的治理主体地位,也未考虑平台履责的正向激励和保障,仍在"行政主体—行政相对人"和"命令—服从"的二元规制框架中徘徊,无法实现对规制范式的突破。[1] 特别是行政处罚种类的设置,颇有值得检讨和商榷之处。

其一,没收违法所得中的"违法所得"无法科学反映平台收益。根据当前国家药品监管部门在《关于〈药品管理法〉〈药品管理法实施条例〉"违法所得"问题的批复》中对"违法所得"的权威解释,违法所得额有"全部经营收入"和"收费"两种确定标准。但上述两种标准兼为传统线下药品生产企业违法所得的确定标准。在平台经济背景下,一般通过"免费"模式吸引用户加入来开拓双边市场,形成网络效应,平台主要收入来源并非药品经营者的付费,而是依赖流量、广告和其他增值服务所创造的价值,这既不能在收入盈亏中反映出来,又不能被服务费所涵盖。既有计算标准明显违背平台经济的发展规律。

其二,罚款额度无法形成威慑力。从同类制度横向比较来看,《食品安全法》第131条对食品网络交易平台设置的罚款幅度为5万~20万元,相较而言,《药品管理法》第131条对药品网络交易平台的罚款幅度20万~200万元的设置,已是同类平台行政罚款中最高的。但是,当下平台经济发展已经步入成熟期,平台竞争日益呈现"头部"平台寡头垄断和瓜分市场格局,即使采取顶格罚款,也无法撼动平台的市场优势地位,并形成有力威慑。

---

① 参见姜明安:《行政法学研究范式转换》,载《人民日报》2015年9月7日,第20版。

综上,对《药品管理法》第 62 条、第 131 条确立的“政府—平台—药品经营者”三元规制框架可作正、反两方面评价。就正向评价而言,处方药网络销售规制从药品监管部门单向命令管控转向主要借助平台力量参与,平台成为处方药网络销售规制的重要一极。就反向评价而言,平台义务和责任条款的设计,使三元规制框架未彻底摆脱传统命令管控型规制的窠臼,易陷入药品监管部门转嫁监管责任和平台履责激励约束不足的双重困境。

(二)超越平台责任:处方药网络销售的合作规制

针对《药品管理法》存在的上述问题,新发布的《管理办法(征求意见稿)》是否作出了有效回应?是否还有进一步完善的空间?本文尝试结合《管理办法(征求意见稿)》的文本,在总结处方药网络销售制度变迁经验教训的基础上,勾勒我国处方药网络销售规制转型的理想方向。

1. 政府与平台关系的新定位

《管理办法(征求意见稿)》第 6 条规定了“社会共治”的基本框架,即药品监管部门应当加强部门协作,“充分发挥行业组织等机构的作用,推进诚信体系建设,促进社会共治”,但这里的“社会共治”主体是否仅限于“行业组织”?根据“社会共治”的基本意涵,除行业组织参与处方药网络销售治理外,还不能忽视药品网络交易平台这一重要治理主体。由于平台是集市场和组织于一体的特殊组织和技术架构,直接对接药品经营者和消费者,故较之行业组织而言,平台可通过制定服务规则、代码等多元的方式对处方药网络销售活动进行管理和控制,组织能力和技术能力更加强大,平台管理也更契合行业的发展实践。① 从条文协调的角度来看,《管理办法(征求意见稿)》第 19 条要求药品网络交易平台“建立药品质量管理机构,承担药品质量管理工作”,另要求平台建立投诉管理、争议解决、配送质量管理等内控制度,这既是对于平台管理的义务约束,也是对平台管理的权责分配,进一步坐实了平台在“社会共治”中的治理主体地位。因此,在新的规制体制下,宜重新认识药品监管部门与平台之间的关系,将药品交易管理平台简单视为行政相对人和被规制对象,平台在“社会共治”中的地位应在《管理办法(征求意见稿)》第 6 条予以明确。此外,在国家法治社会建设的大背景下,也有助于激励药品网络交易平台在履行法定义务的基础上,主动承担更多的社会责任。②当然,需要特别指出的是,在“社会共治”中,消费者也是合作规制中的重要主体,但消

① 参见李超、谭佳珍:《论电子商务平台的经济管理主体地位》,载《电子科技大学学报(社科版)》2020 年第 6 期。

② 中共中央印发的《法治社会建设实施纲要(2020—2025 年)》明确指出:“完善企业社会责任法律制度,增强企业社会责任意识,促进企业诚实守信、合法经营。”

费者是以权利主体的形象进入规范视野的,强调“社会共治”势必给消费者施加更多的义务,而这显然超越了部门规章的权限范围。

2. 科学厘定平台履责清单

国家药品监管部门应当以《管理办法(征求意见稿)》的制定和完善为契机,落实国务院办公厅《关于促进平台经济规范健康发展的指导意见》中“科学合理界定平台责任”的基本要求,厘定好平台在信息审核和日常管理等环节的责任清单,防止各级药品监管部门将本属于自身的监管责任转嫁给平台。

其一,厘定平台审核义务的范围。《管理办法(征求意见稿)》第22条规定,平台应对申请入驻的药品网络销售者资质进行审查,即“确保入驻的药品网络销售者符合法定要求,建立登记档案并及时定期核实、更新药品网络销售资质信息”。该条的“法定要求”仍属于不确定性概念,对《药品管理法》第62条规定的保证义务进行了模糊化解读。那么,《管理办法(征求意见稿)》第22条有关平台定期“核实、更新”的要求,是要求平台承担准入阶段资质信息的审核义务,还是应保证全过程资质信息的真实性?笔者认为,不宜将《管理办法(征求意见稿)》第22条药品经营者资质审核环节“保证符合法定要求”作扩张解释,而是应当限缩解释为“药品网络交易平台对药品经营者在准入阶段资质信息的真实性负责”。遵照此标准,对于药品经营者在经营过程中资质发生变动而平台未予核实和及时更新的,药品监管部门可责令平台改正,只要平台能够说明合理理由,如建立了完备的信息审核内控制度、履行了告知义务、采取了与其能力相匹配的技术手段等,原则上不要求平台承担法律责任。如此一来,可防止平台因承担过高的审核成本而分散其他环节管理资源的分配。

其二,规范平台日常检查的流程。根据《管理办法(征求意见稿)》第23条的规定,平台应当建立检查制度,“对发布的药品信息进行检查,对交易行为进行监督,对发现的问题主动制止,涉及药品质量安全的重大问题及时报告药品监督管理部门”。该条列明了平台日常管理的主要事项,但如何“检查”、“监督”、“发现”和“报告”仍留待后续出台专门指引。鉴于《网络餐饮服务食品安全监督管理办法》(以下简称《网络餐饮监管办法》)第16条规定的“网络餐饮平台抽查监测制度”在我国已经实施两年之久,国家食品监管部门和药品监管部门同隶属于国家市场监管部门,且食品药品监管均关乎生命健康安全,国家药品监管部门不妨大胆借鉴网络餐饮平台履行抽查、监测义务过程中已经积累的经验,在此基础上适时出台药品网络交易平台日常检查流程指引。

3. 强化平台履责过程指引监督

国家药品监管部门应把强化平台履责的过程监督作为重要抓手,将如何规范、引导和监督平台履责作为规制体制设计的重点,以构建“受监督的自我规制体制”。①

其一,在提倡构建“亲清型”政商关系的背景下,各级药品监管部门应重视《管理办法(征求意见稿)》第19条所规定的平台“药品质量管理机构”及其管理人员的作用,这既是当前强化平台管理层合规建设的重要举措,亦不乏对域外立法的考察。例如,《网络餐饮监管办法》第7条早已明确,网络餐饮平台应当设置专门的管理机构,配备专职管理人员,并要求平台每年对管理人员进行培训考核,考核不合格者将不得上岗。根据欧盟(European Union, EU)于2020年12月15日发布的《数字服务法》(Digital Services Act)第32条的规定,“大型网络平台”应指定一名或多名合规管理人员,负责监督平台遵守该法规定的情况。在合规管理人员的选择上,“大型网络平台”应当任命具有执业资质、知识、经验和技能的合规管理人员执行第32条第3项规定的任务。在任职形式上,合规管理人员既可以是平台的工作人员,也可以是通过签订合同聘任的人员。在平台“药品质量管理机构”及其管理人员的建设和配置上,《管理办法(征求意见稿)》第19条可以参考《网络餐饮监管办法》第7条和欧盟《数字服务法》第32条的制度设计经验,进一步明确平台设置药品质量管理机构和配备合规管理人员的条件和要求,规定平台应配备专职管理人员,负责日常检查、违法行为制止报告和投诉举报处理等事项,并对合规管理人员进行定期培训和考核。

其二,应将《管理办法(征求意见稿)》第6条所强调的发挥行业组织在“社会共治”中的作用切实落地,特别是发挥行业组织在处方药网络销售技术监测方面的作用,弥补平台药品质量管理机构在审核和管理环节专业能力的不足,对平台处方药网络销售资质审核管理环节进行监督与指导,并将监测情况定期汇报给国家药品监管部门。

其三,除发挥行业组织的作用外,国家药品监管部门也应强化平台事前合规指引和事中监督。关于事前指引,国家药品监管部门可借鉴商务部在《网络零售第三方平台交易规则制定程序规定(试行)》中确立的平台规则备案审查制度,通过该制度指导平台进行内控体系建设,及时剔除和纠正平台规则中有损相关主体合法权益的行为。关于事中监督,《管理办法(征求意见稿)》第32条已初步构想由国家药品监管部门牵头建立“国家药品网络交易监测平台”,这无疑是助推监管能力大幅提升的重要举措。与之配套,《管理办法(征求意见稿)》第27条要求平台配合网络监测工作,“如实提供经营活动相关数据”。但第27条规定颇值得商榷。因为《电子商务法》第25条前半段已经明确规定:“有关主管部门依照法律、行政法规的规定要求电子商务经营者提供有关电子商务数据信息的,电子商务经营者应当提供。”根据该条规定,药品监管部门显

① 参见宋亚辉:《网络市场规制的三种模式及其适用原理》,载《法学》2018年第10期。

然并无权力通过制定部门规章的方式要求平台“如实提供经营活动相关数据”,其合法性存疑。在缺乏明确法律依据的情况下,药品监管部门与平台通过合作协议的形式落实数据或许更合适。[①]

4. 丰富平台履责的事后追查机制

《管理办法(征求意见稿)》应进一步丰富平台履责的事后追查机制,注重在追查过程中进行引导和激励,使事后追查机制更具有回应性。

其一,应细化责任约谈条款设计,保障责任约谈过程公开透明。根据《管理办法(征求意见稿)》第 34 条第 1 款的规定,对于存在药品质量安全隐患,可能引发药品质量安全风险的,未及时采取有效排查、消除药品质量安全隐患的,或未落实药品质量安全责任的,药品监督管理部门可以依职责对法定代表人或者主要负责人进行约谈。作为事后行政处罚的一种重要补充工具,约谈有助于摆脱烦琐行政执法程序,减少监管部门同相对人之间的对抗,从而能够对违法行为迅速作出反应。[②] 但从现有条文设计来看,既无行业组织、消费者和药品经营者等利益相关者参与约谈过程的制度保障,对于约谈情况及后续处理情况也无须向社会公开,易使约谈成为药品监管部门与平台双方的“闭门”对话。因此,《管理办法(征求意见稿)》第 34 条应在现行基础上强化约谈外部监督的制度设计,保障行业组织、消费者、药品经营者的参与权,必要时还可邀请同级人民检察院工作人员旁听监督;对于约谈后续处理情况及整改效果,也应当及时向社会通报,提高约谈的透明度和公信力。

其二,应丰富行政处罚的实施机制,使行政处罚更具威慑力。《管理办法(征求意见稿)》虽不能直接提高《药品管理法》第 131 条所确定的最高罚款额度,但完全可以对现行“没收违法所得”中“所得额”的计算标准进行重构,专条解释“所得额”可根据平台不履行法定义务带来的数据、流量、广告价值及产生的网络效应综合评估测算,必要时还可委托第三方机构评估。为增强行政处罚的威慑力和教育警示功能,《管理办法(征求意见稿)》第 35 条规定对存在违法行为的药品网络交易平台,药品监管部门可以通过“政务网站”等渠道公示。但该条所谓“政务网站”指向不明,也未规定最短应在多少期限内公示,实施效果将大打折扣。国家市场监管部门主导建设的“中国市场监管行政处罚文书网”已经推行,宜将该网站作为药品网络交易平台违法行为行政处罚信息的统一公示平台,通过聚合海量行政处罚文书,既能监督平台积极合规,又有助于开

---

① 参见周辉:《网络平台治理的理想类型与善治——以政府与平台企业间的关系为视角》,载《法学杂志》2020 年第 9 期。

② 参见王红霞、李超:《网络餐饮平台治理义务实现机制研究》,载《治理研究》2020 年第 6 期。

展平台违法行为的类型化分析,提升药品监管部门的办案能力和办案水平。至于在多短期限内公示行政处罚决定书,则完全可以同《网络餐饮监管办法》第42条的规定相统一,即“作出处罚决定之日起20个工作日内公示”,这样也方便了国家市场监管部门进行统一指导与评估。

五、结　语

处方药网络禁售制度的变迁表明,传统命令管控型规制已无法适应新生商业模式的需要,其废止具有历史必然性。《药品管理法》第62条、第131条正是通过设置药品网络交易平台的义务和责任,确立了“政府—平台—药品经营者”的三元规制框架,无疑是处方药网络销售规制体制的一大进步。但是,既有平台义务和责任的设置,仍未彻底摆脱传统命令管控型规制的窠臼,易激化监管部门转嫁监管责任和平台履责激励约束不足的问题。为此,《管理办法(征求意见稿)》的制定应当超越平台责任,将合作规制作为我国处方药网络销售规制改革的理想方向。

(责任编辑:王珂)

【书评】

反垄断法律本土化路径研究的上乘之作*

——评王玉辉教授著《日本反垄断法的历史沿革与制度变迁(1947—2019)》

王晓晔**

2021年5月在郑州大学举办的"中原经济法治论坛"上,我高兴地得到了王玉辉教授在上海三联书店刚出版的新作《日本反垄断法的历史沿革与制度变迁(1947—2019)》,这是我国第一部系统论述日本反垄断法70多年发展史的研究成果。看到这部长达400多页、45万余字、内容厚重的"大部头"著作,我知道这是王玉辉教授潜心深耕日本反垄断法20多年的成果,书中充满了作者的汗水和艰辛。这是一部关于日本反垄断法70多年发展史和制度变迁史的研究,附录记载了作者使用的全部第一手日文资料,大部分文献作者如根岸哲、上杉秋则、村上政博、依从宽、滝川敏明等都是日本著名的反垄断法专家,我知道这是一部非常有价值的反垄断法研究成果。作为王玉辉教授国家社科基金后期资助项目的研究成果,这部大作不仅系统剖析了日本反垄断法70余年的沿革史及本土化改造中的制度创新,更重要的是,鉴于我国反垄断法治背景与日本有相似之处,这部著作对我国反垄断法的研究和发展有一定的借鉴意义。具体来看,王玉辉教授这部大作至少有以下几个重要特点。

一、纵向维度上,准确和客观地评价了日本反垄断法历史脉络和本土化进程

日本是最早制定反垄断法的亚洲国家。作为对日本反垄断法迄今70多年发展史

* 收稿日期:2021年6月27日。

** 法学博士,深圳大学法学院特聘教授、博士研究生导师。

的研究,作者在本书中编写的沿革史,创新性地以时间为序,将日本反垄断法的历史沿革分为引入期、寒冬期、强化期、经济宪法地位确立期和最新发展期5个时期,系统展现了日本反垄断法如何从最初被迫移植的“美式反垄断法”到实现本土化改造和制度创新的历史进程。

1947~1952年是日本被迫引入反垄断法阶段。作者深入考察了第二次世界大战前后日本经济社会发展的现实状况,指出这一阶段日本为顺应永久性解散财阀和实现经济民主的要求,以美国反托拉斯法为范本制定了极为严格的《禁止垄断法》。这个植入性的美式反垄断法,虽然在一定程度上促进了日本国内的市场竞争和经济复兴,但终因超越了日本经济发展的程度,加之与本国法治传统相冲突,而未能得以有效实施。作者对日本在这个阶段引入竞争政策进行了深度剖析,认为竞争政策的引入在一定程度上优化了日本产业结构、市场结构和经济体制,并且推动了日本企业的竞争与创新。

1953~1973年是日本反垄断法实施的宽松期和寒冬期阶段。作者通过描述日本产业政策和竞争政策之间的博弈,展现了日本反垄断法在这个时期的历史沿革。1953年日本的产业政策得以强化。1963年颁布《振兴特定产业临时措施法》,政府的行政指导催生了大量企业合并与联合行为,包括财阀企业间的合并、经济危机卡特尔、合理化卡特尔、中小企业卡特尔、出口卡特尔等大量的适用除外制度,反垄断法进入一个缓和适用和修订的寒冬期。作者详细介绍了日本在这一阶段对竞争政策努力进行本土化改造,并且根据本国国情进行了制度创新,如1953年将完全照搬美国的不公正竞争方法修改为不公正交易方法,并且根据日本长期存在的大企业和中小企业差距很大的二元经济结构,在不公平交易方法中引入了禁止滥用优势地位的条款,并且制定了《分包法》以保障中小承包商的自由竞争和公平交易权。

1974~1999年是日本反垄断法的强化阶段。作者考察了这个时期日本国内和国际形势的变化,以日本产业政策的地位为视角,对日本反垄断法在这个时期的修订进行了系统梳理。例如,随着经济高速增长和日美构造协议的签订,日本产业政策从战略性转变为附属性的经济政策,即日本确立了市场机制占主导地位的经济调节模式。1974年石油卡特尔事件的爆发,促使日本公正交易委员会发布一系列针对卡特尔活动的行政决定,强化了禁止卡特尔的反垄断执法,并于1977年首次出于强化反垄断执法的目的对这部法律进行了修订,引入课征金制度、共同调价报告制度以及规制垄断状态的制度,并提出严格控制股份持有的标准。随着这些强化反垄断法措施的实施,日本还逐步废除了适用除外制度,并且制定《关于流通与交易惯行领域的反垄断法指南》,以解决日本封闭性的市场结构,促进流通领域的市场竞争。

进入21世纪后至2010年,随着欧美国家开始强化竞争政策,日本反垄断法也被确定为经济宪法。作者指出,随着经济全球化和日本企业的发展壮大,日本开始推行国际贸易自由化,反垄断法的地位不仅开始优于产业政策,而且逐渐被赋予了经济宪法的地位。在这个阶段,围绕反垄断法的公共执行和私人执行,日本为增强这两方面的执法能力,进一步修订反垄断法,引入民事请求停止侵害制度和课征金减免制度,并赋予公正交易委员会刑事调查权,将公正交易委员会的审判程序由原来"行政处罚的事前审理程序"修改为"不服行政处罚决定的事后复审程序",以便提高行政执法的效率。此外,还加大了对私人垄断、不正当交易限制、不公正交易方法等垄断行为的制裁力度,呈现依托多元执法治理垄断问题的模式。

2010年之后是日本反垄断法的最新发展时期。作者指出,日本在这个时期展现出进一步强化反垄断执法的坚定立场,这使反垄断法成为真正意义上的经济宪法。在这个时期,日本废止公正交易委员会审判程序制度,结果就是垄断案件行政处罚争议的最终救济权交由司法机关,由此强化了司法机关在反垄断案件中的执法地位。此外,还进一步强化课征金及其减免制度的适用规则,对课征金减免申请人数不再设置数量限制,这有助于推进执法机关查处卡特尔案件。在这个时期,日本还制定《公正交易委员会意见听取程序指南》,完善律师参与案件审理的程序制度,这不仅有助于保障市场主体的正当程序利益,而且有助于遏制公权力的不当行使。

从整体来看,作者以客观中立的态度对日本反垄断法的历史沿革进行深入细致地研究,并且从日本各阶段的经济发展、社会现实状况以及国际形势的变化入手,特别是比较了竞争政策和产业政策的地位在这些阶段的变化和重要性程度,全面和详细地展示了日本反垄断法本土化的改造过程,为我国学者考察和研究日本反垄断法的变迁史提供了丰富的素材和崭新的视角。特别是关于2010年后的最新发展时期,作者参考了大量的日本反垄断法修订的第一手文献资料,对2013年和2019年两次重大的修法动态进行系统梳理和理论研究,这在我国尚属首创,具有较高的学术价值。

二、横向维度上,深入剖析了类型化垄断行为及其法律规制

王玉辉教授不仅准确梳理并客观评价了日本反垄断法的历史脉络,而且在下编"制度篇"中,系统和细致入微地剖析了日本反垄断法的主要制度,包括日本反垄断法基本制度、行为类型、规制原则、执法体系、法律责任,而且还剖析了日本反垄断法基本制度的变迁和发展规律,揭示了日本反垄断法历经了"严厉—宽松—严厉"的本土化变革,并且还探索了日本反垄断法制度变迁。

首先,在垄断行为一般形态的类型化研究方面,作者没有采纳中国、欧盟等国家或地区所采纳的反垄断法结构模式,即垄断协议、滥用市场支配地位和控制经营者集中

三大实体法体例,而是立足日本反垄断法本土化过程中形成的独特制度,并且通过深入研究根岸哲、舟田正之等日本著名学者的成果,将日本反垄断法的制度体系归为3类内容,即经济力集中的规制、不正当交易限制的规制和不公正交易方法的规制。其中,经济力集中的规制在日本包括私人垄断、垄断状态和企业结合,日本通说又将私人垄断和垄断状态归为市场集中的规制,而企业结合属于一般集中的规制;不正当交易限制的规制在日本特指对共同操纵市场行为的规制;不公正交易方法的规制则指代具有"公平竞争阻害性"的轻微反竞争行为的规制,目的是防范私人垄断和不正当交易限制等垄断行为的产生。

基于上述分析范式,作者将各种行为规制分为"不正当交易限制"、"市场集中的规制——私人垄断和垄断状态"、"一般集中的规制——企业结合"和"不公正交易方法"四大部分,并对不公正交易方法这种轻度反竞争行为的内在机理进行了理论阐释,指出该行为的外观表现与私人垄断和不正当交易限制存在交叉,因此存在转化的可能性。例如,当不公正交易方法的后果严重到实质性地限制相关市场竞争的程度,就会转化为不正当交易限制或私人垄断,从而解决了日本反垄断法研究中存在的关于不公正交易方法规制制度误读的问题,即以构成要件为基础,阐明了具体行为的规制态度,以"公平竞争阻害性"为准绳构建不公正交易方法的规制体系。

其次,作者对特殊形态的垄断行为进行了体系化研究,补充了我国学界迄今关于日本特殊形态垄断行为规制研究的理论体系。第二次世界大战后,由于日本实行政府主导型的市场经济,许多产业呈现政府通过行政指导、事业者团体介入等方式对经济活动予以调控的特点。事业者团体和行政指导引发的垄断问题广泛存在。针对经营者团体的限制竞争行为,作者详细梳理了日本反垄断法在这方面的法律规制,包括经营者团体的界定、经营者团体的行为准则以及针对经营者团体的制裁措施3个方面,并对这些制度进行了全面介绍和理论分析,这对我国反垄断法发展和完善规制行业协会垄断行为的制度具有重要的指导意义。针对行政指导规制方面的制度,作者指出,一方面,行政指导具有贯彻国家产业政策和实施宏观经济调控的功能,从而对保护国内产业、维护社会经济秩序和增强产业国际竞争力具有积极作用;另一方面,其也强调,行政指导极易导致滥用行政权力和诱发企业组织卡特尔联盟,因此,过度使用行政指导可能会损害公平自由的市场竞争机制。作者还详细考察了日本关于规制行政指导的各种理论,指出政府主导型的市场经济国家应当规制行政指导的范围,明晰违法行为的边界,并且提出从行政指导的目的、内容、方法等方面认定行政指导违法的思路,进而引出了竞争政策与宏观调控政策如何协调和发展的思考。

最后,作者系统地阐述了垄断行为的规制原则,指出日本的反垄断规制包含原则性违法、合理原则和适用除外3个方面,并且阐明日本的原则性违法不同于美国的"本身违法原则",因为原则性违法的行为仍可得到反垄断的豁免。另外,日本根据适用除外制度与反垄断法宗旨的不同,将适用除外制度分为倒退性适用除外和确定性适用除外两类。前者是指依据产业政策或其他政策具有正当性而应当排除在反垄断法适用范围之外的行为,这种类型的适用除外有助于国家产业政策目标的实现。但是,随着市场机制的逐步完善,这种倒退性适用除外制度会逐步被废止。后者为确定性适用除外,该类适用除外与反垄断法维护竞争的目标相一致,会随着市场机制及竞争政策的强化而进一步强化。作者对日本反垄断法适用除外制度历史演进的深刻剖析,生动反映了日本经济从政府主导型到市场主导型的演进,揭示了产业政策与竞争政策在不同经济背景下解决市场失灵和促进经济高效发展的不同作用。

三、实体法与程序法并重研究

反垄断法律制度是一项复杂和系统的庞大工程,有效规制垄断行为不仅需要体系完备的实体规范,而且需要明确且具可操作性的程序规则。实体法规则可为市场主体的市场行为和执法机关的执法活动提供明确指引;程序规则则是规范公权力的行使,目的是维护市场主体在反垄断执法活动包括案件的调查、审理以及作出决定等各种程序中的正当利益,确保反垄断执法的正当性。因此,王玉辉教授的大作完整展现了日本反垄断法的实体法规则与程序规则二者并重和协调互补的原则。

首先,作者通过专章详细介绍了日本公正交易委员会,包括它的性质、地位、组织机构及权限范围等。作者指出,在日本反垄断法执法初期,也并没有这方面的执法经验。为了确保反垄断执法的统一和高效,并且立足于行政执法维护社会秩序的法治传统,日本反垄断法的核心执法权交由公正交易委员会,实行了"公正交易委员会中心主义"。在这种情况下,日本公正交易委员会享有几乎所有反垄断法案件的专属执法权,可以采取排除措施、征缴课征金、责令恢复原状等各种手段制裁垄断行为,其中,征缴课征金是日本公正交易委员会最常采用的,也是最有效的制裁手段。

其次,从反垄断法执行体制看,因为日本实行行政执法为主的方法,公正交易委员会的行政执法处于核心地位,对刑事制裁和民事损害赔偿制度的运用不甚活跃。作者指出,21世纪后,日本开始强化多元化执法体系,即在以公正交易委员会行政执法为核心的基础上,运用刑事制裁和民事诉讼制度,目的是加强反垄断法的实施。在行政责任方面,日本构建了以课征金为主和以行政排除措施为辅的责任体系,在这方面,作者不仅就课征金征缴制度进行详细讨论,包括课征金的性质、适用的行为类型和计算方法,而且从历史沿革的角度就课征金的适用条件、征收比例、加罚制度、算定基础以及课征金减免制度、适用程序等作了详细说明。在刑事制裁方面,作者指出,日本在不断加大对违法行为人的制裁力度的基础上,赋予公正交易委员会专属告发的权限。在民事责任方面,作者研究了日本反垄断法的损害赔偿和请求停止制度,并鉴于民事诉讼长期停滞状况,详细论述了日本所设立的公正交易委员会在损害赔偿额确定和提供证据方面的支持义务。根据作者的详细介绍可知,日本现在形成了以公正交易委员会行政执法为核心,以民事责任和刑事制裁为必要补充的相对完善的反垄断法律责任体系。作者还详细论证了日本为防止公权力的滥用,提高反垄断法的稳定性和可预测性,就反垄断法各类制裁措施设置了相对严格的量化标准,对课征金的征缴比率及其减免实行固定比率制,并辅之差异化征收基准以实现量化执法和整齐划一的结合。作者对于这方面的论述清晰、系统、深刻,全面展现了日本反垄断法的责任体系。

最后,作者还详细阐述了日本反垄断执法模式从最初的行政一元执法改变为行政、司法二元执法模式的过程和背景,展现了现代日本反垄断法是一个多元化的执法模式。从1947年日本反垄断法立法伊始至2013年的60余年里,日本一直推崇公正交易委员会执法的一元模式,赋予公正交易委员会以准司法权,使其处罚决定具有一审判决的效力,以确保公正交易委员会在反垄断执法体系的中心地位。在这个时期,如果违法行为人不服行政处罚决定,必须经过公正交易委员会"审判程序"的复审,方可向东京高等法院提出上告。日本还通过实质性证据规则和新证据提出限定规则限制了司法机关在后续的行政诉讼程序中对垄断案件事实进行重新认定。2013年,日本废止了审判程序及其配套规则,将行政处分的救济权最终交由司法机关,此外还废止了实质性证据规则和新证据提出限定规则,这标志着公正交易委员会准司法权的丧失和法院权力的扩大,日本反垄断法进入了行政与司法二元执法的新时代。

综上所述,王玉辉教授的《日本反垄断法的历史沿革与制度变迁(1947—2019)》一书以其坚实的反垄断理论基础和纵深广阔的历史观视野,对日本反垄断法70余年的发展和沿革进行了体系化解读。本书既注重纵向研究深度,准确梳理并客观评价了日本反垄断法的历史脉络,又兼顾横向研究广度,深刻剖析了日本反垄断法的主要制度,并以实体法和程序法并重的视角对日本反垄断法的体系进行了全面研究和分析。此前,我国学者虽然也有日本反垄断法研究的成果,但大多限于具体制度较零散的介绍。王玉辉教授这部著作则是其20年来研究日本反垄断法的集大成,它不但对日本反垄断法70多年的沿革史和制度变迁进行系统化抽丝剥茧,并且非常注重对日本反垄断法移植过程中的本土化改造经验及制度创新进行深入剖析,特别是立足于中国与日本共同的经济、法治、文化、执法体制传统等,总结政府主导型市场经济进行竞争法移植的共性规律及对中国反垄断法治完善的建议。例如,作者在对日本反垄断法适用除外制度的理论分析中,深刻阐述了市场经济不同阶段的产业政策和竞争政策的互动,以及两者对经济发展不同作用的内在机理。作者中肯地指出,我国在倚重适用除外制度以保障产业政策推动经济高速发展的同时,应当及时根据产业发展状况,限制政府干预经济和市场的范围和程度,即通过强化竞争政策,建立健全我国市场经济体制和竞争机制,以保证我国经济从高速增长模式平稳过渡到可持续发展模式。作者的这个观点非常正确。

随着我国反垄断执法常态化和深入发展,我国现行反垄断法部分条款不能完全适应我国经济社会发展的现实需要,我国已经启动了《反垄断法》修订工作。王玉辉教授的这部著作内容翔实、观点精辟、论证严密,兼具知识性和实用性,是系统研究日本反垄断法70年历史沿革、制度变迁、本土化制度创新的佳作,是我国学术界、政府机关和实务界人士研究反垄断法难得的参考书。本书具有较高的学术价值和文献价值。我本人非常高兴通过为本书撰写书评的机会向王玉辉教授表示祝贺,殷切地希望本书能够产生良好的社会反响,也希望王玉辉教授的思想能够产生长远的社会影响。

(责任编辑:王珂)

《经济法论丛》稿约

《经济法论丛》(Economic Law Review, ELR)(CSSCI 来源集刊)是由著名经济法学家漆多俊教授创办的专业性法学文集，自1998年创办迄今已连续出版38卷，现任执行主编王红霞。《经济法论丛》主要收录经济法学理论与实践前沿原创研究成果，设有经济法基础理论、市场规制法、宏观调控法、国家投资经营法等常规版块，以及热点专题、域外法动态等。

1. 本论丛热忱欢迎海内外研究者和实践工作者惠寄有关经济法的专论、评论、立法研究、成案研究、域外法与比较法研究及资料动态(包括译文)、书评等。

2. 来稿字数以1万~2.5万字为宜，请使用word文档编辑，详细格式体例参见经济法论丛微信公众号。编辑部对来稿统一登记分发，请以电子邮件附件形式发送至编辑部专用投稿邮箱，不要寄给编辑或主编个人，以免贻误。投稿邮件正文应附有文章题目、摘要、作者基本资料(姓名、单位及职务、职称、学位、通信地址、邮编、联系电话)。

3. 本论丛坚持文以质取，实行双向匿名审稿，三审定稿。请勿一稿多投。对于采用的稿件，本论丛在尊重作者原意的前提下，可对稿件进行技术处理。

4. 为适应我国信息化建设的需要，扩大作者学术交流渠道，本论丛已加入《中国学术期刊(光盘版)》、《中国期刊网》全文数据库、中国数字化期刊群万方数据库、《中国核心期刊(遴选)数据库》以及北大法宝数据库等。投稿视为同意上述授权。

5. 本论丛不收取任何审稿费、版面费等费用。因经费所限，亦不另付各类稿酬。待正式出版后将寄赠作者当期样书。

投稿专用邮箱：elr1998@163.com

联系电话：0731-88660273

通信地址：湖南长沙麓山南路605号中南大学南校区法学院302室

邮政编码：410012

微信公众号：经济法论丛(Economic Law Review)

《经济法论丛》编辑部

2021年8月1日